:: 　中華文化促進會主持編纂

:: 　國家"十一五"~"十四五"重點圖書出版規劃項目

:: 　中國社會科學院哲學社會科學創新工程學術出版資助項目

出品人　王石　段先念

今注本二十四史

舊五代史

宋 薛居正等 撰

陳智超 紀雪娟 主持校注

中國社會科學出版社

九　　唐書〔五〕

舊五代史　卷五七

唐書三十三

列傳第九

郭崇韜

　　郭崇韜，字安時，代州雁門人也。[1]父弘正。[2]崇韜
初爲李克脩帳下親信，克脩鎮昭義，[3]崇韜累典事務，
以廉幹稱。克脩卒，武皇用爲典謁，奉使鳳翔稱旨，[4]
署教練使。[5]崇韜臨事機警，應對可觀，莊宗嗣位，[6]尤
器重之。天祐十四年，用爲中門副使，與孟知祥、李紹
宏俱參機要。[7]俄而紹宏出典幽州留事，[8]知祥懇辭要
職。先是，中門使吳珙、張虔厚忠而獲罪。[9]知祥懼，
求爲外任，妻瓊華公主泣請於貞簡太后。[10]莊宗謂知祥
曰：“公欲避路，當舉其代。”知祥因舉崇韜。乃署知祥
爲太原軍城都虞候。[11]自是崇韜專典機務，艱難戰伐，
靡所不從。

[1]代州：州名。治所在今山西代縣。 雁門：方鎮名。治所在代州（今山西代縣）。

[2]弘正：人名。即郭弘正。本書僅此一見。中華書局本有校勘記："'弘正'，《册府》卷三〇九作'弘政'。"見《宋本册府》卷三〇九《宰輔部·佐命門二》。

[3]李克脩：人名。沙陀部人。李克用之弟，唐末將領。傳見本書卷五〇、《新五代史》卷一四。 昭義：方鎮名。治所在潞州（今山西長治市）。

[4]武皇：即李克用。沙陀部人，生於神武川新城（一説是今山西朔州市朔城區之梵王寺村，一説是今山西應縣縣城，一説在今山西懷仁縣之日中城）。唐末軍閥。受封晋王。五代後唐太祖。紀見本書卷二五、《新五代史》卷四。 典謁：官名。東宮屬官。掌引見賓客。從九品下。 鳳翔：方鎮名。治所在鳳翔府（今陝西鳳翔縣）。

[5]教練使：官名。唐、五代方鎮使府軍將。選善兵法武藝者充任，掌教練兵法及武藝，亦或領兵出戰。《輯本舊史》之影庫本粘籤："教練使，原本作'教諫'，今從《歐陽史》改正。"見《新五代史》卷二四《郭崇韜傳》。

[6]莊宗：即李存勗。小字亞子，沙陀部人，太原（今山西太原市）人。晋王李克用之子，後唐開國皇帝。923年至926年在位。紀見本書卷二七至卷三四及《新五代史》卷四至卷五。

[7]天祐：唐昭宗李曄開始使用的年號（904），唐哀帝李柷沿用（904—907）。唐亡後，河東李克用、李存勗仍稱天祐，沿用至天祐二十年（923）。五代十國其他政權亦有行此年號者，如南吳、吳越等。 中門副使：官名。中門使副職，五代時晋王李存勗所置。爲節度使屬官，執掌同於朝廷之樞密使。 孟知祥：人名。邢州龍岡（今河北邢臺市）人。李克用女婿，五代後蜀開國皇帝。傳見本書卷一三六、《新五代史》卷六四。 李紹宏：人名。又作馬紹宏。籍貫不詳。後唐莊宗近臣。傳見本書卷七二。

[8]幽州：州名。治所在今北京市。《輯本舊史》之影庫本粘籤："幽州，原本作'曲州'，今從《通鑑》改正。"見《通鑑》卷二七〇貞明五年（919）三月條。

[9]中門使：官名。五代時晉王李存勖所置，爲節度使屬官，執掌同於朝廷之樞密使。 吳琪：人名。籍貫不詳。五代後唐將領。事見本書卷二七、《新五代史》卷二四。《通鑑》卷二七〇貞明五年三月條作"吳珪"。 張虔厚：人名。籍貫不詳。五代後唐將領。事見本書本卷、《新五代史》卷二四。

[10]瓊華公主：孟知祥之妻。事見本書本卷、卷一三六。 貞簡太后：後唐李克用妻曹氏諡號。曹氏，太原（今山西太原市）人。後唐莊宗之母。傳見本書卷四九、《新五代史》卷一四。

[11]都虞候：官名。唐五代方鎮高級軍官。 乃署知祥爲太原軍城都虞候：中華書局本有校勘記："'軍'下原有'在'字。據本書卷二九《唐莊宗紀三》、《册府》卷三〇九删。"《宋本册府》卷三〇九《宰輔部·佐命門二》："太祖杖鉞雁門也，崇韜爲李克脩之綱紀，從定京師，平巢賊。克脩卒昭義，崇韜累典軍中物務，頗稱廉幹。克脩卒，歸隸太原，以爲典謁，嘗奉使鳳翔稱旨，遷左教練西宮使。帝平定魏博，召充副中門使，與孟知祥俱參機要。崇韜懷抱豁如，果于臨事，承授決斷，略無疑滯，以此恩顧日隆。先是，吳琪、張虔厚相繼爲中門使，功多赤族，故知祥堅請外任。瓊華長公主泣請知祥於皇太后。帝重違之，以知祥爲河東軍城都虞候。自是崇韜專典要密，軍籌計畫，多所參決，艱難戰伐，靡所不從。"

十八年，從征張文禮於鎮州。[1]契丹引衆至新樂，王師大恐，諸將咸請退還魏州，[2]莊宗猶豫未決，崇韜曰："阿保機祇爲王郁所誘，[3]本利貨財，非敦鄰好，苟前鋒小衂，遁走必矣。況我新破汴寇，威振北地，[4]乘此驅攘，焉往不捷！[5]且事之濟否，亦有天命。"莊宗從之，王師果捷。明年，李存審收鎮州，[6]遣崇韜閱其府庫，或以珍貨賂遺，一無所取，但市書籍而已。莊宗即位於魏州，崇韜加檢校太保、守兵部尚書，充樞密使。[7]是時，衛州陷於梁，[8]澶相之間，[9]寇鈔日至，民流地削，軍儲不給，羣情恟恟，以爲霸業終不能就，崇韜寢不安席。俄而王彥章陷德勝南城，[10]敵勢滋蔓，汴人急攻楊劉城，[11]明宗在鄆，[12]音驛斷絶。莊宗登城四望，計無所出。崇韜啓曰：“段凝阻絶津路，[13]苟王師不南，鄆州安能保守！臣請於博州東岸立柵，[14]以固通津，但慮汴人偵知，徑來薄我，請陛下募敢死之士，日以挑戰，如三四日間賊軍未至，[15]則柵壘成矣。”崇韜率毛璋等萬人夜趨博州，[16]視矛戟之端有光，崇韜曰：“吾聞火出兵刃，破賊之兆也。”至博州，渡河版築，晝夜不息。崇韜於葭葦間據胡床假寢，覺褲中冷，左右視之，乃蛇也，其忘疲勵力也如是。[17]居三日，梁軍果至，[18]城壘低庳，沙土散惡，戰具不完，汴將王彥章、杜晏球率衆攻擊，[19]軍不得休息。崇韜身先督衆，四面拒戰，有急即應。城垂陷，俄報莊宗領親軍次西岸，梁軍聞之退走，因解楊劉之圍。[20]

[1]張文禮：人名。被王鎔收爲義子後，賜姓王，名德明。燕（今河北北部）人。五代將領。傳見本書卷六二。　鎮州：州名。治所在今河北正定縣。

[2]契丹：古部族、政權名。公元 4 世紀中葉宇文部爲前燕攻破，始分離而成單獨的部落，自號契丹。唐貞觀中，置松漠都督府，以其首領爲都督。唐末強盛，916 年迭剌部耶律阿保機建立契

丹國（遼）。先後與五代、北宋並立，保大五年（1125）爲金所滅。參見張正明《契丹史略》，中華書局 1979 年版。　新樂：縣名。治所在今河北新樂市。　魏州：州名。治所在今河北大名縣城。

[3]阿保機：人名。姓耶律，契丹迭剌部人。唐末契丹族首領、遼開國太祖。紀見《遼史》卷一、卷二。　王郁：人名。京兆萬年（今陝西西安市長安區）人。唐義武軍節度使王處直之子，李克用之婿。五代、遼將領。傳見《遼史》卷七五。中華書局本有校勘記：“‘王郁’原作‘王都’，據本書卷一三七《契丹傳》、《册府》卷三〇九、卷三四七、《新五代史》卷七二《四夷附錄》、《通鑑》卷二七一改。”見《宋本册府》卷三〇九《宰輔部·佐命門二》、明本《册府》卷三四七《將帥部·佐命門八》。

[4]威振北地：明本《册府》卷三四七《將帥部·佐命門八》作“威振北蕃”，《宋本册府》卷三〇九《宰輔部·佐命門二》作“威振北藩”。

[5]焉往不捷：明本《册府》卷三四七《將帥部·佐命門八》作“往無不捷”，《宋本册府》卷三〇九《宰輔部·佐命門二》作“無往不捷”。

[6]李存審：人名。陳州宛丘（今河南淮陽縣）人。原姓符名存。五代後唐將領。傳見本書卷五六、《新五代史》卷二五。　李存審收鎮州：中華書局本有校勘記：“‘收’，原作‘牧’，據殿本、劉本、《册府》卷四〇六改。”見明本《册府》卷四〇六《將帥部·清儉門》。

[7]檢校太保：官名。爲散官或加官，以示恩寵，無實際執掌。

兵部尚書：官名。尚書省兵部主官。掌兵衛、武選、車輦、甲械、厩牧之政令。正三品。　樞密使：官名。樞密院長官。五代時以士人爲之，備顧問，參謀議，出納詔奏，權侔宰相。參見李全德《唐宋變革期樞密院研究》，國家圖書館出版社 2009 年版。　充樞密使：《輯本舊史》卷二九《唐莊宗紀三》同光元年（923）四月條：“以中門使郭崇韜、昭義監軍使張居翰並爲樞密使。”

[8]衛州：州名。治所在河南衛輝市。 衛州陷於梁：《輯本舊史》之影庫本粘籤：“陷于梁，原本作‘韜于梁’，今據文改正。”

[9]澶：州名。唐、五代初，治所在河南清豐縣。後晉天福四年（939），移治於今河南濮陽市。 相：州名。治所在今河南安陽市。

[10]王彥章：人名。鄆州壽張（今山東梁山縣壽張集）人。五代後梁將領。傳見本書卷二一、《新五代史》卷三二。 德勝：地名。原爲德勝渡，黄河重要渡口之一。李存勗部將李存審築於黄河津要處德勝口，有南北二城。南城在今河南濮陽市東南，北城在今河南濮陽市區。

[11]楊劉城：地名。即今山東東阿縣東北楊柳鄉。唐、五代時有城臨河津，爲黄河下游重鎮，今城已堙廢不可考。

[12]明宗：即李嗣源。沙陀部人。原名邈佶烈，李克用養子。五代後唐明宗，926年至933年在位。紀見本書卷三五至卷四四、《新五代史》卷六。 鄆：州名。治所在今山東東平縣。

[13]段凝：人名。開封（今河南開封市）人。後梁將領。其妹爲朱溫美人，因其妹而成爲朱溫親信。傳見本書卷七三、《新五代史》卷四五。

[14]博州：州名。治所在今山東聊城市。 臣請於博州東岸立柵：《輯本舊史》之影庫本粘籤：“請于博州，原本作‘諸於傳州’，今據《册府元龜》改正。”見明本《册府》卷三四七《將帥部·佐命門八》。

[15]如三四日間賊軍未至：《舊五代史考異》：“《歐陽史》作十日。”見《新五代史》卷二四《郭崇韜傳》。

[16]毛璋：人名。滄州（今河北滄縣舊州鎮）人。五代後唐將領。傳見本書卷七三、《新五代史》卷二六。

[17]“至博州”至“其忘疲勵力也如是”：明本《册府》卷四三一《將帥部·勤戎事門》條：“郭崇韜爲樞密使。莊宗與汴軍戰

於楊劉，勢甚危迫。崇韜率師至博州，斬伐林樹，徹廬舍，渡河，明東庇役徒設版築（原文如此，因無他書可校，姑存之），晝夜不息。崇韜據胡床指揮於葭蘆間，忽覺袴中令（當爲‘冷’），視之，乃蛇也。其忘疲勵力也如是。”“明東”，《四庫》本作“明約束”，疑是。

[18]梁軍果至：《舊五代史考異》：“《歐陽史》作六日壘成，彥章果引兵急攻之。”見《新五代史》卷二四。

[19]杜晏球：人名。原名王晏球。洛陽（今河南洛陽市）人。少遇亂，汴人杜氏養之爲子，因冒姓杜氏，又名杜晏球。五代將領。傳見本書卷六四、《新五代史》卷四六。

[20]因解楊劉之圍：《宋本册府》卷三〇九《宰輔部·佐命門二》：“後從帝親征王德明於鎮州。時德明誘契丹之衆至新樂。虜騎已渡沙河，我軍大恐，或有斂輜車而去者。李存渥斬之，不能止。諸將咸云：‘賊城兵數不少，今濟之以鮮卑，王師不敵。如被中外夾攻，吾族盡矣。不如退師還鄴，俟其罷退，再議起居。’帝猶豫未能決。崇韜曰：‘臣聞阿保機爲王郁所誘，僶俛而來，本利貨財，非敦鄰好。一逢挫敗，遁走必矣。況我新破汴寇，威振北藩。乘此驅攘，無往不捷。況事之濟否，亦有天命。戎狄雖衆，其如我何？’帝然其策，因喻諸將破賊於新城。阿保機遁走。”

　　未幾，汴將康延孝來奔，[1]崇韜延於臥內，訊其軍機。延孝曰：“汴人將四道齊舉，以困我軍。”莊宗憂之，召諸將謀進取之策。宣徽使李紹宏請棄鄆州，與汴人盟，以河爲界，無相侵寇。[2]莊宗不悦，獨臥帳中，召崇韜謂曰：“計將安出？”對曰：“臣不知書，不能徵比前古，請以時事言之。且陛下十五年起義圖霸，爲雪家讎國恥，甲胄生蟣虱，黎人困輸輓。[3]今纂崇大號，河朔士庶,^[4]日望盪平，纔得汶陽尺寸之地,^[5]不能保守，況盡有中原乎！將來歲賦不充，物議咨怨，設若劃河爲界，誰爲陛下守之？臣自延孝言事以來，晝夜籌度，料我兵力，算賊事機，不出今年，雌雄必決。^[6]聞汴人決河，自滑至鄆,^[7]非舟楫不能濟。又聞精兵盡在段凝麾下，王彥章日寇鄆境，彼既以大軍臨我南鄙，又憑恃決河，謂我不能南渡，志在收復汶陽，此汴人之謀也。臣謂段凝保據河壖，苟欲持我，臣但請留兵守鄆,^[8]保固楊劉，陛下親御六軍，長驅倍道，直指大梁,^[9]汴城無兵，望風自潰。若使僞主授首，賊將自然倒戈，半月之間，天下必定。如不決此計，傍採浮譚，臣恐不能濟也。今歲秋稼不登，軍糧纔支數月，決則成敗未知，不決則坐見不濟。臣聞作舍道邊，三年不成，帝王應運，必有天命，成敗天也，在陛下獨斷。”莊宗蹶然而興曰：“正合吾意，丈夫得則爲王，失則爲擄，行計決矣！”即日下令軍中，家口並還魏州。莊宗送劉皇后與興聖宮使繼岌至朝城西野亭,^[10]泣別曰：“事勢危蹙，今須一決，事苟不濟，無復相見。”乃留李紹宏及租庸使張憲守魏州,^[11]大軍自楊劉濟河。是歲，擒王彥章，誅梁氏，降段凝，皆崇韜贊成其謀也。

[1]康延孝：人名。代北（今山西代縣）人。五代後唐將領。傳見本書卷七四、《新五代史》卷四四。

[2]宣徽使：官名。唐始置。宣徽南院使、北院使通稱宣徽使。初用宦官，五代以後改用士人。通掌內諸司及三班內侍之名籍，郊祀、朝會、宴享供帳之儀，檢視內外進奉名物。參見王永平《論唐

代宣徽使》,《中國史研究》1995 年第 1 期；王孫盈政《再論唐代的宣徽使》,《中華文史論叢》2018 年第 3 期。　"宣徽使李紹宏請棄鄆州"至"無相侵寇"：《舊五代史考異》："《歐陽史》作諸將皆言隔河難守，據《薛史》則請以河爲界者，李紹宏一人耳，與《歐陽史》異。"見《新五代史》卷二四《郭崇韜傳》。

[3]黎人困輸輓：《輯本舊史》之影庫本粘籤："輸輓，原本作'輪輓'，今據文改正。"

[4]河朔：古地區名。泛指黃河以北地區。

[5]汶陽：縣名。治所在今山東泰安市。

[6]雌雄必決：中華書局本有校勘記："'必'原作'不並'，據殿本、《册府》卷三四七改。"見明本《册府》卷三四七《將帥部·佐命門八》。

[7]滑：州名。治所在今河南滑縣。　鄆：州名。治所在今山東東平縣。

[8]鄴：地名。即鄴都。治所在今河北大名縣。五代後唐同光元年（923），改魏州爲興唐府，建號東京。三年，改東京爲鄴都。

[9]大梁：地名。位於今河南開封市。

[10]劉皇后：指後唐莊宗皇后劉氏。魏州成安（今河北成安縣）人。傳見本書卷四九、《新五代史》卷一四。　興聖宮使：官名。掌後唐宫衛。《輯本舊史》之影庫本粘籤："興聖宮使，原本脱'興'字，今據《歐陽史》增入。"見《新五代史》卷二四。　繼岌：人名。即李繼岌。後唐莊宗長子。傳見本書卷五一、《新五代史》卷一四。　朝城：縣名。治所在今山東莘縣。

[11]租庸使：官名。唐代時爲主持催徵租庸地稅的財政官員。後梁、後唐時，租庸使取代鹽鐵、度支、户部，爲主管中央財政的長官。　張憲：人名。晉陽（今山西太原市）人。後唐官員。傳見本書卷六九、《新五代史》卷二八。

　　莊宗至汴州，宰相豆盧革在魏州，[1]令崇韜權行中書事，[2]俄拜侍中、兼樞密使，[3]及郊禮畢，以崇韜兼領鎮冀節度使，[4]進封趙郡公，邑二千戶，賜鐵券，恕十死。[5]崇韜既位極人臣，權傾內外，謀猷獻納，必盡忠規，士族朝倫，頗亦收獎人物，內外翕然稱之。初收汴洛，稍通賂遺，親友或規之，崇韜曰：“余備位將相，祿賜巨萬，但僞梁之日，賂遺成風，今方面藩侯，多梁之舊將，皆吾君射鈎斬袪之人也，一旦革面，化爲吾人，堅拒其請，得無懼乎？藏余私室，無異公帑。”及郊禋，崇韜悉獻家財，以助賞給。[6]

　　[1]汴州：州名。治所在今河南開封市。　豆盧革：人名。先世爲鮮卑慕容氏，後改豆盧氏。唐同州刺史豆盧籍之孫，舒州刺史豆盧瓚之子。五代後唐宰相。傳見本書卷六七、《新五代史》卷二八。

　　[2]權行中書事：官名。代理宰相職權。當時門下侍郎、同中書門下平章事豆盧革在鄴都。　令崇韜權行中書事：《輯本舊史》卷三〇《唐莊宗紀四》同光元年（923）十月丁亥條：“以樞密使、檢校太保、守兵部尚書郭崇韜權行中書公事。”

　　[3]侍中：官名。秦始置。隋、唐前期爲門下省長官。唐後期多爲大臣加銜，不參與政務，實際職務由門下侍郎執行。正二品。

　　[4]鎮冀：方鎮名。治所在鎮州（今河北正定縣）。　節度使：官名。唐時在重要地區所設掌握一州或數州軍、民、財政的長官。　以崇韜兼領鎮冀節度使：中華書局本有校勘記：“‘冀’下原有‘州’字，據《冊府》卷一三三、《職官分紀》卷一二刪。”見《宋本冊府》卷一三三《帝王部·褒功臣二》。

　　[5]賜鐵券，恕十死：《輯本舊史》卷三〇《唐莊宗紀四》同

光元年十月甲午條：“以樞密使、檢校太保、守兵部尚書、太原縣男郭崇韜爲開府儀同三司、守侍中、監修國史、兼真定尹、成德軍節度使，依前樞密使、太原郡侯，仍賜鐵券。”

　　[6]洛：州名。即洛陽。治所在今河南洛陽市。　　“初收汴洛”至“以助賞給”：參見明本《册府》卷三二三《宰輔部・機略門》。

　　時近臣勸莊宗以貢奉物爲内庫，珍貨山積。公府賞軍不足，崇韜奏請出内庫之財以助，莊宗沉吟有靳惜之意。是時，天下已定，寇讎外息，莊宗漸務華侈，以逞己欲。洛陽大内宏敞，宮宇深邃，宦官阿意順旨，以希恩寵，聲言宮中夜見鬼物，不謀同辭。莊宗駭異其事，且問其故。宦者曰：“見本朝長安大内，[1]六宮嬪御，殆及萬人，椒房蘭室，無不充牣。今宮室大半空閑，鬼神尚幽，[2]亦無所怪。”繇是景進、王允平等於諸道採擇宮人，[3]不擇良賤，内之宮掖。

　　[1]長安：地名。唐代都城。位於今陝西西安市。
　　[2]鬼神尚幽：《輯本舊史》之影庫本粘籤：“尚幽，原本作‘尚𡼃’，今從《册府元龜》改正。”查《册府》，未見此記載。
　　[3]景進：人名。籍貫不詳。五代後唐莊宗朝伶官。傳見《新五代史》卷三七。　　王允平：人名。籍貫不詳。五代後唐官員。事見本書本卷、《新五代史》卷二四。

　　三年夏，雨，河大水，壞天津橋。[1]是時酷暑尤甚。莊宗常擇高樓避暑，皆不稱旨。宦官曰：“今大内樓觀，不及舊時長安卿相之家，舊日大明、興慶兩宮，樓觀百數，皆雕楹畫栱，干雲蔽日，今官家納涼無可御者。"[2]
莊宗曰："余富有天下，豈不能辦一樓!"即令宮苑使經
營之，[3]猶慮崇韜有所諫止，使謂崇韜曰："今年惡熱，
朕頃在河上，五六月中，與賊對壘，行宮卑濕，介馬戰
賊，恒若清涼。今晏然深宮，不耐暑毒，何也?"崇韜
奏："陛下頃在河上，汴寇未平，廢寢忘食，心在戰陣，
祁寒溽暑，不介聖懷。今寇既平，中原無事，縱耳目之
玩，不憂戰陣，雖層臺百尺，廣殿九筵，未能忘熱於今
日也。願陛下思艱難創業之際，則今日之暑，坐變清
涼。"莊宗默然。王允平等竟加營造，崇韜復奏曰："內
中營造，日有縻費，屬當災饉，且乞權停。"不聽。

[1]天津橋：洛陽橋名。位於今河南洛陽市。
[2]大明：宮名。與太極宮、興慶宮並爲唐代"三內"。位於
今陝西西安市。　興慶：宮名。與太極宮、大明宮並爲唐代"三
內"。位於今陝西西安市。
[3]宮苑使：官名。掌管京師地區宮苑和宮苑所屬的莊田管理
事務。

初，崇韜與李紹宏同爲內職，及莊宗即位，崇韜以
紹宏素在己上，舊人難制，即奏澤潞監軍張居翰同掌樞
密，以紹宏爲宣徽使。紹宏大失所望，泣涕憤鬱。崇韜
乃置內勾使，應三司財賦，皆令勾覆，令紹宏領之，冀
塞其心，紹宏快悵不已。[1]崇韜自以有大功，河洛平定
之後，權位熏灼，恐爲人所傾奪，乃謂諸子曰："吾佐
主上，大事了矣，今爲羣邪排毀，吾欲避之，歸鎮常

山，爲菟裘之計。"[2] 其子廷説等曰：[3] "大人功名及此，一失其勢，便是神龍去水，爲螻蟻所制，尤宜深察。"門人故吏又謂崇韜曰："侍中勳業第一，雖羣官側目，必未能離間。宜於此時堅辭機務，上必不聽，是有辭避之名，塞其讒慝之口。魏國夫人劉氏有寵，[4]中宮未正，宜贊成册禮，上心必悦。内得劉氏之助，羣閹其如余何！"崇韜然之，於是三上章堅辭樞密之位，優詔不從。崇韜乃密奏請立魏國夫人爲皇后，復奏時務利害二十五條，皆便於時，取悦人心，[5] 又請罷樞密院事，各歸本司，以輕其權，然宦官造謗不已。三年，堅乞罷兼領節鉞，許之。[6]

[1]澤潞：方鎮名。治所在潞州（今山西長治市）。　監軍：官名。爲臨時差遣，代表朝廷協理軍務、督察將帥。五代時常以宦官爲監軍。　張居翰：人名。籍貫不詳。唐末五代宦官。傳見本書卷七二、《新五代史》卷三八。　内勾使：官名。五代後唐莊宗時，以馬紹宏爲内勾使，掌勾三司財賦。　"初"至"紹宏怏怏不已"："崇韜與李紹宏同爲内職"，《輯本舊史》之影庫本粘籤："内職，原本作'納職'，考《五代會要》云：五代承唐制，樞密使爲内職。原本'納'字誤，今改正。"檢《會要》，未見此記載。但《會要》卷一六内侍省條："後唐同光元年十一月，以左監門衛將軍判内侍省李紹宏兼内勾。紹宏在莊宗皇帝龍潛日，爲中門使。及即位，命潞州監軍張居翰與郭崇韜爲樞密使，以紹宏爲宣徽使，心常不足。崇韜知之，乃置内勾之名，凡天下錢穀簿書，悉委裁決。州縣供帳煩費，議者非之。"

[2]常山：此指稱鎮州。治所在今河北正定縣。　菟裘：指代官員告老退隱。

　　[3]廷説：人名。郭崇韜之子。中華書局本有校勘記："'廷説'，原作'延説'，本卷下文：'崇韜有子五人……廷説誅於洛陽。'《通鑑》卷二七四：'乃下詔暴郭崇韜之罪，并殺其子廷説、廷讓、廷議。'據改。"見《通鑑》卷二七四天成元年（926）正月甲子條。

　　[4]魏國夫人劉氏：即後唐莊宗神閔敬皇后劉氏。莊宗同光二年（924）二月，立劉氏爲皇后。劉氏出生低微，好興利聚財。事見本書卷四九《唐后妃列傳》、《新五代史》卷五《唐本紀》。《輯本舊史》之影庫本粘籤："魏國，原本作'衛國'，今據《歐陽史》改正。"見《新五代史》卷二四《郭崇韜傳》。

　　[5]復奏時務利害二十五條，皆便於時，取悦人心：《輯本舊史》卷三一《唐莊宗紀五》同光二年二月癸巳條："樞密使郭崇韜奏時務利便一十五件，優詔褒美。"與傳"二十五條"異。

　　[6]節鉞：即符節與斧鉞。古代帝王以授出征將帥，"節"以明信，"鉞"以示威。　三年，堅乞罷兼領節鉞，許之：《舊五代史考異》於此處録明本《册府》卷四〇九文字，但不完整。中華書局本針對此《考異》有校勘記。現摘録明本《册府》卷三三一、卷四〇九兩條，略去中華書局本有校勘記。卷三三一《宰輔部·退讓門二》："後唐郭崇韜爲樞密使、中書令。同光二年二月上表陳情曰：'臣聞底力辭封者，貞臣之至節；慢官速戾者，有國之常刑。其或任重才輕，智小謀大。縱君恩念舊，貽覆餗之譏；倘官業無章，何顯陟明之道？臣本轅牙小校，樗朽凡姿。在公雖歷於年深，臨事莫聞於日益。頃者皇帝陛下雄圖方運，陽德初潛，爰將整於規繩，乃俾司於機務。此際臣亦内循短淺，累具退陳。而陛下天睠不回，國權堅付。在一時而難違重命，許五年而別選通人。邇來雖昧經綸，强施勤拙，至於戡夷巨孽，纘紹鴻基，雪三百年社稷深冤，立十九葉宗祊大事，皆謀從聖慮，斷在宸衷。兼列校之同心，非微臣之獨計。況今名昇台輔，任處樞衡。珥貂冕於朝端，統龍旌於闕外。恩榮有進，功德無稱。終憂即鹿之嫌，寧抑懸貆之刺。今則陛

下功全報本，禮極配天，衣冠盡列於明廷，名器宜推於碩德。況臣才謨素寡，齒髮漸衰。以有限之精神，當無窮之事務，必須下傾肝血，上告天聰。冀勞逸之稍均，庶初終之可保。伏望陛下念臣不逮，察臣縣衷。其樞密使比列親班，實爲要執。即復本朝規制，宜選內官掌臨。一則使權職有分，一則免心力俱耗。輒兹傾瀝，非敢罔欺。干犯冕旒，伏增隕越。'詔報曰：'卿名高釣渭，才大築巖。夙符封社於周王，早契夢魂於殷主。顧君臣之際會，實社稷之威靈。所以翊贊沖人，纘承丕祚。頃歲以梁城構逆，唐室罹災，群兇競起於萑蒲，九廟皆生於禾黍。忍耻而徒思嘗膽，平居而未見沃心。爾能竭廼沉謀，資予大計，遂訓齊虎旅，平殄梟巢，文軌混同，梯航盡入，延景運於綴旒之後，建殊庸於誓帶之前。今況纔告類於郊壇，方卜年於洛宅。始欲與卿平章理道，講貫化源，長遵馭朽之規，每聽從繩之諫。雖遷廊廟，尚委樞機。縱領藩垣，不離都輦。而又別頒金篆，求佐瑤圖。今則忽睹表章，遽辭繁揔。進退徒聞於知足，始終寧稱於注懷。是宜勵力扶持，勉思翼戴。既叶雲從之義，更申日益之功。將致君而須歷重權，方爲主而難持謙柄。覽卿陳乞，俾我焦勞。宜體朕懷，即斷來表。'崇韜又表曰：'臣以機務寔繁，智力俱困，輒有聞天之請，願辭密地之權。豈謂聖旨俄宣，皇情未允，捧對而水漿滿腹，揣脩而芒刺盈軀。臣以委質無材，受恩踰等，強展神扶之力，每懷曠敗之憂。自陛下委寄重難，纏綿歲序，臨事而退思補過，竭力而知無不爲。當陛下沿河料敵之時，對寨交鋒之日，臣若固將丹素，堅有讓陳，不唯招避事之譏，抑亦顯不忠之罪。況今元兇已殄，丕構彌隆，圓丘陳報本之儀，寰海被無私之化。英髦星萃，拔邁雲臻。緬惟不迨之才，豈掩旁求之命？矧乃一身多疾，三處持權，捫心益懼於滿盈，持德每虞於忝據。伏望陛下特迴睿炤，廼悉煩襟，終乞輟此要樞，歸於內列。一則表大國有進賢之道，二則免微臣獨竊位之名。干冒宸嚴，無任迫切。'詔答曰：'卿忠孝有稱，古今無比。竭智術而扶持景運，蹈讓謙和而統冠群英。鬱有勳庸，刊於簡册。昨以剪平元惡，開拓丕基，權謀雖出於朕懷，叶贊全資於爾力。是乃委司鈞軸，任摠兵符。樞機兼掌於金藏，盟約備頒於鐵券。實諧倚注，雅稱褒隆。豈其忽覽封章，堅辭密務，在卿幽明監德，內外推仁，可保於千載一時，何軫於前思後慮？況朕綏寧寰海纔欲半年，告類圜丘未踰一月。耆德便歸退靜，群情莫測其緣。方賴嘉謀，永俾闡政。卿宜勉持幹恪，永惓繁難，更圖遠大之功，共保初終之道。'其年八月，崇韜又上表曰：'臣伏念朝廷起軍之際，陛下決於宸斷，撫臣背曰："此去必蕩寇讎，可期清泰。事了之後，與卿一鎮。"臣仰奉成算，固絕他疑。果賴神謀，尋平僞孽。今乾坤交泰，弓矢載囊，徽章以正於母儀，嘉禮獲申於元子。須傾血懇，仰瀆宸嚴。但以密近之權，合歸重望，鈞衡之柄，宜屬通材。至於所領節旄，雖是陛下所許，伏緣鎮州在北，狂虜未除，慮有奔衝，須爲控扼。亦希付於上將，所貴殿彼一隅。伏望陛下道極焄臨，仁深覆載，念臣久司繁重，憫臣方在衰羸，退放居間，俾從遵養。臣無任祈天，瀝懇之至。'帝召崇韜，面諭之曰：'吾在朝城，許卿重鎮，不許退閒。卿與國同休，去將安往？促復乃位，餘勿復言。'"卷四〇九《將帥部·退讓門二》："後唐郭崇韜爲侍中、樞密使，兼領鎮州。莊宗謂之曰：'吾欲移卿兼領汴州，授總管鎮陽節制。'總管則明宗也，與李紹斌爲聲援，庶濟軍機。崇韜曰：'計無便於此者。'因曰：'臣內權機務，外預平章，日侍天顏，手持國柄，名位亦已極矣，恩寵亦已加矣。如此富貴，何假遙領藩方？臣中夜思忖，歷數創業功臣，有隨陛下出生入死、接鋒冒刃而經百餘戰者，今位不過典方州，恩不過功臣名號。臣惟涯分，徒以指蹤畫策，仰贊睿謨，餘無汗馬之勞。今日窮榮極盛，陛下雖私臣恩舊，然萬手所指，臣何自安？臣每歷懇披陳，聖旨未迴臨焄。今陛下議安邊事，委任勳賢，獲臣初心，不勝大願。其汴州節制，乞陛下擇親王鎮撫。臣晝夜思之，汴州關東之會府，當天下之要衝，地富人繁，國之根本。除命親賢勳德，不可輕授於人。縱臣領之，臣又不歸治所，令人攝職，何異空城？臣與國之情，議須及此，乞不以臣爲慮，別愜聖懷，取

臣芻議爲便。'帝曰：'卿言忠藎，予忍奪卿土宇乎！'翼日，上章
辭節鎮，批答云：'豈可朕居億兆之尊，俾卿無尺寸之地。卿雖堅
讓，朕意何安？'崇韜再表懇瀝，批答曰：'朕以卿久司樞要，常處
重難。或遲疑未決之機，詢諸先見；或憂撓不定之事，訪自必成。
至於贊朕丕基，登茲大寶，衆興異論，卿獨堅言，天命不可違，唐
祚必須復，請納家族，明設誓文。及其密取汝陽，興師入不測之
地；潛通河口，貢謀占必濟之津。人所不知，卿惟合意。迨中都嘯
聚，群黨窺凌，朕決議平妖，兼收浚水，雖云先定，更審前籌，果
盡贊成，悉諧沈算，斯即何須冒刃，始顯殊庸。況常山陸梁，正虞
未復，卿能撫衆，共定群心，惟朕知卿，他人寧表。所以賞卿之
寵，實異等倫；沃朕之心，非虛渥澤。今卿再三謙遜，重疊退辭，
始納常陽，請歸上將，又稱梁苑不可兼權。如此周身，貴全名節，
古人操守，未可比方，既覽堅辭，難沮來表。其再讓汴州，所宜依
允。'"《輯本舊史》卷三二《唐莊宗紀六》同光三年二月條："樞
密使郭崇韜卜表辭兼鎮。時帝命李紹斌鎮幽州，以其時望未重，欲
以李嗣源爲鎮帥，且爲紹斌聲援，移郭崇韜兼領汴州。召崇韜議
之，崇韜奏以爲當，因懇辭兼領。"

　　會客省使李嚴使西川迴，言王衍可圖之狀，[1]莊宗
與崇韜議討伐之謀，方擇大將。時明宗爲諸道兵馬總管
當行，[2]崇韜自以宦者相傾，欲立大功以制之，乃奏曰：
"契丹犯邊，北面須藉大臣，全倚總管鎮禦。臣伏念興
聖宮使繼岌，德望日隆，大功未著，宜依故事，以親王
爲元帥，付以討伐之權，俾成其威望。"[3]莊宗方愛繼
岌，即曰："小兒幼稚，安能獨行，卿當擇其副。"崇韜
未奏，莊宗曰："無踰於卿者。"乃以繼岌爲都統，崇韜
爲招討使。[4]是歲九月十八日，率親軍六萬，進討蜀

川。[5]崇韜將發，奏曰：“臣以非才，謬當戎事，仗將士之忠力，憑陛下之威靈，庶幾克捷。若西川平定，陛下擇帥，如信厚善謀，事君有節，則孟知祥有焉，望以蜀帥授之。如宰輔闕人，張憲有披榛之勞，爲人謹重而多識。其次李琪、崔居儉，中朝士族，富有文學，可擇而任之。”[6]莊宗御嘉慶殿，置酒宴西征諸將，[7]舉酒屬崇韜曰：“繼岌未習軍政，卿久從吾戰伐，西面之事，屬之於卿。”

[1]客省使：官名。唐代宗時始置，五代沿置。客省長官，掌接待四方奏計及外族使者。　李嚴：人名。幽州（今北京市）人。五代後唐官員。傳見本書卷七〇、《新五代史》卷二六。　西川：方鎮名。劍南西川的簡稱。治所在成都府（今四川成都市）。　王衍：人名。許州舞陽（今河南舞陽縣）人。王建幼子，五代十國前蜀皇帝。傳見本書卷一三六、《新五代史》卷六三。

[2]諸道兵馬總管：官名。掌管諸道兵馬軍事。

[3]元帥：官名。即“天下兵馬大元帥”。總掌天下兵馬。爲特設超品之官職。

[4]都統：官名。即行營都統。唐末設諸道行營都統，作爲各道出征兵士的統帥。　招討使：官名。唐始置。戰時任命，兵罷則省。常以大臣、將帥或地方軍政長官兼任。掌招撫討伐等事務。乃以繼岌爲都統，崇韜爲招討使：伐蜀之事詳見《輯本舊史》卷三三《唐莊宗紀七》同光三年（925）九月。

[5]蜀川：此處指代前蜀政權。

[6]李琪：人名。河西燉煌（今甘肅敦煌市）人。後梁、後唐官員。傳見本書卷五八、《新五代史》卷五四。　崔居儉：人名。清河（今河北清河縣）人。崔蕘之子。五代大臣。傳見本書附錄、

《新五代史》卷五五。　　“崇韜將發”至“可擇而任之”：《宋本册府》卷四一三《將帥部·薦賢門》：“後唐郭崇韜爲樞密使。會魏王征蜀，崇韜爲副。將發，上疏曰：‘陛下委臣以戎事，仗將士之忠孝，憑陛下之威靈，鼓行而西，庶幾集事。如蜀川平定，陛下擇帥撫臨，以臣料之，信厚善謀，事君有禮，則北京副留守孟知祥有焉。願陛下使之爲帥。如臣出征之後，宰輔闕人，則鄴都副留守張憲有披荆草昧之勞，爲人謹重而多識；其次則吏部尚書李琪、御史中丞崔居儉，皆中朝士族，富有文學。陛下擇才相之，臣亦無敢謬舉。餘則臣所不知。”

[7]嘉慶殿：宮殿名。位於今河南洛陽市。　　置酒宴西征諸將：中華書局本有校勘記：“‘西征’原作‘征西’，據《永樂大典》卷一八二〇八引五代《薛史》、《册府》卷七八、卷三二三乙正。影庫本粘籤：征西，原本脱‘征’字，今據《册府元龜》增入。”見明本《册府》卷七八《帝王部·委任門二》、卷三二三《宰輔部·總兵門》。

　　軍發，十月十九日入大散關，[1]崇韜以馬箠指山險謂魏王曰：“朝廷興師十萬，已入此中，儻不成功，安有歸路？今岐下飛輓，才支旬日，必須先取鳳州，[2]收其儲積，方濟吾事。”乃令李嚴、康延孝先馳書檄，以諭僞鳳州節度使王承捷。[3]及大軍至，承捷果以城降，得兵八千，軍儲四十萬。次至故鎮，僞命屯駐指揮使唐景思亦以城降，[4]得兵四千。又下三泉，得軍儲三十餘萬。自是師無匱乏，軍聲大振。[5]其招懷制置，官吏補署，[6]師行籌畫，軍書告諭，皆出於崇韜，繼岌承命而已。莊宗令内官李廷安、李從襲、吕知柔爲都統府紀綱，[7]見崇韜幕府繁重，將吏輻輳，降人争先賂遺，都

統府唯大將省謁，牙門索然，縣是大爲詬恥。及六軍使
王宗弼歸款，[8]行賂先招討府。王衍以成都降，崇韜居
王宗弼之第，宗弼選王衍之妓妾珍玩以奉崇韜，求爲蜀
帥。[9]又與崇韜子廷誨謀，[10]令蜀人列狀見魏王，請奏
崇韜爲蜀帥。繼岌覽狀謂崇韜曰："主上倚侍中如衡
華，[11]安肯棄元老於蠻夷之地，況余不敢議此。"李從
襲等謂繼岌曰："郭公收蜀部人情，意在難測，王宜自
備。"由是兩相猜察。[12]

[1]大散關：關隘名。位於今陝西寶鷄市大散嶺上。

[2]魏王：即李繼岌。後唐莊宗長子，時封魏王。傳見本書卷
五一、《新五代史》卷一四。　岐下：岐山以下。此指鳳翔。　鳳
州：州名。治所在今陝西鳳縣。

[3]王承捷：人名。籍貫不詳。五代前蜀將領。事見本書本卷、
卷三三、卷五一。《輯本舊史》之影庫本粘籤："王承捷，原本作
'丞捷'，今據《九國志》改正。"查《九國志》，未見此記載。

[4]故鎮：地名。又作"固鎮"。位於今甘肅徽縣。　屯駐指
揮使：官名。唐末、五代藩鎮皆置都指揮使、指揮使，爲統兵將
領。　唐景思：人名。秦州（今甘肅天水市）人。五代將領。傳見
本書卷一二四、《新五代史》卷四九。

[5]三泉：縣名。治所在今陝西寧强縣。　軍聲大振：明本
《册府》卷四一八《將帥部·嚴整門》："郭崇韜爲樞密使，從魏王
平蜀。大軍入西川城，戒諸軍剽掠，法令嚴峻，軍士强估一錢，必
論之法，市不改肆。"

[6]官吏補署：中華書局本有校勘記："'署'原作'置'，據
《册府》卷三六七、卷六七〇改。"見《宋本册府》卷三六七《將
帥部·機略門七》、卷六七〇《内臣部·誣構門》。

　　[7]李廷安：人名。籍貫不詳。後唐宦官。事見本書卷七四。
李從襲：人名。籍貫不詳。後唐宦官。事見《通鑑》卷二七四。
呂知柔：人名。籍貫不詳。後唐宦官。事見本書卷三三。

　　[8]六軍使：官名。總領左右羽林、左右龍武、左右神武六部
皇宮禁軍。《輯本舊史》之影庫本粘籤："六軍，原本作'大軍'，
今據《九國志》改正。"見《九國志》卷一二《王宗弼傳》。　王
宗弼：人名。籍貫不詳。王建養子，前蜀高級官員。事見本書本
卷、卷三三。

　　[9]成都：府名。治所在今四川成都市。　"王衍以成都降"
至"求爲蜀帥"："求爲蜀帥"，中華書局本有校勘記："《册府》卷
六七〇同，句下殿本有'崇韜許之'四字。《舊五代史考異》卷
二：案《通鑑》作崇韜陽許之。"見《宋本册府》卷六七〇《内臣
部·誣構門》、《通鑑》卷二七四同光三年十二月條。《舊五代史考
異》："案《九國志·王宗弼傳》：宗弼送款于魏王，乃還成都，盡
輦内藏之寶貨，歸于其家。魏王遣使徵犒軍錢數千萬，宗弼輒靳
之，魏王甚怒。及王郲至，令其子承班齎衍玩用直百萬，獻于魏
王，并賂郭崇韜，請以己爲西川節度使。魏王曰：'此吾家之物，
焉用獻爲！'魏王入城，翼日，數其不忠之罪，並其子斬之于市。"

　　[10]廷誨：人名。即郭廷誨。代州雁門（今山西代縣）人。
郭崇韜之子。事見本書本卷。

　　[11]衡、華：即衡山、華山。皆爲五嶽之一。

　　[12]由是兩相猜察：此段參見《宋本册府》卷六七〇《内臣
部·誣構門》。

　　莊宗令中官向延嗣齎詔至蜀，[1]促班師，詔使至，
崇韜不郊迎，延嗣憤憤。從襲謂之曰："魏王，貴太子
也，主上萬福，郭公專弄威柄，旁若無人。昨令蜀人請
己爲帥，郭廷誨擁徒出入，貴擬王者，所與狎遊，無非

軍中驍果，蜀中凶豪，晝夜妓樂歡宴，指天畫地，父子如此，可見其心。今諸軍將校，無非郭氏之黨，魏王懸軍孤弱，一朝班師，必恐紛亂，吾屬莫知暴骨之所！”因相向垂涕。延嗣使還具奏，皇后泣告莊宗，乞保全繼岌。莊宗復閱蜀簿曰：“人言蜀中珠玉金銀，不知其數，何如是之微也！”延嗣奏曰：“臣問蜀人，知蜀中寶貨皆入崇韜之門，言崇韜得金萬兩，銀四十萬，名馬千匹，王衍愛妓六十，樂工百，犀玉帶百。廷誨自有金銀十萬兩，犀玉帶五十，藝色絕妓七十，樂工七十，他財稱是。魏王府，蜀人賂遺不過匹馬而已。”莊宗初聞崇韜欲留蜀，心已不平，又聞全有蜀之妓樂珍玩，怒見顏色。即令中官馬彥珪馳入蜀視崇韜去就，[2]如班師則已，如實遲留，則與繼岌圖之。彥珪見皇后曰：“禍機之發，間不容髮，何能數千里外復稟聖旨哉！”皇后再言之，莊宗曰：“未知事之實否，詎可便令果決？”皇后乃自爲教與繼岌，令殺崇韜。時蜀土初平，山林多盜，孟知祥未至，崇韜令任圜、張筠分道招撫，[3]慮師還後，部曲不寧，故歸期稍緩。[4]

[1]中官：即宦官。　向延嗣：人名。籍貫不詳。後唐宦官。事見《通鑑》卷二七四。《輯本舊史》之影庫本粘籤：“向延嗣，原本作‘廷嗣’，今據《通鑑》改正。”見《通鑑》卷二七四同光三年（925）閏十二月辛亥條。

[2]馬彥珪：人名。籍貫不詳。後唐宦官。事見《通鑑》卷二七四。

[3]任圜：人名。京兆三原（今陝西三原縣）人。五代後唐將

領、大臣。傳見本書卷六七、《新五代史》卷二八。　張筠：人名。海州（今江蘇連雲港市海州區）人。五代後梁、後唐軍閥。傳見本書卷九〇、《新五代史》卷四七。

[4]故歸期稍緩：此段參見《宋本册府》卷六七〇《内臣部·誣構門》。

　　四年正月六日，馬彦珪至軍，決取十二日發成都赴闕，令任圜權知留事，以俟知祥。諸軍部署已定，彦珪出皇后教以示繼岌，繼岌曰："大軍將發，他無釁端，安得爲此負心事！公輩勿復言。"從襲等泣曰："聖上既有口敕，王若不行，苟中途事泄，爲患轉深。"繼岌曰："上無詔書，徒以皇后教令，安得殺招討使！"從襲等巧造事端以間之，繼岌既無英斷，儡俛從之。詰旦，從襲以繼岌之命召崇韜計事，繼岌登樓避之，崇韜入，左右樋殺之。崇韜有子五人，廷信、廷誨隨父死於蜀，[1]廷說誅於洛陽，廷讓誅於魏州，[2]廷議誅於太原，[3]家産籍没。明宗即位，詔令歸葬，仍賜太原舊宅。廷誨、廷讓各有幼子一人，姻族保之獲免。崇韜妻周氏，携養於太原。[4]

[1]廷信：人名。郭崇韜之子。事見《新五代史》卷五。

[2]廷讓：人名。郭崇韜之子。《輯本舊史》之影庫本粘籤："廷讓，原本作'承誼'，今據《歐陽史》改正。"見《新五代史》卷二四《郭崇韜傳》。

[3]廷議：人名。郭崇韜之子。　太原：府名。治所在今山西太原市。

[4]周氏：人名。郭崇韜之妻。事迹不詳。　携養於太原：此

段參見《宋本册府》卷六七〇《内臣部・誣構門》。

崇韜服勤盡節，佐佑王家，草昧艱難，功無與比，西平巴蜀，宣暢皇威，[1]身死之日，夷夏冤之。然議者以崇韜功烈雖多，事權太重，不能處身量力，而聽小人誤計，欲取太山之安，如急行避跡，其禍愈速。性復剛戾，遇事便發，既不知前代之成敗，又未體當時之物情，以天下爲己任，孟浪之甚也。[2]及權傾四海，車騎盈門，士人謟奉，漸別流品。同列豆盧革謂崇韜曰：[3]“汾陽王，代北人，徙家華陰，[4]侍中世在雁門，得非祖德歟？”崇韜應曰：“經亂失譜諜，先人常云去汾陽王四世。”革曰：“故祖德也。”因是旌別流品，援引薄徒，委之心腹；佐命勳舊，一切鄙棄。舊僚有干進者，崇韜謂之曰：“公雖代邸之舊，然家無門閥，深知公才技，不敢驟進者，慮名流嗤余故也。”及征蜀之行，於興平拜尚父子儀之墓。[5]嘗從容白繼岌曰：“蜀平之後，王爲太子，待千秋萬歲，神器在手，宜盡去宦官，優禮士族，不唯疏斥閹寺，騸馬亦不可復乘。”[6]由是内則伶官巷伯，[7]怒目切齒；外則舊僚宿將，戟手痛心。掇其族滅之禍，有自來矣。復以諸子驕縱不法，既定蜀川，輦運珍貨，實於洛陽之第，籍没之日，泥封尚濕。雖莊宗季年爲羣小所惑，致功臣不保其終，亦崇韜自貽其災禍也。《永樂大典》卷二萬二千一百六十。[8]

[1]宣暢皇威：中華書局本有校勘記：“句下《册府》卷六七〇有‘誣構而誅其禍已酷’八字。”見《宋本册府》卷六七〇《内臣

部・誣構門》。

　　[2]孟浪：魯莽輕率。

　　[3]漸別流品。同列豆盧革謂崇韜：中華書局本有校勘記：
"'別'，《册府》卷三三六作'學'。"《舊五代史考異》："自'漸
別流品'至此十二字，原本闕佚，今從《册府元龜》增入。"見明
本《册府》卷三三六《宰輔部・識闇門》。

　　[4]汾陽王：即郭子儀。華州鄭縣（今陝西渭南市華州區）
人。唐代大將，平定安史之亂的功臣。傳見《舊唐書》卷一二〇、
《新唐書》卷一三七。　代北：方鎮名。治所在代州（今山西代
縣）。　華陰：縣名。治所在今陝西華陰市。

　　[5]興平：縣名。治所在今陝西興平市。　子儀：人名。即郭
子儀。

　　[6]騙馬亦不可復乘：中華書局本有校勘記："'亦'字原闕，
據明本《册府》卷九四二、《新五代史》卷二四《郭崇韜傳》、《通
鑑》卷二七四補。"《舊五代史考異》："《通鑑》作'扇馬'，考胡
三省注引《薛史》亦作'騙馬'，今仍其舊。"見明本《册府》卷
九四二《總録部・禍敗門》、《新五代史》卷二四《郭崇韜傳》、
《通鑑》卷二七四同光三年閏十二月辛亥條。

　　[7]由是内則伶官巷伯：中華書局本有校勘記："'由是'二字
原闕，據《册府》卷九四二、《通鑑》卷二七四補。"

　　[8]《大典》卷二二一六〇"郭"字韻"姓氏（五）"事目。

　　史臣曰：夫出身事主，得位遭時，功不可以不圖，
名不可以不立。洎功成而名遂，則望重而身危，貝錦於
是成文，良玉以之先折，故崇韜之誅，蓋爲此也。是知
強吳滅而范蠡去，全齊下而樂生奔，[1]苟非其賢，孰免
於禍，明哲之士，當鑒於斯！《永樂大典》卷二萬二千一百
六十。[2]

[1]范蠡：人名。春秋末政治家、軍事家。輔佐越王勾踐滅吳國。事見《史記》卷四一。　樂生：人名。即樂毅。戰國後期軍事家。輔佐燕昭王攻打齊國，振興燕國。傳見《史記》卷八〇。

[2]《大典》卷二二一六〇"郭"字韻"姓氏（五）"事目。

舊五代史　卷五八

唐書三十四

列傳第十

趙光逢　弟光胤

　　趙光逢，字延吉。曾祖植，嶺南節度使。[1]祖存約，興元府推官。[2]父隱，右僕射。[3]光逢與弟光裔，皆以文學德行知名。[4]

　　[1]植：人名。即趙植。曾任工部侍郎、嶺南節度使。事見《舊唐書》卷一三。　嶺南：方鎮名。治所在今廣東廣州市。　節度使：官名。唐時在重要地區所設掌握一州或數州軍、民、財政的長官。

　　[2]存約：人名。即趙存約。曾任李絳幕府。事見《舊唐書》卷一六、卷一七下。　興元府：府名。治所在今陝西漢中市。　推官：官名。唐肅宗以後置，五代沿置。爲節度、觀察、團練、防禦等使的屬官。度支、鹽鐵等使也置推官掌理刑案之事。　推官：中華書局本有校勘記：“‘推官’，《新唐書》卷七三下《宰相世系表

三》下作‘判官’。按《舊唐書》卷一七下《文宗紀》：‘興元軍亂……判官薛齊、趙存約死之。’”

[3]隱：人名。即趙隱。京兆奉天（今陝西乾縣）人。唐懿宗、僖宗朝宰相。傳見《舊唐書》卷一七八、《新唐書》卷一八二。　右僕射：官名。即尚書右僕射。秦始置。隋、唐前期以左、右僕射佐尚書令總理六官，綱紀庶務；如不置尚書令，則總判省事，爲宰相之職。唐後期多爲大臣加銜。從二品。　父隱，右僕射：《舊五代史考異》：“《舊唐書·趙隱傳》云：隱，字大隱，京兆奉天人也。大中三年，應進士登第，累加尚書左僕射，廣明中卒。考《薛史》作右僕射，與《舊唐書》異。”見《舊唐書》卷一七八《趙隱傳》。《新唐書》卷一八二《趙隱傳》同。《舊唐書》卷一九下《僖宗紀》中和元年（881）五月條：“特進尚書右僕射趙隱卒，贈司空。”

[4]光裔：人名。即趙光裔。籍貫不詳。五代官員。事見本書卷三二、卷一二八，《新五代史》卷六五。《舊五代史考異》：“《舊唐書》：光裔，光啓三年進士擢第，累遷司勳郎中、弘文館學士，改膳部郎中、知制誥。季述廢立之後，旅遊江表以避患，嶺南劉隱深禮之，奏爲副使，因家嶺外。”見《舊唐書》卷一七八《趙光裔傳》。

光逢幼嗜墳典，[1]動守規檢，議者目之爲“玉界尺”。[2]僖宗朝，登進士第。[3]踰月，辟度支巡官，歷官臺省，內外兩制，俱有能名，轉尚書左丞、翰林承旨。[4]

[1]墳典：亦稱“典墳”。泛指古代書籍。

[2]議者目之爲“玉界尺”：《輯本舊史》之原輯者案語：“《歐陽史》：時人稱其方直溫潤，謂之‘玉界尺’。”見《新五代史》卷

三五《趙光逢傳》。亦見《宋本册府》卷七二九《幕府部·辟署門四》、卷七七七《總録部·名望門二》。明本《册府》卷七九四《總録部·矜嚴門》："後唐趙光逢風神秀異，從微至著，動守規檢，見者肅然，議者器之，自爲'玉界尺'。"

[3]僖宗：即唐僖宗李儇。873 年至 888 年在位。黄巢起義後，於廣明元年（880）占據長安，唐僖宗被迫奔蜀。紀見《舊唐書》卷一九下、《新唐書》卷九。　僖宗朝，登進士第：《輯本舊史》之原輯者案語："原本作'昭宗朝，登進士第'。據《舊唐書》，光逢係乾符五年進士，當作'僖宗'，今改正。"見《舊唐書》卷一七八《趙光逢傳》。《宋本册府》卷七二九、卷七七七均作"昭宗朝，登進士第"。

[4]度支巡官：官名。度支使屬官。地位在判官、推官之下，掌巡察及有關事務。　辟度支巡官：《册府》卷七二九後有"鳳翔支使"四字。　臺省：泛指御史臺、尚書省、中書省、門下省。內外兩制：唐開元末置學士院，翰林學士入院一年，則加知制誥銜，專掌任免宰相、册立太子、宣布征伐等特殊詔令，稱爲內制。而中書舍人所撰擬的詔敕稱爲外制。兩種官員總稱兩制。　尚書左丞：官名。尚書省佐貳官。唐中期以後，與尚書右丞實際主持尚書省日常政務，權任甚重。正四品上。後梁開平二年（908）改爲左司侍郎，後唐同光元年（923）復舊爲左丞。正四品。　翰林承旨：官名。爲翰林學士之首。掌拜免將相、號令征伐等詔令的起草。《舊唐書·職官志二·翰林院》："例置學士六人，內擇年深德重者一人爲承旨，所以獨承密命故也。"　"踰月"至"轉尚書左丞、翰林承旨"：《舊五代史考異》："《舊唐書》云：釋褐鳳翔推官，入朝爲監察御史，丁父憂免。僖宗還京，授太常博士，歷禮部司勳吏部三員外郎，集賢殿學士，轉禮部郎中。景福中，以祠部郎中知制誥，尋召充翰林學士，正拜中書舍人、户部侍郎、學士承旨，改兵部侍郎、尚書左丞，學士如故。《舊唐書》所載光逢爵秩較《薛史》爲詳，今備録之。"見《舊唐書》卷一七八。又《舊唐書》卷

二〇上《昭宗紀》乾寧二年（895）三月條："以翰林學士承旨、兵部侍郎、知制誥趙光逢爲尚書左丞，依前充職。"

　　昭宗幸石門，[1]光逢不從，昭宗遣內養戴知權詔赴行在，[2]稱疾解官。駕在華州，拜御史中丞。[3]時有道士許巖士、[4]瞽者馬道殷出入禁庭，[5]驟至列卿宮相，因此以左道求進者衆，光逢持憲紀治之，皆伏法，自是其徒頗息。改禮部侍郎、知貢舉。[6]光化中，[7]王道寖衰，南北司爲黨，光逢素惟慎靜，慮禍及己，因挂冠伊洛，[8]屏絕交遊，凡五六年。[9]門人柳璨登庸，[10]除吏部侍郎、太常卿。[11]入梁爲中書侍郎、平章事，[12]累轉左僕射、兼租庸使，[13]上章求退，以太子太保致仕。[14]梁末帝愛其才，徵拜司空、平章事。[15]無幾以疾辭，授司徒致仕。[16]

　　[1]昭宗：即唐昭宗李曄，888年至904年在位。紀見《舊唐書》卷二〇上、《新唐書》卷一〇。　石門：地名。位於今陝西三原縣。

　　[2]內養：指代宦官。　戴知權：人名。唐昭宗時宦官。本書僅此一見。　行在：即行在所。指帝王行幸所在之地。

　　[3]華州：州名。治所在今陝西渭南市華州區。　御史中丞：官名。如不置御史大夫，則爲御史臺長官。掌司法監察。正四品下。

　　[4]許巖士：人名。籍貫不詳。唐昭宗時曾任將作監。事見《舊唐書》卷二〇上、卷一七九。　時有道士許巖士：《舊五代史考異》："原本脫'士'字，今據《新唐書》及《通鑑》增入。"見《新唐書》卷一〇《昭宗紀》乾寧四年（897）二月條、卷一八三

《朱朴傳》，《通鑑》卷二六〇乾寧三年七月條、卷二六一乾寧四年二月條。又見《舊唐書》卷二〇上《昭宗紀》乾寧四年八月條、卷一七九《朱朴傳》，明本《册府》卷三三五《宰輔部·竊位門》朱朴條。

[5]馬道殷：人名。籍貫不詳。唐末官員。事見本書卷一五。

[6]禮部侍郎：官名。尚書省禮部次官。協助禮部尚書掌禮儀、祭享、貢舉之政。正四品下。　知貢舉：官名。唐始置，爲主持禮部會試的考官。

[7]光化：唐昭宗李曄年號（898—901）。

[8]南北司：唐代稱宰相爲南司，因其在宮禁的南邊；稱宦官爲北司，因其在宮禁的北邊。　伊洛：伊水和洛水，位於洛陽附近。

[9]凡五六年：《舊唐書》卷一七八《趙光逢傳》作“六七年”。《輯本舊史》較準確。

[10]柳璨：人名。河東（今山西永濟市）人。唐末宰相、文學家、史學家。傳見《舊唐書》卷一七九、《新唐書》卷二二三下。　登庸：舉用。　門人柳璨登庸：《輯本舊史》之原輯者案語：“《歐陽史》：柳璨與光逢有舊恩。”《舊五代史考異》：“《唐摭言》云：光化二年，趙光逢放柳璨及第，光逢後三年不遷，時璨自內庭大拜，光逢始以左丞徵入。未幾，璨坐罪誅死，光逢膺大用。與《薛史》微異。”見《新五代史》卷三五《趙光逢傳》、《唐摭言》卷一五《雜記》。

[11]吏部侍郎：官名。尚書省吏部次官。協助吏部尚書掌文選、勳封、考課之政。正四品上。　太常卿：官名。西漢置太常，南朝梁始置太常卿。太常寺長官。掌宗廟祭祀禮樂及教育等。正三品。　除吏部侍郎、太常卿：《舊唐書》卷二〇下《哀帝紀》天祐元年（904）十月：“吏部侍郎趙光逢進開國公，加食邑三百户。”卷一七八《趙光逢傳》：“昭宗遷洛，起爲吏部侍郎，復爲左丞，歷太常卿。”

　　[12]中書侍郎：官名。中書省副長官。唐後期三省長官漸爲榮銜，中書、門下侍郎却因參議朝政而職位漸重，常常用爲以“同三品”或“同平章事”任宰相者的本官。正三品。　平章事：官名。“同中書門下平章事”之簡稱。唐高宗以後，凡實際任宰相之職者，常在其本官後加同平章事的職銜。後成爲宰相專稱。　入梁爲中書侍郎、平章事：《宋本册府》卷一九九《閏位部·命相門》梁太祖條：“開平三年九月，太常卿趙光逢爲中書侍郎、平章事。”《通鑑》卷二六七開平三年（909）九月辛亥條：“以太常卿趙光逢爲中書侍郎，翰林奉旨工部侍郎杜曉爲户部侍郎，並同平章事。”亦見《新五代史》卷二《梁本紀》同日。

　　[13]左僕射：官名。左僕射爲隋唐宰相名號。唐後期多爲散官或加官，以示恩寵，無實際執掌。從二品。　租庸使：官名。唐代爲主持催徵租庸地税的財政官員。後梁、後唐時，租庸使取代鹽鐵、度支、户部，爲主管中央財政的長官。　累轉左僕射、兼租庸使：《輯本舊史》之影庫本粘籤：“左僕射，原本脱‘左’字，今據《歐陽史》增入。”見《新五代史》卷三五。明本《册府》卷三三一《宰輔部·退讓門二》：“梁趙光逢爲中書侍郎、平章事，累轉僕射兼租庸使。”《輯本舊史》卷八《梁末帝紀上》貞明元年（915）三月丁卯條：“以右僕射兼門下侍郎、同平章事、監修國史、判度支趙光逢爲太子太保致仕。”《通鑑》卷二六九貞明元年三月丁卯條：“以右僕射兼門下侍郎、同平章事趙光逢爲太子太保，致仕。”《輯本舊史》與《通鑑》均作“右僕射”，與傳異。

　　[14]太子太保：官名。與太子太師、太子太傅統稱太子三師。隋唐以後多作加官或贈官。從一品。

　　[15]司空：官名。與太尉、司徒並爲三公，唐後期、五代多爲大臣、勳貴加官。正一品。　徵拜司空、平章事：《宋本册府》卷一九九：“貞明二年八月，以太子太保致仕趙光逢爲司空兼門下侍郎平章事。”《輯本舊史》卷八《梁末帝紀上》貞明二年八月丁酉條：“以開府儀同三司、太子太保致仕趙光逢爲司空兼門下侍郎、

平章事、弘文館大學士、延資庫使，充諸道鹽鐵轉運使。”

[16]司徒：官名。與太尉、司空並爲三公，唐後期、五代多爲大臣、勳貴加官。正一品。 授司徒致仕：《輯本舊史》之原輯者案語：“《唐摭言》云：光逢膺大用，居重地十餘歲，七表乞骸，守司空致仕。居二年，復徵拜上相。”見《唐摭言》卷一五。《輯本舊史》卷九《梁末帝紀中》貞明四年四月己巳條：“以開府儀同三司、守司空、兼門下侍郎、同平章事趙光逢爲司徒致仕，兼加食邑五百户，以光逢累上章請老故也。”

同光初，弟光胤爲平章事，[1]時謁問於私第，嘗語及政事，他日，光逢署其户，[2]曰：“請不言中書事。”其清净寡慾端默如此。嘗有女冠寄黄金一鎰於其室家，[3]時屬亂離，[4]女冠委化於他土。[5]後二十年，金無所歸，納於河南尹張全義，[6]請付諸宫觀，其舊封尚在。兩登廊廟，四退丘園，百行五常，[7]不欺闇室，搢紳咸仰以爲名教主。天成初，遷太保致仕，[8]封齊國公。[9]卒於洛陽，[10]詔贈太傅。[11]《永樂大典》卷一萬八千九百九十一。[12]

[1]同光：後唐莊宗李存勗年號（923—926）。

[2]他日，光逢署其户：中華書局本有校勘記：“《册府》卷三二一作‘他日至止光逢已署其户’，《職官分紀》卷三引《五代史》‘署’作‘書’，餘同。”見明本《册府》卷三二一《宰輔部·畏慎門》。

[3]嘗有女冠寄黄金一鎰於其室家：“女冠”，《宋本册府》卷七八七《總録部·德行門》同，明本《册府》卷三一〇《宰輔部·德行門》作“女貞”。女冠指女道士。

[4]時屬亂離：中華書局本有校勘記："'時'原作'併'，據殿本、劉本、《職官分紀》卷三改。"

[5]委化：去世的諱稱。

[6]河南尹：官名。唐開元元年（713）改洛州爲河南府，治所在今河南洛陽市，河南府尹總其政務。從三品。　張全義：人名。後因犯諱，改名張宗奭。亦作"張言"。濮州臨濮（今山東鄄城縣）人。唐末、五代將領。傳見本書卷六三、《新五代史》卷四五。

[7]百行五常：《輯本舊史》之影庫本粘籤："五常，原本作'五諦'，今據《錦繡萬花谷》所引《薛史》改正。"明本《册府》卷三一〇《宰輔部・德行門》亦作"五常"。

[8]天成：後唐明宗李嗣源年號（926—930）。　太保：官名。與太師、太傅合稱三師。正一品。

[9]封齊國公：《輯本舊史》卷三八《唐明宗紀四》天成二年（927）三月乙卯條："開府儀同三司，司徒致仕趙光逢可太保致仕，仍封齊國公。"

[10]洛陽：地名。即今河南洛陽市。　卒於洛陽：《輯本舊史》卷三八《唐明宗紀四》天成二年十二月壬辰條："以太傅致仕齊國公趙光逢卒輟朝。"

[11]太傅：官名。與太師、太保合稱三師，唐後期、五代多爲大臣、勳貴加官。正一品。

[12]《大典》卷一八九九一爲"令"字韻，與本條内容不符。據陳垣《舊五代史輯本引書卷數多誤例》，應爲卷一六九九一"趙"字韻"姓氏（七）"事目。且據《光胤傳》末所録亦當爲卷一六九九一。

　　光胤，光逢之弟也，[1]俱以詞藝知名，亦登進士第。[2]光胤仕梁，[3]歷清顯，[4]伯仲之間，咸以方雅自高，

北人聞其名者，皆望風欽重。^[5]

[1]光胤，光逢之弟也：中華書局本有校勘記："光胤，原作'趙光胤'，據殿本改。按《趙光胤附兄光逢傳》後，據史例不當有'趙'字。"《輯本舊史》之原輯者案語："新、舊《唐書》俱云：趙隱子三人，光逢、光裔、光胤。爲後唐相者，光胤也。《薛史》原本避宋諱，宋諱稱光胤爲光裔，似混二人爲一，今改正。"見《舊唐書》卷一七八《趙隱傳》、《新唐書》卷一八二《趙隱傳》。

[2]亦登進士第：《輯本舊史》之原輯者案語："案《舊唐書》云：大順二年，進士登第。天祐初，累官至駕部郎中。"見《舊唐書》卷二〇天祐元年（904）十二月及卷一七八。

[3]光胤仕梁：《輯本舊史》卷九《梁末帝紀中》貞明四年（918）四月壬申條："以太子賓客趙光胤爲吏部侍郎。"卷一〇《梁末帝紀下》貞明六年四月丙午條："吏部侍郎趙光胤爲尚書左丞。"《宋本册府》卷五五〇《詞臣部·選任門》："梁趙光裔，太祖始授禪，自外制入爲翰林學士。時詔制叢委，中命迅急，光裔遣詞供職，典而有體，時所許焉。三年秋，以兄光逢作相，不樂在密勿之地，堅辭得請，出拜太常少卿。乾化二年，復命爲中書舍人、翰林學士。"

[4]歷清顯：《宋本册府》卷七八三《總録部·兄弟齊名門》作"歷清顯官"。

[5]皆望風欽重：《宋本册府》卷七七七《總録部·名望門二》："後唐宰相趙光裔，唐天祐中歷官省閣，伯仲皆以廉絜方正流聞于時。自梁孽未亡時，趙氏伯仲之名北人皆所傾慕。位至平章事。"

及莊宗平定汴洛，^[1]時盧程以狂妄免，郭崇韜自勳臣拜，^[2]議者以爲國朝典禮故實，須訪前代名家，咸曰光胤有宰相器。薛廷珪、李琪當武皇爲晋王時，嘗因爲册使至太原，[3] 故皆有宿望，當時咸謂宜處台司。郭崇韜採言事者云，廷珪朽老，浮華無相業；琪雖文學高，傾險無士風，皆不可相，乃止。同光元年十一月，光胤與韋説並拜平章事。[4]

　　[1]莊宗：即李存勗。小字亞子，沙陀部人，太原（今山西太原市）人。晋王李克用之子，後唐開國皇帝。紀見本書卷二七至卷三四及《新五代史》卷四、卷五。　汴：州名。治所在今河南開封市。

　　[2]盧程：人名。唐朝右族。唐末進士，五代後唐宰相。傳見本書卷六七、《新五代史》卷二八。　郭崇韜：人名。代州雁門（今山西代縣）人。五代後唐大臣。傳見本書卷五七、《新五代史》卷二四。

　　[3]薛廷珪：人名。河東（今山西永濟市蒲州鎮）人。唐末五代官員。傳見本書卷六八。　李琪：人名。河西燉煌（今甘肅敦煌市）人。後梁、後唐官員。傳見本書本卷、《新五代史》卷五四。

　　武皇：即李克用。沙陀部人，生於神武川新城（一説是今山西朔州市朔城區之梵王寺村，一説是今山西應縣縣城，一説在今山西懷仁縣之日中城）。唐末軍閥。受封晋王。五代後唐太祖。紀見本書卷二五至卷二六、《新五代史》卷四。　太原：府名。治所在今山西太原市。

　　[4]韋説：人名。籍貫不詳。福建觀察使韋岫之子。後唐宰相。傳見本書卷六七。　光胤與韋説並拜平章事：《輯本舊史》卷三〇《唐莊宗紀四》同光元年（923）十一月丁巳條：“以銀青光禄大夫、尚書左丞趙光胤爲中書侍郎、平章事、集賢殿大學士。”

　　光胤生於季末，漸染時風，雖欲躍鱗振翮，仰希前輩，然才力無餘，未能恢遠，朝廷每有禮樂制度、沿革擬議，以爲己任，同列既匪博通，見其浮譚橫議，莫之測也。豆盧革雖憑門地，在本朝時，仕進尚微，久從使府，朝章典禮，未能深悉，光胤每有發論，革但唯唯而已。後革奏議或當，光胤謂羣官曰：“昨有所議，前座一言粗當，近日差進，學者其可已乎！”其自負如此。[1]

　　[1]豆盧革：人名。先世爲鮮卑慕容氏，後改豆盧氏。唐同州刺史豆盧籍之孫，舒州刺史豆盧瓚之子。五代後唐宰相。傳見本書卷六七、《新五代史》卷二八。　“光胤生於季末”至“其自負如此”：參見明本《册府》卷三三八《宰輔部・專恣門》。

　　先是，條制：“權豪强買人田宅，或陷害籍没，顯有屈塞者，許人自理。”内官楊希朗者，故觀軍容使復恭從孫也，[1]援例理復恭舊業。事下中書，光胤謂崇韜曰：“復恭與山南謀逆，顯當國法，本朝未經昭雪，安得論理？”[2]崇韜私抑宦者，因具奏聞。希朗泣訴於莊宗，莊宗令自見光胤言之。希朗陳訴：“叔祖復光有大功於王室，[3]伯祖復恭爲張濬所搆，[4]得罪前朝，當時强臣掣肘，國命不行。及王行瑜伏誅，[5]德音昭洗，制書尚在。相公本朝氏族，諳練故事，安得謂之未雪耶？若言未雪，吾伯氏彦博，[6]洎諸昆仲，監護諸鎮，何途得進！”漸至聲色俱厲。光胤方恃名德，爲其所折，悒然不樂。又以希朗幸臣，慮撼他事危己，心不自安。三年夏四月，病疽卒。[7]贈左僕射。《永樂大典》卷一萬六千九百九十一。[8]

[1]楊希朗：人名。籍貫不詳。五代時期內官。事見本書本卷、卷三一。　觀軍容使：官名。唐朝始設，負責監視出征將帥之高級軍職，多以掌權宦官擔任。　復恭：人名。即楊復恭。閩（今福建福州市）人。唐末宦官、將領，與李克用相善。傳見《舊唐書》卷一八四、《新唐書》卷二〇八。　故觀軍容使復恭從孫也：中華書局本有校勘記："'從孫'原作'從子'，據殿本改。按本卷下文楊希朗稱復恭爲伯祖。"

[2]山南：道名、方鎮名。治所在襄州（今湖北襄陽市）。唐貞觀元年（627）依山川形便置，轄境當今陝西秦嶺、河南伏牛山以南，湖北隨州、仙桃二市以西，四川廣元、南充二市以南以及甘肅東南角地區。

[3]復光：人名。即楊復光。閩（今福建福州市）人。唐末宦官。傳見《舊唐書》卷一八四、《新唐書》卷二〇七。《輯本舊史》之影庫本粘籤："復光，原本作'復充'，今據《新唐書》改正。"見《新唐書》卷二〇七《楊復光傳》。又見《舊唐書》卷一八四《楊復光傳》。

[4]張濬：人名。河間（今河北河間市）人。唐僖宗時爲户部侍郎、同中書門下平章事，唐昭宗時爲尚書左僕射，後爲朱温所殺。傳見《舊唐書》卷一七九、《新唐書》卷一八五。

[5]王行瑜：人名。邠州（今陝西彬縣）人。唐末軍閥。傳見《舊唐書》卷一七五、《新唐書》卷二二四下。

[6]彥博：人名。即楊彥博。楊希朗之兄。事迹不詳。

[7]三年夏四月，病疽卒：《輯本舊史》卷三二《唐莊宗紀六》同光三年（925）四月庚寅條："中書侍郎兼工部尚書、平章事趙光胤卒，廢朝三日。"亦見《宋本册府》卷六六九《内臣部・恣横門》楊希朗條。

[8]《大典》卷一六九九一"趙"字韻"姓氏（七）"事目。

鄭珏

鄭珏，昭宗朝宰相綮之姪孫。[1]父徽，河南尹張全義判官。[2]光化中，登進士第，[3]歷弘文館校書、集賢校理、監察御史。[4]入梁爲補闕、起居郎，召入翰林，累遷禮部侍郎充職。[5]珏文章美麗，旨趣雍容，自策名登朝，張全義皆有力焉。[6]貞明中，拜平章事。[7]莊宗入汴，責授萊州司户，[8]未幾，量移曹州司馬。[9]張全義言於郭崇韜，將復相之，尋入爲太子賓客。[10]

[1]綮：人名。即鄭綮。鄭州滎陽（今河南滎陽市）人。唐末官員，官至禮部侍郎、同中書門下平章事。傳見《舊唐書》卷一七九、《新唐書》卷一八三。

[2]徽：人名。即鄭徽。鄭州滎陽（今河南滎陽市）人。唐末、五代後梁官員。事見本書卷二四。　判官：官名。爲長官的佐吏，協理政事，或備差遣。　父徽，河南尹張全義判官：《宋本册府》卷八五三《總録部·姻好門》：“後唐鄭珏，昭宗朝宰臣鄭綮之姪孫。父徽，光啓初爲河南尹張全義判官。全義子衍婚徽女，珏以家世依張氏家于洛陽。”

[3]光化中，登進士第：《輯本舊史》之原輯者案語：“《歐陽史》云：珏少依全義，居河南，舉進士數不中，全義以珏屬有司，乃得及第。”見《新五代史》卷五四《鄭珏傳》。《宋本册府》卷八二八《總録部·論薦門》張全義條：“後唐張全義爲河南尹。鄭珏以家世依全義家于洛陽，應進士十九年不登第。户部侍郎李渥寓居洛都，素爲全義所禮。光化三年，渥爲禮部侍郎，知貢舉。全義以書薦託，珏方擢第。”

[4]弘文館：官署名。弘文館爲唐代中央官學之一。設館主一

人，總領館務；判館事一人，管理日常事務。學士無員限，掌校正圖籍，教授生徒，並參議政事。五品以上稱爲學士，六品以下稱爲直學士，又有文學直館學士，均以他官兼領。　校書：官名。即弘文館校書郎。掌校理典籍、刊正錯謬。正九品下。　集賢校理：官名。唐玄宗時始置。掌校理集賢殿圖籍。　監察御史：官名。唐代屬御史臺之察院，掌監察中央機構、州縣長官及祭祀、庫藏、軍旅等事。唐中期以後，亦作爲外官所帶之銜。正八品下。

[5]補闕：官名。唐代諫官。武則天時始置。分爲左右，左補闕隸於門下省，右補闕隸於中書省。掌規諫諷諭，大事可以廷議，小事則上封奏。從七品上。　起居郎：官名。唐代始置，屬門下省。與中書省起居舍人同掌起居注，記皇帝言行。從六品上。
"入梁爲補闕、起居郎"至"累遷禮部侍郎充職"：《宋本册府》卷九四五《總錄部·附勢門》："後唐鄭珏，少依河南尹張全義，初爲集賢校理。昭宗幸洛陽，珏爲監察御史。朱溫革命於汴州，改左補闕、起居郎。時張衍爲諫議大夫，珏文章美麗，旨趣雍容，後進推服，復以全義之門人，權要獎遇之。召入翰林，爲學士，歷考功員外郎，右司郎中，皆知制誥，正授舍人、翰林承旨，轉禮部侍郎。珏自成名至昇朝掌翰墨，皆全義爲之提挈。"

[6]張全義皆有力焉：《輯本舊史》之原輯者案語："《歐陽史》云：梁諸大臣以全義故，數薦之。"見《新五代史》卷五四。

[7]貞明：後梁末帝朱友貞年號（915—921）。　貞明中，拜平章事：《舊五代史考異》："《通鑑考異》引《唐餘錄》云：貞明二年十月丁酉，禮部侍郎鄭珏爲中書侍郎、平章事。"見《通鑑》卷二六九貞明二年（916）十月丁酉條《考異》所引《唐餘錄·均帝紀》。

[8]萊州：州名。治所在今山東萊州市。　司户：官名。州"司户參軍事"省稱。州級政府僚佐。掌本州屬縣之户籍、賦税、倉庫受納等事。上州從七品下，中州正八品下，下州從八品下。
莊宗入汴，責授萊州司户：明本《册府》卷三三九《宰輔部·不

忠門》："後唐鄭珏初任梁，末帝時爲平章事。同光元年，莊宗敗王彥章於中都，長驅趨汴。梁帝聞梁師將至，召宰相李振、敬翔等號哭謀所向，皆猶預不決。珏對曰：'臣有一策，可以緩外寇，不知陛下能行乎？'梁帝曰：'卿意如何？'珏曰：'願得陛下傳國寶，臣懷之以入晉軍，可以緩其師，以俟段凝。'梁帝曰：'事急矣。此物固無惜，但卿此行，得事了不，卿更籌之。'珏俛首曰：'了則不了。'左右縮頭耻笑。翼日，莊宗入汴州，珏率僞百官迎謁。是日，謫授萊州司户參軍。"

[9]曹州：州名。治所在今山東曹縣西北。 司馬：官名。州軍佐官，名義上紀綱衆務，通判列曹，品高俸厚，實際上無具體職事，多用以安置貶謫官員，或用作遷轉官階。上州從五品下，中州正六品下，下州從六品上。

[10]太子賓客：官名。爲太子官屬。唐高宗顯慶元年（656）始置。掌侍從規諫、贊相禮儀。正三品。

明宗即位，任圜自蜀至，安重誨不欲圜獨拜宰輔，[1]共議朝望一人共之。孔循言珏貞明時久在中書，[2]性畏慎而長者，美詞翰，好人物。重誨即奏與任圜並命爲相。有頃，珏以老病耳疾，不任中書事，四上章請，[3]明宗惜之，久而方允，乃授開府儀同三司、行尚書左僕射致仕，仍賜鄭州莊一區。[4]明宗自汴還洛陽，遣中使撫問，[5]賜錢二十萬，食羊百口。長興初卒，[6]贈司空。

[1]明宗：即五代後唐明宗李嗣源。沙陀部人。原名邈佶烈，李克用養子。926年至933年在位。紀見本書卷三五至卷四四、《新五代史》卷六。 任圜：人名。京兆三原（今陝西三原縣）人。

五代後唐明宗時拜同中書門下平章事，後與權臣安重誨失和，被誣與叛臣朱守殷通謀而見殺。傳見本書卷六七、《新五代史》卷二八。

安重誨：人名。應州（今山西應縣）人。五代後唐大臣。傳見本書卷六六、《新五代史》卷二四。

[2]孔循：人名。籍貫不詳。五代後唐大臣。傳見《新五代史》卷四三。

[3]四上章請：明本《册府》卷三三五《宰輔部・自全門》、《宋本册府》卷八九九《總録部・致政門》後皆有"老"字。

[4]開府儀同三司：官名。魏晋始置，隋唐時爲文散官之最高官階。多授功勳重臣。從一品。　尚書左僕射：官名。秦始置，隋、唐時爲散官之最高官階，多授功勳重臣。從二品。　鄭州：州名。治所在今河南鄭州市。

[5]中使：指宫中派出的使者，多爲宦官。

[6]長興：後唐明宗李嗣源年號（930—933）。　長興初卒：《輯本舊史》卷四三《唐明宗紀九》長興三年（932）十一月癸未條："以左僕射致仕鄭珏卒廢朝。"三年不得言"初"。

初，珏應進士，十九年方登第，名姓爲第十九人，自登第凡十九年爲宰相，又昆仲之次第十九，時亦異之。[1]

[1]"初"至"時亦異之"：《輯本舊史》之原輯者案語："《古今事類》云：鄭珏當唐昭宗時作相，文章理道，典瞻華美。小字十九郎，應舉十九年方及第，又第十九人，至相亦十九年，時皆異之。考珏以光化中登第，歷相梁、唐，而《古今事類》以爲唐昭宗時作相，誤也。"

子邁，太平興國中任正郎。[1]《永樂大典》卷一萬八千八百八十一。[2]

[1]遘：人名。即鄭遘。事迹不詳。　太平興國：北宋太宗趙炅年號（976—984）。　正郎：尚書省六部諸司郎中的通稱。

[2]《大典》卷一八八八一"鄭"字韻"姓氏（一〇）"事目。

崔協

崔協，字思化。[1]遠祖清河太守第二子寅，仕後魏爲太子洗馬，[2]因爲清河小房，至唐朝盛爲流品。曾祖郃，太常卿。[3]祖瓘，吏部尚書。[4]父彦融，楚州刺史。[5]彦融素與崔蕘善，[6]嘗爲萬年令，[7]蕘謁於縣，彦融未出，見案上有尺題，皆略遣中貴人，蕘知其由徑，始惡其爲人。及除司勳郎中，蕘爲左丞，通刺不見，[8]蕘謂曰："郎中行止鄙雜，故未見。"[9]宰相知之，[10]改楚州刺史，卒於任，誡其子曰："世世無忘蕘。"[11]故其子弟常云"崔讎"。[12]

[1]字思化：中華書局本有校勘記："崔協墓志（拓片刊《洛陽新獲七朝墓志》）作'司化'。"《宋本冊府》卷九二〇《總録部·讎怨門二》未明言其字，明本《冊府》卷九二〇《總録部·讎怨門二》作"字文交"。

[2]清河：郡名。治所在今河北清河縣。　太守：官名。秦置，爲一郡之最高行政長官。　寅：人名。即崔寅。事迹不詳。　後魏：即北魏。　太子洗馬：官名。太子屬官。掌經籍，出入侍從。從五品下。

[3]清河小房：指清河崔氏的一支，清河崔氏爲中國魏晉至隋唐時的著名大族。 邠：人名。即崔邠。清河武城（今河北故城縣）人。唐代大臣。傳見《舊唐書》卷一五五、《新唐書》卷一六三。 太常卿：官名。太常寺長官。掌祭祀禮儀等事。正三品。

[4]瓘：人名。即崔瓘。唐代大臣。事見本書本卷。 吏部尚書：官名。尚書省吏部最高長官，與二侍郎分掌六品以下文官選授、勳封、考課之政令。正三品。 "曾祖邠"至"吏部尚書"：《宋本册府》卷七八三《總錄部·世德門》："後唐崔協曾祖邠爲太常卿。祖瓘，吏部尚書，咸有名德，朝議稱仰。協終於相位。"

[5]彥融：人名。即崔彥融。唐代大臣，曾任户部郎中、長安令、刑部員外郎。事見《舊唐書》卷一九下、卷一七七。 楚州：州名。治所在今江蘇淮安市。 刺史：官名。州一級行政長官。漢武帝時始置，總掌考覈官吏、勸課農桑、地方教化等事。唐中期以後，節度使、觀察使轄州而設，刺史爲其屬官，職任漸輕。從三品至正四品下。

[6]崔蕘：人名。衛州（今河南衛輝市）人。崔蠡之子。傳見《舊唐書》卷一一七、《新唐書》卷一四四。《輯本舊史》之影庫本粘籤："原本作'崔蕘'，今據《北夢瑣言》改正。"見《北夢瑣言》卷一八《明宗命相》。

[7]萬年：縣名。治所在今陝西西安市長安區。 令：官名。即縣令。縣的行政長官，掌治本縣。唐代之縣，分赤（京）、次赤、畿、次畿、望、緊、上、中、中下、下十等。縣令分六等，正五品上至從七品下。

[8]司勳郎中：官名。唐尚書省吏部司勳司長官。掌官吏勳級。從五品上。 左丞：官名。尚書省佐貳官。唐中期以後，與尚書右丞實際主持尚書省日常政務，權任甚重。正四品上。後梁開平二年（908）改爲左司侍郎，後唐同光元年（923）復舊爲左丞。正四品。 通刺：通報名片以求延見。 及除司勳郎中，蕘爲左丞，通刺不見：明本《册府》卷九二〇《總錄部·讎怨門二》作"及彥

融除司勳郎中，蕘已爲左丞，通刺不見，初以爲戲，再聞名於將命者”。

[9]故未見：明本《册府》卷九二〇《總録部·讎怨門二》作“故非敢見”。

[10]宰相知之：明本《册府》卷九二〇《總録部·讎怨門二》作“丞相知之”。

[11]世世無忘蕘：明本《册府》卷九二〇《總録部·讎怨門二》作“世世無忘崔蕘”。

[12]故其子弟常云崔讎：中華書局本有校勘記：“‘云崔讎’，殿本作‘與蕘讎’，明本《册府》卷九二〇作‘云世讎’。”

協即彦融之子也。幼有孝行，登進士第，釋褐爲度支巡官、渭南尉，直史館，[1]歷三署。[2]入梁爲左司郎中、萬年令、給事中，[3]累官至兵部侍郎。[4]與中書舍人崔居儉相遇於幕次，[5]協厲聲而言曰：“崔蕘之子，何敢相見！”居儉亦報之。左降太子詹事，[6]俄拜吏部侍郎。同光初，改御史中丞，[7]憲司舉奏，多以文字錯誤，屢受責罰。[8]協器宇宏爽，高談虛論，多不近理，時人以爲虛有其表。天成初，遷禮部尚書、太常卿，因樞密使孔循保薦，拜平章事。[9]

[1]釋褐：易粗布衣而服官服，指代做官。　渭南：縣名。治所在今陝西渭南市。　尉：官名。即縣尉。掌管一縣緝捕盗賊、按察奸宄之事。從八品下至從九品下不等。　直史館：官名。唐天寶以後，他官兼領史職者，稱史館修撰。初入史館者稱爲直館。元和六年（811）宰相裴垍建議：登朝官領史職者爲修撰，以官階高的一人判館事；未登朝官均爲直館。

[2]歷三署:《舊唐書》卷二〇下《哀帝紀》天祐二年（905）四月辛丑條:"吏部員外郎崔協……宜賜緋魚袋。"同年十二月辛卯條:"户部郎中崔協……隨册禮使柳璨魏國行事。"

[3]左司郎中:官名。爲尚書左丞副貳,協掌尚書都省事務,監管吏、户、禮部諸司政務。位在諸司郎中上。從五品上。 給事中:官名。秦始置。隋、唐以來,爲門下省屬官。掌讀署奏抄、駁正違失。正五品上。

[4]兵部侍郎:官名。尚書省兵部次官。協助兵部尚書掌武官銓選、勛階、考課之政。正四品下。 累官至兵部侍郎:《通鑑》卷二七二同光元年（923）二月丁卯條:"梁主遣兵部侍郎崔協等册命吴越王鏐爲吴越國王。"

[5]中書舍人:官名。中書省屬官。掌起草文書、呈遞奏章、傳宣詔命等。正五品上。 崔居儉:人名。清河（今河北清河縣）人。五代後梁至後晋官員。傳見本書附録、《新五代史》卷五五。

[6]太子詹事:官名。掌領太子之詹事府,爲太子官屬之長。正三品。

[7]同光初,改御史中丞:《輯本舊史》卷三〇《唐莊宗紀四》同光元年十二月乙酉條:"以兵部侍郎崔協爲吏部侍郎。"卷三一《唐莊宗紀五》同光二年二月癸卯條:"以吏部侍郎崔協爲御史中丞。"卷三三《唐莊宗紀七》同光三年七月壬子條:"以御史中丞崔協爲禮部尚書。"

[8]憲司:御史的別稱。 憲司舉奏,多以文字錯誤,屢受責罰:《宋本册府》卷五二二《憲官部·譴讓門》:"後唐崔協爲御史中丞。莊宗同光中,與殿中侍御史韋悦、魏遜詣東上閣門進狀待罪,罰俸有差,刑獄奏牘脱略文字故也。"

[9]禮部尚書:官名。尚書省禮部長官。掌禮儀、祭享、貢舉之政。正三品。 樞密使:官名。樞密院長官。唐代宗時始以宦官掌機密,至昭宗時借朱温之力盡誅宦官,始改以士人任樞密使。備顧問,參謀議,出納詔奏,權侔宰相。參見李全德《唐宋變革期樞

密院研究》，國家圖書館出版社 2009 年版。 "天成初"至"拜平章事"：《輯本舊史》卷三六《唐明宗紀二》天成元年（926）六月己丑條："以禮部尚書崔協爲太常卿、判吏部尚書銓事。"卷三八《唐明宗紀四》天成二年正月癸亥條："以太常卿崔協爲中書侍郎、平章事。"亦見明本《册府》卷七四《帝王部·命相門四》。

初，豆盧革、韋説得罪，執政議命相，樞密使孔循意不欲河朔人居相位，任圜欲相李琪，而鄭珏素與琪不協，孔循亦惡琪，謂安重誨曰："李琪非無藝學，但不廉耳。朝論莫若崔協。"重誨然之，因奏擇相，明宗曰："誰可？"乃以協對。任圜奏曰："重誨被人欺賣，如崔協者，少識文字，時人謂之'没字碑'。臣比不知書，無才而進，已爲天下笑，何容中書之内，更有笑端！"明宗曰："易州刺史韋肅，人言名家，待我甚厚，置於此位何如？肅苟未可，則馮書記是先朝判官，稱爲長者，與物無競，可以相矣。"道嘗爲莊宗霸府書記，故明宗呼之。[1]朝退，宰臣、樞密使休於中興殿之廡下，[2]孔循拂衣而去，曰："天下事一則任圜，二則任圜，崔協暴死則已，不死會居此位。"重誨私謂圜曰："今相位缺人，協且可乎？"圜曰："朝廷有李琪者，學際天人，奕葉軒冕，論才校藝，可敵時輩百人。而讒夫巧沮，忌害其能，必捨琪而相協，如棄蘇合之丸，[3]取蛣蜣之轉也。"[4]重誨笑而止。然重誨與循同職，循日言琪之短、協之長，故重誨竟從之。而協登庸之後，廟堂化筆，假手於人。[5]朝廷以國庠事重，命協兼判祭酒事，[6]協上奏每歲補監生二百爲定，[7]物議非之。[8]四年春，駕自夷門還京，從至須水驛，中風暴卒。詔贈尚書左僕射，謚曰恭靖。[9]

[1]河朔：古地區名。泛指黃河以北地區。　易州：州名。治所在今河北易縣。　韋肅：人名。籍貫不詳。五代後唐官員。事見本書本卷、卷四一。　馮書記：即馮道。瀛州景城（今河北滄縣）人。五代時官拜宰相，歷仕後唐、後晋、後漢、後周，亦曾臣服於契丹。傳見本書卷一二六、《新五代史》卷五四。　　"初"至"故明宗呼之"："則馮書記是先朝判官"，《輯本舊史》之影庫本粘籤："馮書記，原本作'筆記'，今據《通鑑》改正。"見《通鑑》卷二七五天成二年（927）正月癸亥條。明本《册府》卷三三七《宰輔部·樹黨門》孔循條："明宗天成初，宰相豆盧革、韋説得罪，執政相與議宰相。時經始之初，言事者衆，咸以循少侍宮禁，諳故實，知朝廷人士之才行，樞密使安重誨多聽之。循意不欲河朔人居相位，初已援引鄭珏入中書，至是任圜欲相李琪，而鄭珏與琪先梁時同在翰林爲學士，二人不相善，居常切齒。循既以珏爲門人，亦排斥李琪，謂重誨曰：'李琪非無藝學，但不廉耳。宰相，人士之表儀，但得身端有器度，足以輔弼矣。朝論所與，莫若崔協。'重誨以爲然。後重誨内殿奏中書闕人，欲擇丞相。帝曰：'誰可相者？'乃以崔協對。任圜曰：'重誨未諳朝中人物，被人欺賣。如崔協者，天下皆知少識文字，時人呼爲"無字碑"。臣以陛下藩邸之年，即迴天睠，無才幸進此，不知書。一旦驟塵輔弼，終朝若負芒刺。以臣一人，取笑足矣，何容中書之内更益笑端！'帝曰：'宰相重位，卿等更自審詳。然吾在藩時，識易州刺史韋肅，人言名家，待我甞厚，置於此位何如？肅苟未可，則馮書記先朝判官，稱爲長者，多才博學，與物無競，可以相矣。'書記即馮道人也，甞爲莊宗霸府書記，帝素款顔，偶不記名，但云書記。"

[2]中興殿：宮殿名。爲洛陽宮城之便殿。位於今河南洛陽市。

　　[3]蘇合之丸：即蘇合丸。中藥名。主治勞瘵骨蒸、痓忤心痛、霍亂吐利、時氣鬼魅、瘴癘疫癘、瘀血月閉、疝癖疔腫、驚癇中風、中氣痰厥及昏迷等症。《輯本舊史》之影庫本粘籤："蘇合，原本作'蘇全'，今據《通鑑》及《歐陽史》改正。"見《通鑑》卷二七五天成二年正月癸亥條、《新五代史》卷二八《任圜傳》。

　　[4]蛞蜋之轉：即蛞蜋轉丸。中藥名。鹹苦大寒，無毒。主治黃疸、煩熱、傷寒時氣及霍亂吐瀉、反胃，並療一切瘡癤。

　　[5]假手於人：《宋本册府》卷九四五《總錄部·附勢門》："崔協，明宗天成初爲太常卿，判尚書銓。時孔循任事，因其門人求爲輔相。二年正月七日，成命將出，任圜言於執政曰：'圜比無學術，謬參文吏，聖上以遭逢運會，俾待罪廊廟，四輔之重，已虛一位。今聞崔協雖爲名族，本不讀書，校其識見，恐不及圜。'孔循忿其言，拂衣而出，稱疾不朝者數日。帝俾重誨諭之，方入。翌日，降制拜平章事。登庸之後，廟堂化筆，假手於人前，不同於己者，思騁其欲，鋒鋩露見，多爲近侍所沮。"亦見明本《册府》卷三二五《宰輔部·不稱門》。

　　[6]祭酒：官名。即國子祭酒。古代國子學或太學長官。晋武帝司馬炎始置。掌邦國儒學訓導之政令，領太學、國子學及國子監所屬各學。從三品。　命協兼判祭酒事：《輯本舊史》卷三九《唐明宗紀五》天成三年正月己未條："中書門下奏，國子祭酒望令宰相兼判。乃詔崔協判之。"明本《册府》卷三二九《宰輔部·兼領門》："崔協，明宗天成三年正月己未中書門下奏：'國子祭酒闕。伏以祭酒之資，歷朝所貴。爰從近代，不重此官。經天緯地莫如文，戡定禍亂莫如武。武不可不講，文不可不脩。況屬聖朝，方勤庶政，須弘雅道，以振時風。望令宰臣兼判國子祭酒事。如蒙允許，望內賜處分。'奉敕令崔協兼判。"

　　[7]協上奏每歲補監生二百爲定：《宋本册府》卷六二〇《卿監部·舉職門》："崔協爲宰相兼判國子祭酒。天成三年八月，奏請國子監每年祇置監生二百人。自後更與諸道相次解送，至十月三十

日滿數爲定。又請頒下諸道州府，各置官學，如有鄉黨備諸文行可舉者，録其事實，申報監司，方與解送。但一身就業，不得影庇户門。兼太學書生，亦依此例，不得因此便取公牒，輒免本户差役。又每年於二百人數内，不繫時節，有投名者，先令學官考試，校其學業深淺，方議收補姓名。敕：‘宜依長定二百人，其中有藝業精博者，令準近敕考試，及格解送禮部。及第後，據人數却填。’五年正月，國子監又奏：‘當監舊例，初補監生，有束脩錢兩貫文。及第後，光學錢壹貫文。切緣當監諸色舉人及第後，近再多不於監司出給光學文抄，及不納光學文錢，只守選限年滿，便赴南曹參選。南曹近年選人，並不收置監司光學文抄爲憑。請自後欲準例應諸色舉人及第後，並却於監司出給光學文抄，並納光學錢等。各有所業，次第以備，當逐年修葺公使，奉敕宜準往例指揮。兼自今後凡補監生，須令情願住在監中修學，則得給牒收補。仍據所業次第，逐季考試申奏。其勘到見管監生一百七十八人，仍勒準此指揮。如收補年深，未聞藝業，虛霑補牒，不赴試期，亦委監司檢點其姓名年月，一一分析申奏。’長興元年春，國子監又請以學生束脩及光學錢備監屯修葺公使，從之。”

[8]物議非之：《舊五代史考異》：“《北夢瑣言》：明宗問宰相馮道：‘盧質近日喫酒否？’對曰：‘質曾到臣居，亦飲數爵，臣勸不令過度，事亦如酒，過則患生。’崔協强言于坐曰：‘臣聞食醫心鏡，酒極好，不假藥餌，足以安心神。’左右見其膚淺，不覺哂之。”此《考異》中華書局本有校勘記：“‘不假藥餌’，‘假’原作‘加’，據《北夢瑣言》卷一九改。”見《北夢瑣言》卷一九《崔協對敕》。

[9]夷門：地名。原指戰國魏都大梁城東門，故址在今河南開封城内東北隅。夷門位於夷山，夷山因山勢平夷而得名，故門亦以山爲名。此處代指開封。　須水驛：地名。位於今河南鄭州市西。

“四年春”至“謚曰恭靖”：明本《册府》卷八一《帝王部·慶賜門三》唐明宗條天成四年二月戊申條：“宴群臣於玉華殿。樂作，王晏球馳報已獲王都首級，生禽契丹禿餒等二千餘人，百官就班稱賀。崔協酒酣不能拃，蹉蹈於地，命左右掖之方興。不久，協卒，宴罷，賜物加等。"《輯本舊史》卷四〇《唐明宗紀六》天成四年二月丁卯，"宰相崔協卒，詔贈尚書右僕射"。《通鑑》卷二七六天成四年二月丁卯條："門下侍郎、同平章事崔協卒於須水。"

子顗、頌、壽貞，[1]惟頌仕皇朝，官至左諫議大夫，終於鄜州行軍司馬。[2]《永樂大典》卷二千七百四十。[3]

[1]顗：人名。即崔顗。崔協之子。曾任偃師簿。事見本書卷一三一《王延傳》、《册府》卷六五一《貢舉部·清正門》。 頌：人名。即崔頌。崔協之子。五代、宋初官員。傳見《宋史》卷四三一。 壽貞：人名。即崔壽貞。崔協之子。事迹不詳。

[2]左諫議大夫：官名。隸門下省。唐代置左、右諫議大夫各四人，分隸門下省、中書省。掌諫諭得失，侍從贊相。正四品下。 鄜州：州名。治所在今陝西富縣。 行軍司馬：官名。出征將領及節度使的屬官。掌軍籍符伍、號令印信，是藩鎮重要的軍政官員。

[3]《大典》卷二七四〇"崔"字韻"姓氏"事目（八）。

李琪

李琪，字台秀。五代祖憕，天寶末禮部尚書、東都留守。[1]安禄山陷東都，遇害，累贈太尉，[2]謚曰忠懿。[3]憕孫寀，元和朝位至給事中。[4]寀子敬方，文宗朝諫議大夫。[5]敬方子穀，[6]廣明中爲晉公王鐸都統判官，[7]以收復功爲諫議大夫。

[1]憕：人名。即李憕。太原文水（今山西文水縣）人。唐代大臣。傳見《舊唐書》卷一八七下、《新唐書》卷一九一。 天寶：唐玄宗李隆基年號（742—756）。 東都：即洛陽。 留守：官名。古代皇帝出巡或親征時指定親王或大臣留守京城，綜理國家軍事、行政、民事、財政等事務，稱京城留守。在陪都或軍事重鎮也常設留守，以地方長官兼任。

[2]安禄山：人名。營州柳城（今遼寧朝陽市南）人。唐代叛將，發動了安史之亂。傳見《舊唐書》卷二〇〇上、《新唐書》卷二二五上。 太尉：官名。與司徒、司空並爲三公，唐後期、五代多爲大臣、勳貴加官。正一品。

[3]謚曰忠懿：中華書局本有校勘記："'忠懿'，本書卷二四《李珽傳》、《新唐書》卷一九一《李憕傳》同，《舊唐書》卷一六《穆宗紀》、卷一八七下《李憕傳》、《册府》卷九八、卷四六八、《唐會要》卷五五作'忠烈'。"見明本《册府》卷九八《帝王部·徵聘門》、卷四六八《臺省部·薦舉門》。

[4]寀：人名。即李寀。事迹不詳。 元和：唐憲宗李純的年號（806—820）。

[5]敬方：人名。即李敬方。唐代大臣，曾任歙州刺史、台州刺史，有文采。事見《新唐書》卷六〇。 文宗：即唐文宗李昂。唐穆宗之子。827年至840年在位。被宦官王守澄等擁立即位，後欲剷除宦官，任用李訓、鄭注，利用宦官間的派別鬥爭，殺死王守澄。大和九年（835），發動甘露之變，事敗，宦官大肆誅殺朝官，他亦被宦官鉗制。紀見《舊唐書》卷一七上至卷一七下、《新唐書》卷八。 諫議大夫：官名。秦始置，掌朝政議論。隋唐仍置，有左、右諫議大夫四人，分屬門下、中書二省。掌諫諭得失，侍從贊相。唐後期、五代多以本官領他職。唐初爲正五品上，會昌二年（842）升爲正四品下。後晉天福五年（940）爲正四品，後周顯德五年（958）復改爲正五品上。

[6]轂：人名。即李轂。咸通進士。唐末爲浙東觀察推官，兼

殿中侍御史。事見《唐詩紀事》卷六四《李毂》。

　　[7]廣明：唐僖宗李儇年號（880—881）。　王鐸：人名。太原（今山西太原市）人。唐末軍閥，曾積極參與平定黃巢起義。傳見《舊唐書》卷一六四、《新唐書》卷一八五。　都統判官：官名。行營都統屬官。佐都統處理行營軍政事務。　廣明中爲晋公王鐸都統判官：《舊五代史考異》："《太平廣記》引《李琪集序》作父敬，佐王鐸滑州幕。考李琪祖名敬方，其父不得名敬，疑《太平廣記》傳寫之訛。"見《太平廣記》卷一七五。

　　琪即毂之子也，年十三，詞賦詩頌，大爲王鐸所知，然亦疑其假手。一日，鐸召毂讌於公署，[1]密遣人以《漢祖得三傑》賦題就其第試之，[2]琪援筆立成。賦尾云："得士則昌，非賢罔共。龍頭之友斯貴，鼎足之臣可重，宜哉項氏之敗亡，一范增而不能用。"[3]鐸覽而駭之，曰："此兒大器也，將擅文價。"[4]

　　[1]鐸召毂讌於公署：《輯本舊史》之影庫本粘籤："召毂，原本作'茗毂'，今據文改正。"

　　[2]漢祖：人名。即漢高祖劉邦。沛豐邑中陽里（今江蘇豐縣）人。前206年至前195年在位。紀見《漢書》卷一上至卷一下。

　　[3]項氏：人名。即項羽。名籍，字羽，下相（今江蘇宿遷市西南）人。傳見《史記》卷七。　范增：人名。居鄭（今安徽桐城市南）人，秦末項羽謀士。傳見《史記》卷七。

　　[4]將擅文價：《舊五代史考異》："《太平廣記》：琪總角謁鐸，鐸顧曰：'適蜀中詔到，用夏州拓跋思恭爲收復都統，可作一詩否？'即秉筆立製，云：'飛騎經巴棧，洪恩及夏臺。將從天上去，人自日邊來。此處金門遠，何時玉輦迴。早平關右賊，莫待詔書

催。'鐸益奇之，因執琪手曰：'此真鳳毛也。'時年十四。明年，丁母憂，因流寓青、齊。然糠照薪，俾夜作晝，覽書數千卷，間爲詩賦。唐僖宗再幸梁洋，竊賦云：'哀痛不下詔，登封誰上書。'"此《考異》中華書局本有校勘記："'因流寓青齊'，'青齊'原作'齊魯'，據殿本、劉本、《太平廣記》卷一七五引《李琪集序》改。"

　　昭宗時，李磎父子以文學知名。[1]琪年十八，袖賦一軸謁磎。磎覽賦驚異，倒屣迎門，出琪《調啞鐘》、《捧日》等賦，[2]謂琪曰："余嘗患近年文士辭賦，皆數句之後，未見賦題，吾子入句見題，偶屬典麗，吁可畏也。"琪由是益知名，舉進士第。天復初，[3]應博學宏詞，居第四等，授武功縣尉，辟轉運巡官，遷左拾遺、殿中侍御史。[4]自琪爲諫官憲職，凡時政有所不便，必封章論列，文章秀麗，覽之者忘倦。

　　[1]李磎：人名。江夏（今湖北武漢市武昌區）人。唐代大臣。傳見《舊唐書》卷一五七、《新唐書》卷一四六。中華書局本有校勘記："'李磎'，《御覽》卷五八七引《後唐書》、《册府》卷八四一、卷九〇〇同，《舊唐書》卷一五七、《新唐書》卷一四六有《李磎傳》，即其人。本卷下文同。"見《宋本册府》卷八四一《總錄部·文章門五》、明本《册府》卷九〇〇《總錄部·干謁門》。
　　[2]出琪調啞鐘、捧日等賦：《輯本舊史》之影庫本粘籤："調啞鐘、捧日等賦，疑有脱字，考《夏文莊集》所引《薛史》與《永樂大典》同，今姑仍其舊。"
　　[3]天復：唐昭宗李曄年號（901—904）。　天復初：中華書局本有校勘記："'天復'，原作'天福'，據殿本、劉本、邵本校、《册

府》卷六〇五改。"見《宋本册府》卷六五〇《貢舉部·應舉門》。

[4]博學宏詞：科舉考試科目之一。屬制科。選拔能文之士。

武功：縣名。治所在今陝西武功縣。　縣尉：官名。縣佐官，掌軍事、治安。　巡官：官名。唐代節度使、觀察使、團練使、防禦使屬官，位判官、推官下。另有營田巡官、轉運巡官、館驛巡官等名目，皆因使而置。　左拾遺：官名。唐代門下省所屬諫官。掌規諫、薦舉人才。從八品上。　殿中侍御史：官名。三國魏始置。唐前期屬御史臺之殿院，掌宮門、庫藏及糾察殿庭供奉朝會儀式，及分掌左、右巡，負責京師治安、京畿軍兵。唐後期常爲外官所帶憲銜。從七品下。

　　琪兄玼，亦登進士第，才藻富贍，兄弟齊名，而尤爲梁祖所知，以玼爲崇政學士。[1]琪自左補闕入爲翰林學士，[2]累遷户部侍郎、翰林承旨。[3]梁祖西抗邠、岐，北攻澤、潞、出師燕、趙，[4]經略四方，暫無寧歲，而琪以學士居帳中，專掌文翰，下筆稱旨，寵遇踰倫。是時，琪之名播於海内。琪重然諾，憐才獎善，家門雍睦。貞明、龍德中，[5]歷兵、禮、吏侍郎，受命與馮錫嘉、張衮、[6]郤殷象同撰《梁太祖實録》三十卷，[7]遷御史中丞，累擢尚書左丞、中書門下平章事。[8]時琪與蕭頃同爲宰相，[9]頃性畏慎深密，琪倜儻負氣，不拘小節，中書奏覆，多行其志，而頃專掎摭其咎。會琪除吏，是試攝名銜，[10]改"攝"爲"守"，爲頃所奏，梁帝大怒，將投諸荒裔，而爲趙巖輩所援，[11]罷相，爲太子少保。[12]

　　[1]玼：人名。即李玼。唐末、五代官員。傳見《舊唐書》卷

二四。　　梁祖：即梁太祖朱温。宋州碭山（今安徽碭山縣）人。五代後梁太祖。紀見《舊五代史》卷一至卷七、《新五代史》卷一至卷二。　　崇政學士：官名。即崇政院直學士。後梁太祖開平二年（908）置二人，選有政術、文學者充任，後改爲直崇政院。

[2]左補闕：官名。唐代諫官。武則天時始置。分爲左、右，左補闕隸於門下省，右補闕隸於中書省。掌規諫諷諭，大事可以廷議，小事則上封奏。從七品上。　　翰林學士：官名。由南北朝始設之學士發展而來，唐玄宗改翰林供奉爲翰林學士，備顧問，代王言。掌拜免將相、號令征伐等詔令的起草。　　琪自左補闕入爲翰林學士：《輯本舊史》之原輯者案語："《北夢瑣言》云：梁李相國琪，唐末以文學策名，仕至御史。昭宗播遷，衣冠蕩析，琪藏跡於荆楚間，自晦其迹，號華原李長官。其堂兄光符宰宜都，嘗厭薄之。琪寂寞，每臨流踞石，摘樹葉而試草制詞，吁嗟快悵，而投葉水中。梁祖受禪，徵入，拜翰林學士。今考《梁書·李珽傳》，珽歷爲成汭、趙匡凝掌書記，蓋昭宗末年，珽、琪兄弟皆客荆楚，後乃受知於梁祖也。"見《北夢瑣言》卷六。

[3]户部侍郎：官名。尚書省户部次官。協助户部尚書掌天下田户、均輸、錢穀之政令。正四品下。

[4]邠：州名。治所在今陝西彬縣。　　岐：封國名。時鳳翔節度使李茂貞爲岐王，故稱。　　澤：州名。治所在今山西澤州縣。潞：州名。治所在今山西長治市。　　燕：泛指今河北北部。　　趙：州名。治所在今河北趙縣。

[5]龍德：後梁末帝朱友貞年號（921—923）。　　貞明、龍德中：《輯本舊史》之影庫本粘籤："原本脱'德'字，今據《梁末帝紀》增入。"見《輯本舊史》卷一〇《梁末帝紀下》）。

[6]馮錫嘉：人名。籍貫不詳。五代官員。事見本書卷一八、卷三〇。　　張衮：人名。籍貫不詳。後梁大臣。事見本書卷三、卷九、卷一八。中華書局本有校勘記："原作'張充'，據本書卷一八《敬翔傳》、《册府》卷五五七改。按《宋史》卷二〇三《藝文志

二》記《梁太祖實録》撰者有張衮。"見《宋本册府》卷五五七《國史部·採撰門三》。

[7]郤殷象：人名。籍貫不詳。唐末、五代官員。事見《舊唐書》卷二〇上、本書本卷。

[8]累擢尚書左丞、中書門下平章事：《輯本舊史》卷一〇《梁末帝紀下》貞明六年（920）四月乙巳條："以尚書左丞李琪爲中書侍郎、平章事。"

[9]蕭頃：人名。京兆萬年（今陝西西安市長安區）人。唐末進士，五代後梁宰相、後唐大臣。傳見本書本卷。

[10]是試攝名銜：明本《册府》卷三三四《宰輔部·譴讓門》後有"衆署之後"四字。

[11]趙巖：人名。陳州宛丘（今河南淮陽縣）人。唐忠武軍節度使趙犨之子。五代後梁大臣。事見本書卷一四、《新五代史》卷四二。　而爲趙巖輩所援："趙巖輩"，《册府》卷三三四《宰輔部·譴讓門》作"趙巖、張漢傑"。

[12]太子少保：官名。與太子少師、太子少傅統稱太子三少。隋唐以後多作加官或贈官。從二品。

莊宗入汴，素聞琪名，累欲大任。同光初，歷太常卿、吏部尚書。[1]

[1]歷太常卿、吏部尚書：《輯本舊史》卷三一《唐莊宗紀五》同光二年（924）三月己酉條："以太子少保李琪爲刑部尚書。"卷三二《唐莊宗紀六》同光三年六月戊子條："以刑部尚書李琪充昭宗、少帝改卜園陵禮儀使。"卷三三《唐莊宗紀七》同光三年七月己酉條："以刑部尚書李琪充大行皇太后山陵禮儀使。"

三年秋，[1]天下大水，國計不充，莊宗詔百僚許上

封事，陳經國之要。琪因上疏曰：[2]

[1]三年秋：《輯本舊史》卷三三《唐莊宗紀七》同光三年（925）七月戊午條："以刑部尚書、判太常卿、兼判吏部尚書銓事李琪爲吏部尚書，依前判太常卿。"

[2]琪因上疏曰：《會要》卷二七、《宋本册府》卷五〇九《邦計部·鬻爵贖罪門》繫上疏時間爲閏十二月。

臣聞王者富有兆民，深居九重，所重患者，百姓凋耗而不知，四海困窮而莫救，下情不得上達，羣臣不敢指言。今陛下以水潦之災，軍食乏闕，焦勞罪己，迫切疚懷，避正殿以責躬，訪多士而求理，則何思而不獲，何議而不臧？止在改而行之，足以擇其善者。

臣聞古人有言曰：穀者，人之司命也；地者，穀之所生也；人者，君之所理也。有其穀則國力備，定其地則人食足，察其人則徭役均，知此三者，爲國之急務也。軒黃已前，[1]不可詳記。自堯湮洪水，禹作司空，於時辨九等之田，收什一之税，其時户口一千三百餘萬，[2]定墾地約九百二十萬頃，[3]最爲太平之盛。及商革夏命，重立田制，每私田十畝，種公田一畝，水旱同之，亦什一之義也。洎乎周室，立井田之法，大約百里之國，提封萬井，出車百乘，戎馬四千匹。[4]畿内兵車萬乘，馬四萬匹，以田法論之，亦什一之制也。故當成、康之世，[5]比堯、舜之朝，户口更增二十餘萬，非他術也，蓋三代以前，皆量入以爲出，計農以立軍，雖逢水旱之災，而有凶荒之備。

[1]軒黄：黄帝、軒轅氏的簡稱。

[2]其時户口一千三百餘萬：中華書局本有校勘記：“‘口’字原闕，據《五代會要》卷二五補。”

[3]定墾地約九百二十萬頃：《輯本舊史》之影庫本粘籤：“約九百，原本作‘絲八百’，今據《文獻通考》改正。”見《文獻通考》卷三《田賦考三》。

[4]戎馬四千匹：中華書局本有校勘記：“‘四千’，殿本、劉本作‘四百’。按《舊五代史考異》卷二：‘案原本作“四千”，今據《漢書》改正。’”但據《漢書·刑法志》，當爲“四百”。

[5]成、康之世：指西周初年周成王、周康王。史稱其時天下安寧，刑措不用。故後世稱政治之盛，每比迹成康。

降及秦漢，重税工商，急關市之征，倍舟車之算，人户既以減耗，古制猶以兼行，按此時户口，尚有千二百餘萬，墾田亦八百萬頃。至乎三國並興，兩晉之後，則農夫少於軍衆，戰馬多於耕牛，供軍須奪於農糧，秣馬必侵於牛草，[1]於是天下户口，只有二百四十餘萬。洎隋文之代，與漢比隆，[2]及煬帝之年，又三分去一。[3]

[1]秣馬必侵於牛草：《輯本舊史》之影庫本粘籤：“秣馬，原本作‘積馬’，今據《文獻通考》改正。”見《文獻通考》卷三《田賦考三》。

[2]隋文：即隋文帝楊堅，隋朝建立者。581年至604年在位。

紀見《隋書》卷一、卷二。　與漢比隆：中華書局本有校勘記："'與'原作'兩'，據《五代會要》卷二五改。"

　　[3]煬帝：即隋煬帝楊廣。604年至618年在位。紀見《隋書》卷三、卷四。　又三分去一：中華書局本有校勘記："'一'，《五代會要》卷二五作'二'。"

　　我唐太宗文皇帝，[1]以四夷初定，百姓未豐，延訪羣臣，各陳所見，惟魏徵獨勸文皇力行王道，[2]由是輕徭薄賦，不奪農時，進賢良，悦忠直，天下粟價，斗直兩錢。自貞觀至於開元，[3]將及一千九百萬戶，五千三百萬口，墾田一千四百萬頃，比之堯舜，又極增加。是知救人瘼者，以重斂爲病源；料兵食者，以惠農爲軍政。仲尼云：[4]"百姓足，君孰與不足。"臣之此言，是魏徵所以勸文皇也，伏惟深留宸鑒。如以六軍方闕，不可輕徭，兩税之餘，猶須重斂，則但不以折納爲事，一切以本色輸官，又不以紐配爲名，止以正耗加納，猶應感悦，未至流亡。況今東作是時，[5]羸牛將駕，數州之地，千里運糧，有此差徭，必妨春種，今秋若無糧草，何以贍軍。

　　[1]太宗文皇帝：即唐代第二位皇帝李世民。隴西成紀（今甘肅秦安縣）人。626年至649年在位。通過"玄武門之變"掌權。在位期間，虚心納諫，文治武功，開創"貞觀之治"。紀見《舊唐書》卷二至卷三、《新唐書》卷二。

　　[2]魏徵：人名。一説曲陽（今河北曲陽縣）人，一説館陶（今河北館陶縣）人。唐朝大臣，以直言敢諫而聞名，襄助唐太宗

締造"貞觀之治"。傳見《舊唐書》卷七一、《新唐書》卷九七。

[3]貞觀：唐太宗李世民年號（627—649）。 開元：唐玄宗李隆基年號（713—741）。

[4]仲尼：即孔子。

[5]今東作是時：《輯本舊史》之影庫本粘籤："'是時'二字疑有舛誤，考《五代會要》亦作'是時'，今姑仍其舊。"見《會要》卷二五。

　　臣伏思漢文帝時，[1]欲人務農，乃募人入粟，得拜爵及贖罪，景帝亦如之。[2]後漢安帝時，[3]水旱不足，三公奏請，富人入粟，得封關內侯及公卿以下散官。[4]本朝乾元中，[5]亦曾如此。今陛下縱不欲入粟授官，願明降制旨下諸道，合差百姓轉般之處，[6]有能出力運官物到京師者，[7]五百石以上，白身授一初仕州縣官，有官者依資遷授，欠選者便與放選；[8]千石以上至萬石，不拘文武，明示賞酬。免令方春農人流散，斯亦救民轉倉贍軍之一術也。

[1]漢文帝：即劉恒。西漢皇帝。前180年至前157年在位，開啓了"文景之治"。紀見《漢書》卷四。

[2]景帝：即漢景帝劉啓。西漢皇帝。前157年至前141年在位。後世將其和文帝統治時期合稱"文景之治"。紀見《漢書》卷五。

[3]安帝：即漢安帝劉祜。東漢皇帝。106年至125年在位。紀見《後漢書》卷五。

[4]得封關內侯及公卿以下散官：中華書局本有校勘記："'封'字原闕，據《册府》卷五〇九、《五代會要》卷二七補。"見《宋

本册府》卷五〇九《邦計部·鬻爵贖罪門》。

[5]乾元：唐肅宗李亨年號（758—760）。

[6]合差百姓轉般之處：中華書局本有校勘記："'般'原作'倉'，據《册府》卷五〇九、《五代會要》卷二七改。"

[7]京師：即後唐都城洛陽（今河南洛陽市）。 有能出力運官物到京師者：中華書局本有校勘記："'者'字原闕，據《册府》卷五〇九、《五代會要》卷二七補。"

[8]欠選者便與放選：《輯本舊史》之影庫本粘籤："放選，原本作'於選'，今據《文獻通考》改正。"見《文獻通考》卷三《田賦考三》。

莊宗深重之，尋命爲國計使，[1]垂爲輔相，俄遇蕭牆之難而止。

[1]國計使：官名。五代始置，後梁、後唐及閩國皆有設置，掌財賦税收、錢穀用度。 尋命爲國計使：《輯本舊史》卷三四《唐莊宗紀八》同光四年（926）二月乙巳條："以吏部尚書李琪爲國計使。"《宋本册府》卷五〇九《邦計部·鬻爵贖罪門》："勅：李琪所論召募轉倉斛斗，與官行賞，委租庸司下諸州府，有應募者，聞奏施行。"

及明宗即位，豆盧革、韋説得罪，任圜陳奏，請命琪爲相，爲孔循、鄭珏排沮，乃相崔協。琪時爲御史大夫，[1]安重誨於臺門前專殺殿直馬延。[2]雖曾彈奏，而依違詞旨，不敢正言其罪，以是託疾，三上章請老，朝旨不允，除授尚書右僕射。[3]自是之後，尤爲宰執所忌，凡有奏陳，靡不望風橫沮。天成末，明宗自汴州還洛，

琪爲東都留司官班首，奏請至偃師奉迎。時琪奏中有
"敗契丹之凶黨，破真定之逆城"之言，詔曰："契丹即
爲凶黨，真定不是逆城，李琪罰一月俸。"[4]又嘗奉敕撰
《霍彦威神道碑》文。[5]琪，梁之故相也，敍彦威仕梁歷
任，不言其僞。中書奏曰："不分真僞，是混功名，望
令改撰。"詔從之。[6]多此類也。

[1]御史大夫：官名。秦始置，與丞相、太尉合稱三公。至唐
代，在御史中丞之上設御史大夫一人，爲御史臺長官，專掌監察、
執法。正三品。　琪時爲御史大夫：《輯本舊史》卷三六《唐明宗
紀二》天成元年（926）六月己丑條："以吏部尚書、判太常卿事李
琪爲御史大夫。"

[2]殿直：官名。五代後唐始置，爲皇帝侍從之官。後晉高祖
天福五年（940）又改殿前承旨爲殿直。　馬延：人名。籍貫不詳。
後唐明宗天成元年七月，權臣安重誨出，殿直馬延誤衝其前導，安
重誨怒而於御史臺門前殺之。事見本書本卷、《新五代史》卷六
《唐本紀六》。《輯本舊史》之影庫本粘籤："馬延，原本作'馬
挻'，考《歐陽史》及《通鑑》俱作'馬延'，今改正。"

[3]三上章請老，朝旨不允，除授尚書右僕射：中華書局本有
校勘記："'右'原作'左'，據本書卷三八《唐明宗紀四》、卷三
九《唐明宗紀五》、《册府》卷四八一、《新五代史》卷五四《李琪
傳》改。"見明本《册府》卷四八一《臺省部·輕躁門》。《輯本舊
史》卷三七《唐明宗紀三》天成元年十月庚戌條："以吏部侍郎盧
文紀爲御史中丞，時御史大夫李琪三上表求解任故也。"卷三八
《唐明宗紀四》天成二年二月戊申條："以御史大夫李琪爲右僕射。"
卷三九《唐明宗紀五》天成三年五月丁未條："以右僕射李琪爲太
子少傅。"《宋本册府》卷五二〇《憲官部·彈劾門三》："李琪爲
御史大夫。時安重誨爲樞密使，而弄權任氣，制置諸夏，當纘紹之

初，內外無不畏懾。過御史臺門，有內臣誤衝行李，遂追斬於馬前。時琪彈奏之，以功大莫之動也。”卷五二一《憲官部·不稱門》：“李琪，明宗天成初爲御史大夫。時樞密使安重誨宅與御史臺差相對。重誨前驅至臺門，殿直馬延衝前驅，重誨即命斬於臺門。琪以重誨權重，不敢舉其過，又慮諫官論奏，乃白於宰相任圜，託先聞於重誨，即具上聞。琪即奏重誨言於臺門斬人事，辭旨依違，不敢正言其罪。”

[4]偃師：縣名。治所在今河南偃師市。　真定：縣名。治所在今河北正定縣。　“天成末”至“李琪罰一月俸”：《輯本舊史》卷四〇《唐明宗紀六》天成四年二月丁卯條：“東都留守、太子少傅李琪等奏，至偃師縣奉迎。時琪奏章中有‘敗契丹之凶黨，破真定之逆城’之言。詔曰：‘契丹即爲凶黨，真定不是逆城，李琪罰一月俸。’”此事亦見《宋本册府》卷九五四《總錄部·寡學門》。其下有注：“史臣曰；大駕還京，留司官出城奉迎，載於典禮。李琪好動移班師，稱中山爲真定，躁人之詞，俱失實也。”

[5]霍彥威：人名。洺州曲周（今河北曲周縣）人。五代將領。傳見本書卷六四。

[6]“中書奏曰”至“詔從之”：見《輯本舊史》卷四〇天成四年八月戊戌條。亦見《宋本册府》卷五五三《詞臣部·獻替門二》。

　　琪雖博學多才，拙於遵養時晦，知時不可爲，然猶多岐取進，動而見排，由己不能鎮靜也。以太子太傅致仕。[1]長興中，卒於福善里第，[2]時年六十。子貞，[3]官至邑宰。琪以在内署時所爲制詔，編爲十卷，目曰《金門集》，大行於世。《永樂大典》卷一萬三百八十九。[4]

[1]太子太傅：官名。與太子太師、太子太保統稱太子三師。

隋唐以後多作加官或贈官。從一品。 以太子太傅致仕：中華書局本有校勘記："'太子太傅'，本書卷四一《唐明宗紀七》、《新五代史》卷五四《李琪傳》作'太子少傅'。《舊五代史考異》卷二：'案《歐陽史》作少傅。'"《輯本舊史》卷三九《唐明宗紀五》天成三年（928）五月丁未條："以右僕射李琪爲太子少傅。"卷四一《唐明宗紀七》長興元年（930）十月壬辰條："以太子少傅李琪卒廢朝。"

[2]福善里：地名。位於今河南洛陽市。

[3]貞：人名。即李貞。事迹不詳。

[4]《大典》卷一〇三八九"李"字韻"姓氏（三四）"事目。

蕭頃

蕭頃，字子澄，京兆萬年人。[1]故相倣之孫，京兆尹廪之子。[2]頃幼聰悟，[3]善屬文，昭宗朝擢進士第，歷度支巡官、太常博士、右補闕。[4]時國步艱難，連帥倔強，率多奏請，欲立家廟於本鎮，[5]頃上章論奏，乃止。累遷吏部員外郎。[6]先是，張濬自中書出爲右僕射，梁祖判官高劭使祖廕求一子出身官，[7]省寺皆稱無例，濬曲爲行之，指揮甚急，吏徒惶恐。頃判云："僕射未集郎官，未赴省上，[8]指揮公事，[9]且非南宮舊儀。"[10]濬聞之，慚悚致謝，頃由是知名，梁祖亦獎之。頃入梁，歷給諫、御史中丞、禮部侍郎、知貢舉，咸有能名。自吏部侍郎拜中書門下平章事，與李琪同輔梁室，[11]事多矛盾。莊宗入汴，頃坐貶登州司户，量移濮州司馬。[12]數年，遷太子賓客。天成初，爲禮部尚書、太常卿、太子少保致仕。[13] 卒時年六十九。輟朝一日，贈太子少師。[14]《永樂大典》卷五千二百二十五。[15]

[1] 京兆：府名。治所在今陝西西安市。

[2] 倣：人名。即蕭倣。咸通中任宰輔。傳見《舊唐書》卷一七二。　京兆尹：官名。唐開元元年（713）改雍州置京兆府，治所在今陝西西安市。以京兆尹總其政務。從三品。　廩：人名。即蕭廩。傳見《舊唐書》卷一七二。

[3] 頃幼聰悟：中華書局本有校勘記：“‘幼’字原闕，據《册府》卷七九九補。”見《宋本册府》卷七九九《總録部·聰悟門》。

[4] 太常博士：官名。漢代始置。爲太常寺屬官。掌辨五禮，討論謚法，贊相導引。從七品上。　右補闕：官名。唐代諫官。武則天時始置。分爲左、右，左補闕隸於門下省，右補闕隸於中書省。掌規諫諷諭，大事可以廷議，小事則上封奏。從七品上。

[5] 欲立家廟於本鎮：中華書局本有校勘記：“《册府》卷五四七同，句下《册府》卷四六五有‘朝旨將俞允’五字。”見《宋本册府》卷五四七《諫静部·直諫門十四》、明本《册府》卷四六五《臺省部·識量門》。

[6] 員外郎：官名。尚書省郎官之一。爲郎中的副職，協助負責諸司事務。從六品上。

[7] 高劭：人名。幽州（今北京市）人。淮南節度使高駢之從子。五代將領。傳見本書卷二〇。　梁祖判官高劭使祖廳求一子出身官：中華書局本有校勘記：“‘使’下原有‘梁’字，據《御覽》卷二一六引《五代史·後唐書》、《册府》卷四五九删。”見《宋本册府》卷四五九《臺省部·公正門》。

[8] 未赴省上：中華書局本有校勘記：“‘未’字原闕，據《御覽》卷二一六引《五代史·後唐書》、《册府》卷四五九補。按《通鑑》卷二二二胡注：‘僕射、尚書赴省供職曰赴上。’”

[9]指揮公事：中華書局本有校勘記："《御覽》卷二一六引《五代史·後唐書》作'指揮吏曹公事'。"

[10]且非南宮舊儀：中華書局本有校勘記："'且'，《御覽》卷二一六引《五代史·後唐書》同，《册府》卷四五九作'俱'。"

[11]與李琪同輔梁室：《輯本舊史》之影庫本粘籤："同輔，原本作'同轉'，今據文改正。"

[12]登州：州名。治所在今山東蓬萊市。　濮州：州名。治所在今山東鄄城縣。

[13]天成初，爲禮部尚書、太常卿、太子少保致仕：《輯本舊史》卷三八《唐明宗紀四》天成二年（927）五月癸丑條："以太常卿蕭頃爲吏部尚書。"卷四一《唐明宗紀七》長興元年（930）五月癸未條："太子少傅蕭頃卒，廢朝。"

[14]太子少師：官名。與太子少傅、太子少保統稱太子三少。隋唐以後多作加官或贈官。從二品。

[15]《大典》卷五二二五"蕭"字韻"姓氏（八）"事目。

史臣曰：夫相輔之才，從古難得，蓋文學政事，履行謀猷，不可缺一故也。如數君子者，皆互有所長，亦近代之良相也。如齊公之明節，李琪之文章，足以圭表搢紳，笙簧典誥，陟之廊廟，宜無愧焉。《永樂大典》卷二千七百四十。[1]

[1]《大典》卷二七四〇"崔"字韻"姓氏（八）"事目。

舊五代史　卷五九

唐書三十五

列傳第十一

丁會

丁會，字道隱，壽州壽春人。父季。會幼放蕩縱橫，不治農産，恒隨哀挽者學紼謳，尤嗜其聲。[1]既長，遇亂，合雄兒爲盜，[2]有志功名。黃巢渡淮，會從梁祖爲部曲，梁祖鎮汴，會歷都押衙。[3]自梁祖誅宗權，併時溥，屠朱瑄，走朱瑾，會恒以兵從，多立奇功。[4]文德中，表授懷州刺史，歷滑州留後、河陽節度使、檢校司徒。自河陽以疾致政於洛陽。[5]梁祖季年猜忌，故將功大者多遭族滅，會陰有避禍之志，稱疾者累年。[6]

[1]壽州：州名。治所在今安徽壽縣。　壽春：縣名。治所在今安徽壽縣。　季：人名。即丁季。事迹不詳。　紼謳：挽歌。"丁會"至"尤嗜其聲"：亦見《宋本册府》卷八五五《總録部·

曠達門》。

[2]合雄兒爲盜:《輯本舊史》之影庫本粘籤:"雄兒,原本作'維兒',今據《册府元龜》改正。"查《册府》,未見此記載。

[3]黃巢:人名。曹州冤句(今山東菏澤市)人。唐末農民起義領袖。傳見《舊唐書》卷二〇〇下、《新唐書》卷二二五下。梁祖:即五代後梁太祖朱温。907年至912年在位。紀見本書卷一至卷七、《新五代史》卷一至卷二。 部曲:家兵、私兵。 汴:州名。治所在今河南開封市。 都押衙:官名。"押衙"即"押牙"。唐、五代時期節度使辟署的屬官,有稱左、右都押衙或都押衙者。掌領方鎮儀仗侍衛、統率軍隊。參見劉安志《唐五代押牙(衙)考略》,武漢大學魏晋南北朝隋唐史研究室編《魏晋南北朝隋唐史資料》第16輯,武漢大學出版社1998年版。

[4]宗權:人名。即秦宗權。蔡州上蔡(今河南汝南縣)人。傳見《舊唐書》卷二〇〇下、《新唐書》卷二二五下。 時溥:人名。徐州彭城(今江蘇徐州市)人。唐末地方武裝首領。平定了黃巢之亂,後割據徐州。傳見《舊唐書》卷一八二、《新唐書》卷一八八。 朱瑄:人名。宋州下邑(今河南夏邑縣)人。唐末軍閥,後爲天平軍節度使。傳見《舊唐書》卷一八二、《新唐書》卷一八八、本書卷一三、《新五代史》卷四二。 朱瑾:人名。宋州下邑(今河南夏邑縣)人。朱瑄堂弟,唐末將領。傳見《新五代史》卷四二。 "自梁祖誅宗權"至"多立奇功":亦見《宋本册府》卷三六〇《將帥部·立功門一三》。"誅宗權",《通鑑》卷二五七文德元年(888)十二月條:"蔡將申叢執宗權,折其足而囚之,降於全忠,全忠表叢爲蔡州留後。""併時溥",《通鑑》卷二五九景福二年(893)四月戊子條:"龐師古拔彭城,時溥舉族登燕子樓自焚死。""屠朱瑄",《通鑑》卷二六一乾寧四年(897)二月戊申條:"全忠乃送瑾妻於佛寺爲尼,斬朱瑄於汴橋。""走朱瑾",《通鑑》卷二五八大順二年(891)十二月乙酉條:"汴將丁會、張歸霸與朱瑾戰於金鄉,大破之,殺獲殆盡,瑾單騎走免。"按:以上梁祖四

事，均在文德中或文德後，故與下文“文德中”時間次序不符。
《輯本舊史》卷一九《朱珍傳》：“太祖初起兵，珍與龐師古、許唐、
李暉、丁會、氏叔琮、鄧季筠、王武等八十餘人以中涓從，摧堅陷
陣，所向盪決。”又：“太祖遂徑往蕭縣，距蕭一舍，珍率將校迎
謁，太祖令武士執之，責其專殺，命丁會行戮。”

　　[5]文德：唐僖宗李儇年號（888）。　懷州：州名。治所在今
河南沁陽市。　刺史：官名。州一級行政長官。漢武帝時始置，總
掌考覈官吏、勸課農桑、地方教化等事。唐中期以後，節度使、觀
察使轄州而設，刺史爲其屬官，職任漸輕。從三品至正四品下。
滑州：州名。治所在今河南滑縣。　留後：官名。原非正式命官，
唐朝節度使入朝或宰相、親王遙領節度使不臨鎮則置。安史之亂
後，節度使多以子弟或親信爲留後，以代行節度使職務，亦有軍
士、叛將自立爲留後者。掌一州或數州軍政。北宋始爲朝廷正式命
官。　河陽：方鎮名。全稱“河陽三城”。治所在孟州（今河南孟
州市）。　節度使：官名。唐時在重要地區所設掌握一州或數州軍
政、民政、財政的長官。　檢校司徒：官名。爲散官或加官，以示
恩寵，無實際執掌。司徒，與太尉、司空並爲三公。　洛陽：地
名。即今河南洛陽市。　“文德中”至“自河陽以疾致政於洛
陽”：《宋本册府》卷一八七《閏位部·勳業門五》梁太祖條：“文
德元年四月，河南尹張全義襲李罕之於河陽，克之。罕之單騎出
奔，因乞師於太原，李克用爲發萬騎以援之。罕之遂收其餘衆，與
晉軍合勢，急攻河陽。全義危急，遣使求救於汴，帝遣丁會、牛存
節、葛從周領兵赴之，大戰於溫縣，晉人與罕之俱敗。於是河橋解
圍，全義歸於洛陽，因以丁會爲河陽留後。”《輯本舊史》卷二五
《唐武皇紀上》文德元年三月條：“河南尹張全義潛兵夜襲李罕之於
河陽，城陷，舉族爲全義所擄，罕之踰垣獲免，遂來歸於武皇。遣
李存孝、薛阿檀、史儼兒、安金俊、安休休將七千騎送罕之至河
陽。汴將丁會、牛存節、葛從周將兵赴援，李存孝率精騎逆戰於溫
縣。”卷五二《李嗣昭傳》：“李罕之襲我潞州也，嗣昭率師攻潞州，

與汴將丁會戰於含口。"《新五代史》卷一《梁本紀》文德元年三月條:"張全義取河陽,逐李罕之。罕之奔于河東。李克用遣兵圍河陽,全義來求救,遣丁會、牛存節救之,擊敗河東兵于沇河。"卷四四《丁會傳》:"光啓四年,東都張全義襲破河陽,逐李罕之,罕之召晉兵圍河陽,全義告急。是時,梁軍在魏,乃遣會及葛從周等將萬人救之。會等行至河陰,謀曰:'罕之料吾不敢渡九鼎,以吾兵少而來遠,且不虞吾之速至也。出其不意,掩其不備者,兵家之勝策也。'乃渡九鼎,直趨河陽,戰于沇水,罕之大敗,河陽圍解。"光啓四年即文德元年。《册府》卷一八七梁太祖條:"大順元年十二月辛丑,帝遣丁會、葛從周率衆渡河取黎陽、臨河。"亦見《通鑑》卷二五八大順元年同日條。同條:"大順二年八月己丑,帝遣丁會急攻宿州,刺史張筠堅守其壁,會乃率衆於州東築堰,壅汴水以浸其城。"同卷同條:"景福元年正月,遣丁會於兗州界徙其民數千户於許州。"同卷同條:"光化二年六月,帝表丁會爲潞州節度使,以李罕之疾亟故也。又遣葛從周由固鎮路入於潞州,以援丁會。"《輯本舊史》卷二六《唐武皇紀下》繫此事於五月。《通鑑》卷二六一光化二年(899)正月條:"朱全忠表李罕之爲昭義節度使,又表權知河陽留後丁會、武寧留後王敬蕘、彰義留後張珂並爲節度使。"同年三月丁巳條:"朱全忠遣河陽節度使丁會攻澤州,下之。"同年五月壬寅條:"又遣丁會將兵繼之。"同年六月丁卯條:"以丁會爲昭義節度使。"《新五代史》卷四四《丁會傳》:"大順元年,梁軍擊魏,會及葛從周破黎陽、臨河,遂敗羅弘信于内黄。梁軍攻時溥於徐州,遣會別攻宿州,刺史張筠閉城距守,會堰汴水浸其東城,城壞,筠降。兗州朱瑾以兵萬餘擊單父,會及瑾戰于金鄉,大敗之。光化二年,李罕之叛晉,以潞州降梁。會自河陽攻晉澤州,下之。乃以會爲昭義軍留後。會畏梁太祖雄猜,常稱疾者累年。"

[6]季年:即晚年。 "梁祖季年猜忌"至"稱疾者累年":《輯本舊史》之原輯者案語:"《通鑑考異》謂梁祖季年無誅戮大臣

之事。考朱珍、李讜諸人先後爲梁祖所殺，丁會蓋鑒於前事也。”見《通鑑》卷二六二天復元年（901）閏六月《考異》：“薛居正《五代史》會傳：‘自河陽以疾致政于洛陽。梁祖季年猜忌，故將功大者多遭族滅，會陰有避禍之志，稱疾者累年。天復元年，梁祖奄有河中、晋絳，乃起會爲昭義節度使。’按光化二年六月，會自河陽爲昭義節度使。九月，李克用取潞州，表孟遷爲節度使。時罕之已卒，必是會却領河陽，至此纔二年，則非致政稱疾累年也。又，是時全忠未嘗誅戮大將；疑會降河東後，作傳者誤以天祐中事在前言之耳。”《通鑑》卷二五八龍紀元年（889）七月條：“全忠如蕭縣，未至，珍出迎，命武士執之，責以專殺而誅之。諸將霍存等數十人叩頭爲之請，全忠怒，以牀擲之，乃退。”同卷大順元年九月戊申條：“全忠庭責諸將橈敗之罪，斬李讜、李重胤而還。”《舊唐書》卷二〇上《昭宗紀》光化二年六月條：“制以檢校司徒、孟州刺史、河陽節度使丁會爲澤、潞等節度使，從全忠奏也。”

天復元年，梁祖奄有河中、晋、絳，[1]乃起會爲昭義節度使。[2]昭宗幸洛陽，加同平章事。[3]其年昭宗遇弑，哀問至，會三軍縞素，流涕久之。時梁祖親討劉守文於滄州，駐軍於長蘆。天祐三年十二月，王師攻會，居旬日，會以潞州歸於武皇。[4]引見，會泣曰：“臣非不能守潞，但以汴王篡弱唐祚，猜嫌舊將，臣雖蒙保薦之恩，而不忍相從，今所謂吐盜父之食以見王也。”武皇納之，賜甲第於太原，位在諸將上。[5]五年，汴將李思安圍潞州，以會爲都招討使、檢校太尉。[6]

[1]天復：唐昭宗李曄年號（901—904）。　河中：方鎮名。治所在河中府（今山西永濟市）。　晋：州名。治所在今山西臨汾

市。　絳：州名。治所在今山西新絳縣。

　　[2]昭義：方鎮名。治所在潞州（今山西長治市）。　乃起會爲昭義節度使：《通鑑》卷二六二天復元年（901）五月條：“朱全忠遣丁會代守潞州。”同年閏六月條：“以河陽節度使丁會爲昭義節度使。”《輯本舊史》卷二六《唐武皇紀下》天復元年五月條：“汴帥以丁會爲潞州節度使。”《新五代史》卷四四《丁會傳》：“天復元年，太祖復起會爲昭義軍節度使。”

　　[3]昭宗：即唐昭宗李曄，888 年至 904 年在位。紀見《舊唐書》卷二〇上、《新唐書》卷一〇。　同平章事：官名。“同中書門下平章事”之簡稱。唐高宗以後，凡實際任宰相之職者，常在其本官後加同平章事的職銜。後成爲宰相專稱。後晉天福五年（940），升中書門下平章事爲正二品。

　　[4]劉守文：人名。深州（今河北深州市）人。唐末盧龍節度使劉仁恭長子。唐末軍閥。後梁開平三年（909），被其弟劉守光殺死。事見本書卷二、卷四、卷九八及《新五代史》卷五六、卷七二。　滄州：州名。治所在今河北滄縣舊州鎮。　長蘆：縣名。治所在今河北滄州市。　天祐：唐昭宗李曄開始使用的年號（904），唐哀帝李柷沿用（904—907）。唐亡後，河東李克用、李存勗仍稱天祐，沿用至天祐二十年（923）。五代十國其他政權亦有行此年號者，如南吳、吳越等。　潞州：州名。治所在今山西長治市。　武皇：即李克用。沙陀部人，生於神武川新城（一説今山西朔州市朔城區之梵王寺村，一説今山西應縣縣城，一説今山西懷仁縣之日中城）。唐末軍閥，受封晉王。五代後唐太祖。紀見本書卷二五至卷二六、《新五代史》卷四。　“其年昭宗遇弑”至“會以潞州歸於武皇”：“天祐三年十二月”，《輯本舊史》原無“天祐”，中華書局本有校勘記：“本書卷二六《唐武皇紀下》、《舊唐書》卷二〇下《哀帝紀》繫其事於天祐三年。”但未補。上文有“天復”年號，如不補“天祐”，則蒙上文使人誤以爲天復三年事，故補“天祐”二字。《舊五代史考異》：“《北夢瑣言》云：梁祖雄猜，疑忌功臣，

忽謂敬翔曰：‘吾夢丁會在前祗候，吾將乘馬欲出，閽人以馬就臺，忽爲丁會跨之以出，時夢中怒，叱喝數聲，因驚覺，甚惡之。’是月，丁會舉潞州軍民歸河東矣。”見《北夢瑣言》卷一六。《宋本册府》卷一八七《閏位部·勳業門五》梁太祖條：“天祐三年閏十二月，晉人、燕人同攻潞帥，丁會舉城降于太原，帝聞之，遂自長蘆班師。”亦見《通鑑》卷二六五天祐三年閏十二月條。《輯本舊史》卷二六繫此事於十二月而非閏月。

[5]太原：府名。治所在今山西太原市。 “引見”至“位在諸將上”：“而不忍相從”，《輯本舊史》之影庫本粘籤：“原本脱‘相從’二字，今據《册府元龜》增入。”查《册府》，未見此記載。《通鑑》卷二六五天祐三年閏十二月條：“及李嗣昭攻潞州，會舉軍降於河東。李克用以嗣昭爲昭義留後。會見克用，泣曰：‘會非力不能守也。梁王陵虐唐室，會雖受其舉拔之恩，誠不忍其所爲，故來歸命耳。’克用厚待之，位於諸將之上。”

[6]李思安：人名。河南陳留（今河南開封市陳留鎮）人。五代後梁將領。傳見本書卷一九。 都招討使：官名。唐始置。戰時任命，兵罷則省。常以大臣、將帥或地方軍政長官兼任。掌招撫、討伐等事務。 檢校太尉：官名。爲散官或加官，以示恩寵，無實際執掌。太尉，與司徒、司空並爲三公。 “五年”至“檢校太尉”：《通鑑》卷二六六開平二年四月壬子條：“晉王大閲士卒，以前昭義節度使丁會爲都招討使。”

　　莊宗嗣王位，與會決謀，破汴軍於夾城。[1]七年十一月，卒於太原。[2]莊宗即位，追贈太師。[3]

[1]莊宗：即後唐莊宗李存勗。五代後唐王朝的建立者。紀見本書卷二七至卷三四、《新五代史》卷五。 “莊宗嗣王位”至“破汴軍於夾城”：《輯本舊史》卷二七《唐莊宗紀一》天祐六年

（907）八月條：“帝御軍南征，先遣周德威、李存審、丁會統大軍出陰地關，攻晉州，爲地道，壞城二十餘步，城中血戰拒守。”

[2]七年十一月，卒於太原：《輯本舊史》卷二七天祐七年十一月條：“是月，行營都招討使丁會卒。”

[3]太師：官名。與太傅、太保合稱三師，唐後期、五代多爲大臣、勳貴加官。正一品。 莊宗即位，追贈太師：亦見《輯本舊史》卷三二《唐莊宗紀六》同光二年（924）五月辛酉條：“故澤潞節度使丁會贈太師。”

有子七人，知沇爲梁祖所誅，餘皆歷内職。[1]《永樂大典》卷一萬八千一百二十九。[2]

[1]知沇：人名。即丁知沇。事迹不詳。

[2]中華書局本有校勘記：“檢《永樂大典目録》，卷一八一八九爲‘將’字韻（元將一四）事目，與本則内容不符，恐有誤記。陳垣《舊五代史輯本引書卷數多誤例》謂應作卷一八一二九‘將’字韻（後唐將二）。”今據改。

閻寶

閻寶，字瓊美，鄆州人。父佐，海州刺史。[1]寶少事朱瑾爲牙將，瑾之失守於兗也，寶與瑾將胡規、康懷英歸汴梁，皆擢任之。[2]自梁祖陳師河朔，爭霸關西，寶與葛從周、丁會、賀德倫、李思安各爲大將，統兵四出，所至立功，歷洺、隨、宿、鄭四州刺史。[3]天祐六年，梁祖以寶爲邢洺節度使、檢校太傅。[4]莊宗定魏博，十三年，攻相、衛、洺、磁，[5]下之，寶獨保邢州，[6]城孤援絕。八月，寶以邢州降，莊宗嘉之，進位檢校太尉、同平章事，遙領天平軍節度使、東南面招討等使，[7]待以賓禮，位在諸將上，每有謀畫，與之參决。

[1]鄆州：州名。治所在今山東東平縣。　佐：人名。即閻佐。事迹不詳。　海州：州名。治所在今江蘇連雲港市海州區。　“閻寶”至“海州刺史”：《新輯會證》卷五九《閻寶傳》：“《耕耘論叢》第二輯刊一九九七年洛陽古代藝術館徵集到開運二年王虚中傳閻寶子閻弘祚墓誌，稱‘曾祖諱少均，任黃州別駕，夫人侯氏；祖諱佐，任海州太守，夫人張氏，追封清河太君’。可略補先世事迹。”參見陳尚君《舊五代史新輯會證》，復旦大學出版社2006年版。

[2]牙將：官名。古代軍隊中的中低級軍官。　兖：州名。治所在今山東濟寧市兖州區。　胡規：人名。兖州（今山東濟寧市兖州區）人。唐末、五代將領。傳見本書卷一九。　康懷英：人名。本名懷貞，避後梁末帝朱友貞諱改懷英。兖州（今山東濟寧市兖州區）人。唐末、五代將領。傳見本書卷二三、《新五代史》卷二二。　“寶少事朱瑾爲牙將”至“皆擢任之”：《輯本舊史》卷一三《朱瑾傳》：“及鄆州陷，龐師古乘勝攻兖，瑾與李承嗣方出兵求芻粟於豐沛間，瑾之二子及大將康懷英、判官辛綰、小校閻寶以城降師古。”亦見明本《册府》卷四三八《將帥部·奔亡門》朱瑾條。

[3]河朔：泛指黃河以北地區。　關西：泛指函谷關或潼關以西的地區。　葛從周：人名。濮州鄄城（今山東鄄城縣）人。唐末、五代後梁將領。傳見本書卷一六、《新五代史》卷二一。　丁會：人名。壽州壽春（今安徽壽縣）人。唐末將領。傳見本書本卷、《新五代史》卷四四。　賀德倫：人名。先世爲河西部落人，後居滑州（今河南滑縣）。五代後梁、後唐將領。傳見本書卷二一、

《新五代史》卷四四。 洺：州名。治所在今河北邯鄲市永年區。
隨：州名。治所在今湖北隨州市。 宿：州名。治所在今安徽宿州市。 鄭：州名。治所在今河南鄭州市。 "自梁祖陳師河朔"至"歷洺、隨、宿、鄭四州刺史"：《輯本舊史》卷二六《唐武皇紀下》光化三年（900）十月條："遣李嗣昭率步騎三萬攻懷州，下之。進攻河陽，汴將閻寶率軍來援，嗣昭退保懷州。"《宋本册府》卷三六〇《將帥部·立功門一三》："閻寶，唐末爲梁祖四鎮牙將。自梁祖陳師河朔，爭霸關西，寶與葛從周、丁會、賀德倫、李思安各爲大將，擁兵四出，所至立功，累遷邢、洺節度使。""擁兵四出"，明本《册府》卷三六〇《將帥部·立功門一三》作"擁兵西出"。卷一八七《閏位部·勳業門五》梁太祖條："光化三年十月，晉人以帝宿兵於趙，遂南下太行，急攻河陽，留後侯言與都將閻寶力戰固守，僅而獲全。"卷四〇〇《將帥部·固守門二》："閻寶爲佐國軍都將，時并人攻河陽，留後侯言不意其至也，壘卑而士弱，素無捍守具，孟人震駭，攻且急，破我羊馬垣。寶乃率部下勇戰，擊刺于壕外，復戰于壁下，攘退之，始備樓櫓，設陷格。蕃戎遁去，壁乃完，寶之力也。"

[4]邢洺：方鎮名。治所在今河北邢臺市。 檢校太傅：官名。爲散官或加官，以示恩寵，無實際執掌。 天祐六年，梁祖以寶爲邢洺節度使、檢校太傅：《舊五代史考異》："《歐陽史》：太祖時，爲諸軍都虞候，末帝時，以寶爲保義軍節度使。與《薛史》詳略先後互異。"見《新五代史》卷四四《閻寶傳》。《輯本舊史》卷二七《唐莊宗紀一》天祐七年十二月丁巳條："梁祖聞帝軍屯趙州，命寧國軍節度使王景仁爲北面行營招討使，韓勍爲副，相州刺史李思安爲前鋒，會魏州之兵以討王鎔。又令閻寶、王彦章率二千騎會景仁於邢洺。"明本《册府》卷二〇五《閏位部·巡幸門》梁太祖乾化元年（本作"五年"。乾化共兩年，且下文有"二年"，故此爲"元年"之誤）（911）十月辛亥條："制以……諸軍都虞候閻寶爲御營使。"

[5]魏博：方鎮名。治所在魏州貴鄉縣（今河北大名縣）。

敗契丹，指陳方略，多中事機。”亦見《輯本舊史》卷三五《唐明宗紀一》天祐十四年四月條。明本《册府》卷一二八《帝王部·明賞門二》唐莊宗天祐十四年九月條：“班師，帝以橫海軍節度使李存審檢校太傅，邢洺節度使閻寶檢校太尉，並平章事，方鎮如故，將士賞給有差。”

　　[2]胡柳：地名。即胡柳陂。位於今河南濮陽市。　　無石山：山名。具體所指不詳。

　　[3]王彥章：人名。鄆州壽張（今山東梁山縣壽張集）人。五代後梁將領。傳見本書卷二一、《新五代史》卷三二。　　濮州：州名。治所在今山東鄄城縣。中華書局本有校勘記：“‘濮州’，《册府》卷三六七同，本書卷九《梁末帝紀中》、卷二八《唐莊宗紀二》、《册府》卷二一七、《通鑑》卷二七〇作‘濮陽’。按《通鑑》卷二七一考異據《莊宗實録》謂當作‘濮陽’。”見《輯本舊史》卷九《梁末帝紀中》貞明四年（918）十二月、貞明五年十二月條，卷二八天祐十五年十二月條，《宋本册府》卷三六七《將帥部·機略門七》，明本《册府》卷二一七《閏位部·交侵門》梁末帝貞明四年十二月二十三日條，《通鑑》卷二七〇貞明四年十二月甲子條。　　“凡決勝料勢，決戰料情”：中華書局本有校勘記：“‘料勢決戰’四字原闕，據《册府》卷三六七、《新五代史》卷四四《閻寶傳》補。”見《宋本册府》卷三六七、《新五代史》卷四四《閻寶傳》。《輯本舊史》卷二八《唐莊宗紀二》天祐十五年十二月條：“閻寶曰：‘深入賊境，逢其大敵，期於盡鋭，以決雌雄。況賊帥奔亡，衆心方恐，今乘高擊下，勢如破竹矣。’”《通鑑》卷二七〇貞明四年十二月條：“天平節度使、東南面招討使閻寶曰：‘王彥章騎兵已入濮陽，山下惟步卒，向晚皆有歸志，我乘高趣下擊之，破之必矣。今王深入敵境，偏師不利，若復引退，必爲所乘。諸軍未集者聞梁再克，必不戰自潰。凡決勝料敵，惟觀情勢，情勢已得，斷在不疑。王之成敗，在此一戰；若不決力取勝，縱收餘衆北歸，河朔非王有也。’”

十八年，張文禮殺王鎔叛，寶帥師進討。[1]八月，收趙州，進渡滹水，擒賊黨張友順以獻。九月，進逼真定，結營西南隅，掘塹柵以環之，決大悲寺漕渠以浸其郛。十九年正月，契丹三十萬來援鎮州，前鋒至新樂，衆心憂之。寶見莊宗，指陳方略，軍情乃安。虜退，加檢校侍中。[2]三月，城中饑，王處瑾之衆出城求食，寶縱其出，伏兵截擊之。饑賊大至，諸軍未集，爲賊所乘，寶乃收軍退保趙州，[3]因慚憤成疾，疽發背而卒，[4]時年六十。同光初，[5]追贈太師，晉天福中，追封太原郡王。[6]

[1]張文禮：人名。燕（今河北北部）人。五代將領。傳見本書卷六二。　王鎔：人名。回鶻人。唐末、五代軍閥，朱溫後封其爲趙王。傳見本書卷五四、《新五代史》卷三九。　十八年，張文禮殺王鎔叛，寶帥師進討：“張文禮殺王鎔叛”，《輯本舊史》之影庫本粘籤：“‘張文禮’，原本作‘大禮’，今據《歐陽史》改正。”見《新五代史》卷四四《閻寶傳》。《輯本舊史》卷二九《唐莊宗紀三》天祐十八年（921）三月條：“河中節度使朱友謙、昭義節度使李嗣昭、滄州節度使李存審、定州節度使王處直、邢州節度使李嗣源、成德軍兵馬留後張文禮、遙領天平軍節度使閻寶、大同軍節度使李存璋、新州節度使王郁、振武節度使李存進、同州節度使朱令德，各遣使勸進，請帝紹唐帝位，帝報書不允。”同年八月庚申條：“令天平節度使閻寶、成德兵馬留後符習率兵討張文禮于鎮州。”同月甲子條：“於是習等率諸將三十餘人，慟哭於牙門，請討文禮。帝因授習成德軍兵馬留後，以部下鎮冀兵致討於文禮，又遣閻寶以助之，以史建瑭爲前鋒。甲子，攻趙州，刺史王鋌送符印以迎，閻寶遂引軍至鎮州城下，營於西北隅。”同年十月辛酉條：“閻

竇上言，定州節度使王處直爲其子都幽於別室，都自稱留後。"

[2]趙州：州名。治所在今河北趙縣。　溏水：河流名。發源於今山西繁峙縣，東流入今河北省，過正定縣，向東流入渤海。張友順：人名。籍貫不詳。唐末、五代將領。事見《通鑑》卷二七一。　真定：縣名。治所在今河北正定縣。　大悲寺：寺院名。位於今河北正定縣城西郭外。　鎮州：州名。治所在今河北正定縣。新樂：縣名。治所在今河北新樂市。　檢校侍中：官名。爲散官或加官，以示恩寵，無實際執掌。　"八月"至"加檢校侍中"："虜退"，《輯本舊史》原作"敵退"。此爲清輯者忌諱而改，今據《册府》卷三八七回改。《宋本册府》卷三六〇《將帥部·立功門一三》："（天祐）十八年，張文禮謀叛，以竇爲招討使，進攻之，下趙州，渡溏水而軍，擒文禮所署深州刺史張友順，折足送於行臺，營於西北隅。洎十九年正月，契丹大至，衆心危懼，竇備陳方略，遂挫獯戎，加檢校侍中。"卷三八七《將帥部·褒異門一三》："張文禮之殺王鎔叛，竇帥師進討，及契丹來援鎮州，前鋒至新樂，衆心憂之，竇見莊宗，指陳方略，軍情乃安。虜退，加檢校侍中。"此條《册府》應録自本書本卷《閻竇傳》原文。

[3]王處瑾：人名。籍貫、事迹不詳。本書僅此一見。　"三月"至"竇乃收軍退保趙州"：《輯本舊史》卷二九《唐莊宗紀三》天祐十九年三月丙午條："王師敗於鎮州城下，閻竇退保趙州。"《通鑑》卷二七一龍德二年（922）二月條："晋天平節度使兼侍中閻竇築壘以圍鎮州，決溏沱水環之。内外斷絶，城中食盡，丙午，遣五百餘人出求食。竇縱其出，欲伏兵取之；其人遂攻長圍，竇輕之，不爲備，俄數千人繼至。諸軍未集，鎮人遂壞長圍而出，縱火攻竇營，竇不能拒，退保趙州。"明本《册府》卷四四七《將帥部·輕敵門》："唐天祐十九年，討鎮州。鎮人累月受圍，城中艱食，穀價騰貴，饑餓者多，計無所出，屢來求戰。城中五百餘人攻我長國，竇輕之，不爲堅。敵俄而數千人，維志奮力死戰。我救兵不至，賊壞城而出，縱火攻竇營。不能拒戰，引師而退。鎮人壞我

營壘，取其芻粟者累日。"＂長國＂疑＂長圍＂之誤。

[4]疽發背而卒：《輯本舊史》卷二九天祐十九年四月己卯條：＂天平節度使閻寶卒。＂《通鑑》卷二七一龍德二年四月甲戌條：＂閻寶慚憤，疽發於背，甲戌，卒。＂《宋本冊府》卷九二六《總錄部·愧恨門》：＂因慙憤成疾，疽發背而卒。＂

[5]同光：五代後唐莊宗李存勗年號（923—926）。

[6]天福：五代後晉高祖石敬瑭年號（936—942）。出帝石重貴沿用至九年（944）。後漢高祖劉知遠繼位後沿用一年，稱天福十二年（947）。 晋天福中，追封太原郡王：《輯本舊史》卷七六《晋高祖紀二》天福二年（937）十月壬午條：＂故天平軍節度使閻寶追封太原郡王。＂

有子八人，弘倫、弘儒皆位至郡守。[1]《永樂大典》卷九千八百二。[2]

[1]弘倫、弘儒：人名。即閻宏倫、閻宏儒，事迹不詳。 郡守：官名。郡級行政機構最高長官。 有子八人，弘倫、弘儒皆位至郡守：《通鑑》卷二九〇廣順二年（952）正月條：＂前陝州司馬閻弘魯，寶之子也。＂閻弘魯，《輯本舊史》卷一三〇有傳。本傳首條注有閻弘祚墓誌，可參見。

[2]《大典》卷九八〇二＂閻＂字韻＂姓氏（二）＂事目。

符習

符習，趙州昭慶縣人。[1]少從軍，事節度使王鎔，積功至列校。[2]自莊宗經略河朔，與鎔連衡，常令習率師從莊宗征討。鎔爲張文禮所害，時習在德勝寨，文禮上書請習等歸鎮。習雨泣訴於莊宗曰："臣本趙人，家世事王氏，故使嘗授臣一劍，俾臣平蕩凶寇。自聞變故，徒懷冤憤，欲以自到，無益於營魂。且張文禮乃幽、滄叛將，趙王知人不盡，過意任使，致被反噬。臣雖不武，願在霸府血戰而死，不能委身於凶首。"莊宗曰："爾既懷舊君之愛，可復讎乎？吾當助爾。"習等舉身投地，號慟感激，謝曰："王必以故使輔翼之勞，雪其冤耻，臣不敢期師旅爲助，但悉本軍可以誅其逆豎。"莊宗即令閻寶、史建塘助習討文禮，乃以習爲成德軍兵馬留後。[3]及文禮誅，將正授節鉞，習不敢當其任，辭曰："臣緣故使未葬，又無嗣息，臣合服斬縗，候臣禮制畢聽命。"及莊宗兼領鎮州，乃割相、衛二州置義寧軍，[4]以習爲節度使。習奏曰："魏博六州，見係霸府，不宜遽有割隸。但授臣河南一鎮，臣自攻取。"乃授天平軍節度、東南面招討使。[5]

[1]昭慶縣：縣名。治所在今河北隆堯縣。

[2]列校：指代諸校或校尉。　"少從軍"至"積功至列校"：中華書局本有校勘記："'列校'，《册府》卷七二五、卷八〇四作'都校'。"見明本《册府》卷七二五《幕府部·盡忠門》、《宋本册府》卷八〇四《總録部·義門四》。"少從軍"，《册府》卷八〇四作"少以軍卒"。

[3]德勝寨：地名。即德勝城，又名德勝渡，爲黃河重要渡口之一。有南、北二城，南城在今河南濮陽市東南，北城在今河南濮陽市區。　滄：州名。治所在今河北滄縣。　史建瑭：人名。雁門（今山西代縣）人。唐九府都督史敬思之子。五代後唐將領。傳見本書本卷、《新五代史》卷二五。　成德軍：方鎮名。治所在恒州

（今河北正定縣）。　兵馬留後：官名。唐五代時，代行方鎮長官之職者稱留後。代行州兵馬使之職者，即爲兵馬留後。掌本州兵馬。

　　"鎔爲張文禮所害" 至 "乃以習爲成德軍兵馬留後"："莊宗即令閻寶、史建瑭助習討文禮"，"史建瑭"，《輯本舊史》之影庫本粘籤："原本作'逮瑭'，今據《通鑑》改正。" 見《通鑑》卷二七一龍德元年（921）八月庚申條。據《輯本舊史》卷五四，王鎔遇害在天祐十八年（921）十二月。天祐十八年即龍德元年。《輯本舊史》卷二九《唐莊宗紀三》天祐十八年八月庚申條："令天平節度使閻寶、成德兵馬留後符習率兵討張文禮于鎮州。" 同卷天祐十九年九月條："帝以符習爲鎮州節度使。"《通鑑》卷二七一龍德元年七月條："晉人屢於塞上及河津獲文禮蠟丸絹書，晉王皆遣使歸之，文禮慚懼。文禮忌趙故將，多所誅滅。符習將趙兵萬人從晉王在德勝，文禮請召歸，以他將代之，且以習子蒙爲都督府參軍，遣人齎錢帛勞行營將士以悦之。習見晉王，泣涕請留。晉王曰：'吾與趙王同盟討賊，義猶骨肉，不意一旦禍生肘腋，吾誠痛之。汝苟不忘舊君，能爲之復讎乎？吾以兵糧助汝。' 習與部將三十餘人舉身投地慟哭曰：'故使授習等劍，使之攘除寇敵。自聞變故以來，冤憤無訴，欲引劍自刭，顧無益於死者。今大王念故使輔佐之勤，許之復冤，習等不敢煩霸府之兵，願以所部徑前搏取凶豎，以報王氏累世之恩，死不恨矣！'" 同年八月庚申條："晉王以習爲成德留後。"《宋本册府》卷八〇四《總録部·義門四》："鎔爲大將王德明所害，德明據鎮州。時習在德勝行臺。德明上書，請習歸藩。莊宗詔習，謂之曰：'王德明召爾歸藩，自爲行計。' 習雨泣而進曰：'臣本趙人，家世事王氏，常效忠義。而德明乃幽、滄叛卒，趙王知人不盡，過意任使，果致此反噬。臣等雖不武，願在霸府，血戰而死。不能委身於兇首，被其屠割。' 莊宗曰：'爾等既懷舊君之恩，則能復仇乎？吾當助爾。' 習等舉身投地，號動感激，良久，謝曰：'王必以故使輔翼之勞，雪其冤恥，臣不敢期師旅爲助，但悉本軍，可以誅其逆豎。' 莊宗即令閻寶、史建瑭助習興師討德明，乃以習爲鎮冀節度留後。"亦見明本《册府》卷七二五《幕府部·盡忠門》，文字微有異。

[4]義寧軍：方鎮名。後唐擬以相、衛二州置義寧軍以處符習，因符習請辭而止。

[5]乃授天平軍節度、東南面招討使：《輯本舊史》卷二九天祐十九年九月條："乃以符習遥領天平軍節度使。"同卷同光元年（923）閏四月丁丑條："安國軍節度使符習加同平章事。"《新五代史》卷二六《符習傳》："乃拜習天平軍節度使、東南面招討使，習亦未嘗攻取。"《宋本册府》卷八〇四《總録部·義門四》："乃授天平軍節度，鄆齊棣觀察、東南面招討等使。"

　　習有器度，性忠壯，自莊宗十年沿河戰守，習常以本軍從，心無顧望，諸將服其爲人。[1]同光初，以習爲邢州節度，明年，移鎮青州。[2]四年二月，趙在禮盜據魏州，習受詔以淄青之師進討，[3]至則會軍亂，習乃退軍渡河。明宗自鄴赴洛，[4]遣使召之，習不時而至。既至，謁明宗於胙縣。[5]霍彦威謂習曰："主上所知者十人，公在其四，何猶豫乎！"[6]習乃從明宗入汴。明宗即位，加兼侍中，令歸本鎮。[7]屬青州守將王公儼拒命，復授天平軍節度使。[8]

[1]"習有器度"至"諸將服其爲人"：明本《册府》卷七二五《幕府部·盡忠門》作"習有器度，性忠壯，於荷恩感遇之際，而能奮勵思報。自莊宗十年沿河拒戰，左掎右角，習常以本軍景從，心無顧望，諸將服其爲人"。

[2]青州：州名。治所在今山東青州市。　"同光初"至"移鎮青州"：《輯本舊史》卷三一《唐莊宗紀五》同光二年（924）三

月乙巳條："以滄州節度使、檢校太傅、同平章事符習爲青州節度使。"卷三二《唐莊宗紀六》同光三年正月庚戌條："命青州節度使符習修酸棗河堤。先是，梁末帝決河隄，引水東注至鄆、濮，以限我軍，至是方修之。"同年二月丙子條："符習奏，修隄役夫遇雪寒逃散。"同年三月壬寅條："符習奏，修河隄畢功。"

[3]趙在禮：人名。涿州（今河北涿州市）人。五代後唐、後晋將領。傳見本書卷九〇、《新五代史》卷四六。　魏州：州名。治所在今河北大名縣。　淄青：方鎮名。即平盧，治所在青州（今山東青州市）。

[4]鄴：地名。即鄴都。治所在今河北大名縣。五代後唐同光元年，改魏州爲興唐府，建號東京，三年改東京爲鄴都。

[5]胙縣：縣名。即胙城縣，避後梁太祖朱温之父朱誠諱改。治所在今河南延津縣。

[6]主上所知者十人，公在其四，何猶豫乎："知"，《新五代史》卷二六《符習傳》作"殺"。《輯本舊史》卷三五《唐明宗紀一》同光四年四月己丑條："是日，羣臣諸將上箋勸進，帝面諭止之。樞密使李紹宏、張居翰、宰相豆盧革、韋説、六軍馬步都虞候朱守殷、青州節度使符習、徐州節度使霍彦威、宋州節度使杜晏球、兗州節度使房知温等頓首言曰：'帝王應運，蓋有天命，三靈所屬，當協冥符。福之所鍾，不可以謙遜免；道之已喪，不可以智力求。前代因敗爲功，殷憂启聖，少康重興於有夏，平王再復於宗周，其命維新，不失舊物。今日廟社無依，人神乏主，天命所屬，人何能争！光武所謂"使成帝再生，無以讓天下"。願殿下俯徇樂推，時哉無失，軍國大事，望以教令施行。'帝優答不從。"

[7]侍中：官名。秦始置。隋、唐前期爲門下省長官。唐後期多爲大臣加衔，不參與政務，實際職務由門下侍郎執行。正二品。

明宗即位，加兼侍中，令歸本鎮：《輯本舊史》卷三六《唐明宗紀二》天成元年（926）五月丙辰條："青州節度使、檢校太傅、同平章事符習加兼侍中。"卷三七《唐明宗紀三》天成元年八月辛丑條："以前青州節度使符習爲鄆州節度使。"同月丁未條："初，同光中，符習爲青州節度使，宦官楊希望爲監軍，專制軍政。趙在禮之據魏州，習奉詔以本軍進討。俄而帝爲亂軍所劫，習即罷歸。希望遣兵邀之，習懼而還。至滑州，帝遣人招之，習至，乃從帝入汴。希望聞魏軍亂，遣兵圍守習家，欲盡殺之。公儼素受希望獎愛，謂希望曰：'內侍宜分腹心之兵，監四面守陴者，則誰敢異圖?'希望從之。公儼乘其無備，圍希望之第，擒而殺之。公儼遂與州將李謹等謀據州城，以邀符節，即令軍府飛章留己，兼揚言符習在鎮，人不便其政，帝乃除公儼爲登州刺史。公儼不時赴任，即以霍彥威代符習，聚兵淄州，以圖進取。彥威至淄州，會詔使至青州告諭，公儼即赴所任。彥威懲其初心，遣人擒公儼於北海縣，與同黨斬於州東。"卷三八《唐明宗紀四》天成二年八月癸卯條："鄆州節度使符習加檢校太尉。"同年十一月乙卯條："青州霍彥威、鄆州符習來朝。"

[8]王公儼：人名。籍貫不詳。五代後唐將領。事見本書卷三七。 屬青州守將王公儼拒命，復授天平軍節度使：《舊五代史考異》："《宋史·顏衎傳》：天成初，爲鄒平令。符習初鎮天平，習武臣之廉慎者，以書告屬邑，毋聚斂爲獻賀。衎未領書，以故規行之，尋爲吏所訟，習遽召衎笞之，幕客軍吏，咸以爲辱及正人，習甚悔焉，即表爲觀察判官，且塞前事。"見《宋史》卷二七〇《顏衎傳》。《新五代史》卷二六《符習傳》："平盧監軍楊希望聞習爲明宗所召，乃以兵圍習家屬，將殺之。指揮使王公儼素爲希望所信，紿希望曰：'內侍盡忠朝廷，誅反者家族，孰敢不效命！宜分兵守城，以虞外變，習家不足慮也。'希望信之，乃悉分其兵守城，公儼因擒希望斬之，習家屬由是獲免。而公儼宣言青人不便習之嚴急，不欲習復來，因自求爲節度使。明宗乃以房知溫代習鎮平盧，拜公儼登州刺史。公儼不時承命，知溫擒而殺之。習復鎮天平，徙鎮宣武。"

四年，移汴州節度使。[1]安重誨素不悦習，會汴人言習厚賦民錢，以代納藁，及納軍租，多收加耗，由是罷歸京師。[2]授太子太師致仕，[3]求歸故里，許之，乃歸昭慶縣。明宗以其子令謙爲趙州刺史。[4]習飛鷹痛飲，周遊田里，不集朋徒，不過郡邑，如此累年，中風而卒。贈太師。[5]

[1]四年，移汴州節度使：《輯本舊史》卷四〇《唐明宗紀六》天成四年三月（929）乙未條：“以前鄆州節度使符習爲汴州節度使。”卷五四《王昭誨傳》：“時鎔故將符習爲汴州節度使，會昭誨來投，即表其事曰：‘故趙王王鎔小男昭誨，年十餘歲遇禍，爲人所匿免，今尚爲僧，名崇隱，謹今赴闕。’”又：“符習因以女妻之。”

[2]安重誨：人名。應州（今山西應縣）人。五代後唐大臣。傳見本書卷六六、《新五代史》卷二四。　京師：即後唐都城洛陽（今河南洛陽市）。　“安重誨素不悦習”至“由是罷歸京師”：《舊五代史考異》：“《通鑑》：習自恃宿將，議論多抗安重誨，故重誨求其過，奏之。”見《通鑑》卷二七七長興元年（930）四月丁酉條。

[3]太子太師：官名。與太子太傅、太子太保統稱太子三師。隋唐以後多作加官或贈官。從一品。　授太子太師致仕：《輯本舊史》卷四一《唐明宗紀七》長興元年四月丁酉條：“前汴州節度使、檢校太尉、兼侍中符習可太子太師致仕，進封衛國公。”亦見《宋本冊府》卷八九九《總録部·致政門》、《通鑑》卷二七七長興元年四月丁酉條。

[4]令謙：人名。即符令謙。初仕後唐爲趙州刺史，不周歲而部内大理。俄以病終於官。事見《冊府》卷六八三《牧守部·遺愛門二》。　“求歸故里”至“明宗以其子令謙爲趙州刺史”：《新五代史》卷二六《符習傳》：“習二子：令謙、蒙。令謙，有勇力，善騎射，以父任爲將，官至趙州刺史，有善政，卒于州，州人號泣

送葬者數千人，當時號爲良刺史。"《宋本册府》卷八九九《總録部·致政門》："習家素貧，求歸田里，許之，乃歸招慶縣。時其子令謙爲趙州刺史。"

[5]"習飛鷹痛飲"至"贈太師"："習飛鷹痛飲"，中華書局本有校勘記：" '飛鷹'，原作 '飛揚'，據《文莊集》卷三一《奉和御製讀五代史後唐史》注、《册府》卷八九九改。《舊五代史考異》卷二：'原本作飛鷹，今考杜詩"痛飲狂歌空度日，飛揚跋扈爲誰雄"，"鷹"字蓋"揚"字之訛，今改正。'"《輯本舊史》卷四四《唐明宗紀十》長興四年八月辛酉條："以太子太師致仕符習卒廢朝，贈太師。"

　　子蒙嗣，位至禮部侍郎，《晉書》有傳。[1]《永樂大典》卷一萬八千一百二十九。[2]

[1]蒙：人名。即符蒙。五代後晉官員，歷任鎮州節度副使、右諫議大夫、給事中。事見本書卷七七、卷八一、卷八三、卷一二三。　　《晉書》有傳：中華書局本有校勘記："以上四字原闕，據孔本補。"《輯本舊史·晉書》無《符蒙傳》，應增。　　禮部侍郎：官名。尚書省禮部次官。協助禮部尚書掌禮儀、祭享、貢舉之政。正四品下。

[2]《大典》卷一八一二九"將"字韻"後唐將（二）"事目。

烏震

　　烏震，冀州信都人也。[1]少孤，自勤於鄉校。弱冠從軍，初爲鎮州隊長，以功漸升都將，與符習從征於河上，頗得士心。[2]聞張文禮弒王鎔，志復主讎，雪泣請行。[3]兵及鎮陽，文禮執其母妻洎兒女十口誘之，不迴，攻城日急。文禮忿之，咸割鼻斷腕，不絕於膚，放至軍門，觀者皆不忍正視。震一慟而止，憤激奮命，身先矢石。[4]鎮州平，以功授震深、趙二州刺史。[5]其性純質，以清直御下，在河北獨有政聲，移易州刺史，兼北面水陸轉運招撫等使。[6]契丹犯塞，漁陽路梗，震率師運糧，三入薊門，擢爲河北道副招討，遙領宣州節度使，[7]代房知溫軍於盧臺。[8]及至軍，會戍兵龍晊所部鄴都奉節等軍數千人作亂，未及交印而遇害。明宗聞之，廢朝一日，詔贈太傅。[9]震略涉書史，尤嗜左氏傳，好爲詩，善筆札，凡郵亭佛寺，多有留題之跡。及其遇禍，燕趙之士皆歎惜之。[10]《永樂大典》卷一萬八千一百二十九。[11]

[1]冀州：州名。治所在今河北衡水市冀州區。　信都：縣名。治所在今河北衡水市冀州區。

[2]符習：人名。趙州（今河北趙縣）人。五代後唐將領。傳見本書本卷、《新五代史》卷二六。　"弱冠從軍"至"頗得士心"："以功漸升都將"，中華書局本有校勘記："'都將'原作'部將'，據《冊府》卷八〇四、卷九二三改。"見《宋本冊府》卷八〇四《總錄部・義門四》、卷九二三《總錄部・不忠門》。《新五代史》卷二六《烏震傳》："少事趙王王鎔爲軍卒，稍以功遷裨校，隸符習軍。"

[3]聞張文禮弒王鎔，志復主讎，雪泣請行：《輯本舊史》卷二九《唐莊宗紀三》天祐十八年（921）八月條："帝令傳旨於習及別將趙仁貞、烏震等，明正文禮弒逆之罪，且言：'爾等荷戟從征，蓋君父之故，銜冤報恩，誰人無心。吾當給爾資糧，助爾兵甲，當

試思之！’於是習等率諸將三十餘人，慟哭於牙門，請討文禮。”亦見《宋本册府》卷八〇四《總録部·義門四》。

　　[4]鎮陽：地名。即鎮州。治所在今河北正定縣。　“兵及鎮陽”至“身先矢石”：“鎮陽”，中華書局本有校勘記：“原作‘恒陽’，據《册府》卷八〇四、卷九二三改。據《太平寰宇記》卷六二，恒陽即曲陽，隸定州。按本書卷六二《張文禮傳》，文禮時據鎮州，與恒陽無涉。”《新五代史》卷二六《烏震傳》：“震從習討文禮，而家在趙，文禮執震母妻及子十餘人以招震，震不顧。文禮乃皆斷其手鼻，割而不誅，縱至習軍，軍中皆不忍正視。震一慟而止，憤激自勵，身先士卒。”

　　[5]深：州名。治所在今河北深州市。　以功授震深、趙二州刺史：《輯本舊史》卷二九《唐莊宗紀三》天祐十九年九月條：“帝以……烏震爲趙州刺史。”亦見《通鑑》卷二七一龍德二年（922）九月條。龍德二年即天祐十九年。《宋本册府》卷六八三《牧守部·遺愛門》：“烏震初爲趙州刺史，疏財禮士，有安民之政，轉深州刺史，人頗思之。”卷六十七《牧守部·能政門》：“烏震爲深州刺史，常交儒者，以講誦爲樂。其性純質，以清直御下，河北諸郡獨有政聲。”

　　[6]易州：州名。治所在今河北易縣。　北面水陸轉運招撫使：官名。掌轉運、招撫、征伐之事。係臨時設置之統兵官。　移易州刺史，兼北面水陸轉運招撫等使：“移易州刺史”，中華書局本有校勘記：“‘易州’，《册府》卷四八三、《新五代史》卷二六《烏震傳》作‘冀州’。按本書卷三八《唐明宗紀四》：‘以前北面水陸轉運招撫使、守冀州刺史烏震領宣州節度使。’《舊五代史考異》卷二：‘《歐陽史》作冀州。’”見《宋本册府》卷四八三《邦計部·褒寵門》。“兼北面水陸轉運招撫等使”，中華書局本有校勘記：“‘北面’，原作‘南北面’，據《册府》卷四八三、《新五代史》卷二六《烏震傳》改。”

　　[7]漁陽：縣名。治所在今天津市薊州區。　薊門：地名。位

於今天津市薊州區。　宣州：州名。治所在今安徽宣城市。　"契
丹犯塞"至"遙領宣州節度使"：《輯本舊史》卷三八《唐明宗紀
四》天成二年（927）二月戊子條："以前北面水陸轉運招撫使、守
冀州刺史烏震領宣州節度使。"

[8]房知溫：人名。兗州瑕丘（今山東濟寧市兗州區）人。五
代後唐將領。傳見本書卷九一、《新五代史》卷四六。　盧臺：軍
（政區）名。治所在今天津市寧河區蘆臺鎮。參見余蔚《中國行政
區劃通史》（遼金卷），復旦大學出版社2012年版，第326頁。

[9]龍晊（zhì）：人名。籍貫不詳。五代後唐時作亂戍兵首領。
事見本書卷三八。　太傅：官名。與太師、太保合稱三師，唐後
期、五代多爲大臣、勳貴加官。正一品。　"及至軍"至"詔贈
太傅"："會戍兵龍晊所部鄴都奉節等軍數千人作亂"，《輯本舊史》
之影庫本粘籤："龍晊，原本作'龍姪'，今據《歐陽史》改正。"
"詔贈太傅"，《舊五代史考異》："《歐陽史》作太師。"見《新五代
史》卷二六。《輯本舊史》卷三八《唐明宗紀四》天成二年四月辛
巳條："房知溫奏：'前月二十一日，盧臺戍軍亂，害副招討寧國軍
節度使烏震，尋與安審通斬殺亂兵訖。'帝聞之，廢朝一日，贈震
太傅。"前月二十一日爲天成二年三月壬申日。卷九一《房知溫
傳》："後除烏震爲招討副使，代知溫歸鎮。知溫怒震遽至，有怨
言，因縱博，誘牙兵殺震於席上。"《新五代史》卷六《唐本紀》
天成二年三月條："盧臺亂，殺其將烏震。"卷四六《房知溫傳》：
"明宗遣烏震往代知溫還鎮，其戍卒效節軍將龍晊等攻震殺之。"
《通鑑》卷二七五天成二年三月壬申條："房知溫怨震驟來代己，震
至，未交印。壬申，震召知溫及諸道先鋒馬軍都指揮使、齊州防禦
使安審通博於東寨，知溫誘龍晊所部兵殺震於席上。"

[10]"震略涉書史"至"燕趙之士皆歎惜之"：《新五代史》
卷二六有歐陽修論："嗚呼！忠孝以義則兩得，吾既已言之矣。若
烏震者，可謂忠乎？甚矣，震之不思也。夫食人之祿而任人之事，
事有任，專其責，而其國之利害，由己之爲不爲。爲之雖利於國，

而有害於其親者，猶將辭其禄而去之。矧其事衆人所皆可爲，而任不專己，又其爲與不爲，國之利害不繫焉者如是，而不顧其親，雖不以爲利，猶曰不孝，況因而利之乎！夫能事其親以孝，然後能事其君以忠，若烏震者，可謂大不孝矣，尚何有於忠哉！"

[11]《大典》卷一八一二九"將"字韻"後唐將（二）"事目。

王瓚

王瓚，故河中節度使重盈之諸子也。[1]天復初，梁祖既平河中，追念王氏舊恩，辟瓚爲賓佐。梁祖即位，歷諸衛大將軍，[2]兗、華兩鎮節度使，開封尹。[3]貞明五年，代賀瑰統軍駐於河上。時李存審築壘於德勝渡。秋八月，瓚率汴軍五萬，自黎陽渡河，將掩擊魏州，明宗出師拒之。瓚至頓丘而旋，於楊村夾河築壘，架浮航，自滑饋運相繼。[4]瓚嚴於軍法，令行禁止，然機略應變，則非所長。十一月，瓚率其衆觀兵於戚城，明宗以前鋒擊之，獲其將李立。十二月，邏騎報汴之饋糧千計，沿河而下，可掩而取之。莊宗遣徒兵五千，設伏以待之，使騎軍循河南岸西上，俘獲饋役數千。瓚結陣河曲，以待王師，既而兵合，一戰敗之，瓚衆走保南城，瓚以小舟北渡僅免。是日，獲馬千餘匹，俘斬萬級，王師乘勝徇地曹濮。梁主以瓚失律，令戴思遠代還。[5]

[1]重盈：人名。即王重盈。太原祁（今山西祁縣）人。河中節度使王重榮之兄。唐末軍閥。事見《舊唐書》卷一八二、《新唐

書》卷一八七。

[2]諸衛大將軍：官名。唐代置十六衛，掌宮禁宿衛。正三品。

[3]兗：泰寧軍治所。　華：感化軍治所。　開封尹：官名。五代除後唐外均定都開封，因置開封府尹，執掌京師政務。從三品。

[4]貞明：後梁末帝朱友貞年號（915—921）。　賀瓌：人名。濮陽（今河南濮陽市）人。後梁將領。傳見本書卷二三、《新五代史》卷二三。　黎陽：縣名。治所在今河南浚縣。　頓丘：縣名。治所在今河南清豐縣。　楊村：地名。位於今河南濮陽市西南。"貞明五年"至"自滑饋運相繼"：《輯本舊史》卷九《梁末帝紀中》貞明五年（919）八月條："是月，命開封尹王瓚爲北面行營招討使。瓚乃與許州留後王彥章等率大軍自黎陽濟，營於楊村，造浮梁以通津路。"卷一三《蔣殷傳》："時華州節度使王瓚，殷之從弟也，懼其連坐，上章言殷本姓蔣，非王氏之子也。"卷二九《唐莊宗紀三》天祐十六年（919）八月條："梁將王瓚帥衆數萬自黎陽渡河，營於楊村，造舟爲梁，以通津路。"卷五六《符存審傳》天祐十六年七月條："汴將王瓚自黎陽渡河寇澶州，存審拒戰，瓚退，營於楊村渡，控我上游，自是日與交鋒，對壘經年，大小凡百餘戰。"天祐十六年即貞明五年。《新五代史》卷三《梁本紀》貞明五年八月乙未條："開封尹王瓚爲北面行營招討使。"卷五《唐本紀五》天祐十六年正月條："梁王瓚攻德勝南城，不克。"

[5]戚城：地名。位於今河南濮陽市區。　李立：人名。籍貫不詳。王瓚部將。事見本書本卷。　河曲：地名。位於今河南濮陽市一帶。　曹：州名。治所在今山東曹縣西北。　梁主：即後梁末帝朱友貞。後梁太祖朱溫之子。913年至923年在位。紀見本書卷八至卷一〇、《新五代史》卷三。　戴思遠：人名。籍貫不詳。五代後梁、後唐將領。傳見本書卷六四。　"十一月"至"令戴思遠代還"：《新五代史》卷五《唐莊宗下》天祐十六年十月條："十月，廣德勝北城。十二月，敗梁軍于河南。"《輯本舊史》卷六五《李建及傳》："其年（天祐十六年）十二月，與汴將王瓚戰於戚城，

建及傷手，莊宗解御衣金帶賜之。"《輯本舊史》卷五九《王瓚傳》："瓚衆走保南城"，《輯本舊史》卷二九《唐莊宗紀三》天祐十六年十二月條作"保北城"。《通鑑》卷二七一貞明五年十二月條亦作"保北城"。《輯本舊史》卷五三《李存進傳》："（天祐）十九年，汴將王瓚率衆逼北城，爲地穴火車，百道進攻。"

　　及王師襲汴，時瓚爲開封尹。梁主聞王師將至，自登建國門樓，日夜垂泣，時持國寶謂瓚曰："吾終保有此者，繫卿耳。"令瓚閱市人散徒，登城爲備。[1] 泊明宗至封丘門，瓚開門迎降。[2] 翌日，莊宗御玄德殿，瓚與百官待罪及進幣馬，詔釋之，[3] 仍令收梁主屍，備槽櫝權厝於佛寺，漆首函送於郊社。[4]

　　[1] 建國門：宫城門。爲開封皇城南門。位於今河南開封市。
"及王師襲汴"至"登城爲備"："開封尹"，中華書局本有校勘記："原作'開封府尹'，據《永樂大典》卷六八五〇引五代《薛史》、《册府》卷二〇、《通鑑》卷二七二改。影庫本粘籤：'開封'，原本脱'封'字，今據《通鑑》增入。"見明本《册府》卷二〇《帝王部·功業門二》、《通鑑》卷二七二同光元年（923）十月丁丑條。亦見《宋本册府》卷一六六《帝王部·招懷門四》、卷九〇九《總録部·憂懼門》。《輯本舊史》卷一〇《梁末帝紀下》龍德二年（922）十月條："帝聞中都之敗，唐軍長驅將至，遣張漢倫馳驛召段凝於河上，漢倫墮馬傷足，復限水潦，不能進。時禁軍尚有四千人，朱珪請以拒唐軍，帝不從，登建國門召開封尹王瓚，謂之曰：'段凝未至，社稷繫卿方略。'瓚即驅軍民登城爲備。"
　　[2] 封丘門：城門名。位於今河南開封市。　泊明宗至封丘門，瓚開門迎降：《輯本舊史》卷一〇《梁末帝紀下》龍德二年十月條："唐軍攻封丘門，王瓚迎降。"《輯本舊史》卷三〇《唐莊宗紀

四》同光元年十月己卯條："遲明，前軍至汴城，嗣源令左右捉生攻封丘門，梁開封尹王瓚請以城降。俄而帝與大軍繼至，王瓚迎帝自大梁門入。"《輯本舊史》卷三五《唐明宗紀一》天祐二十年（923）十月己卯條："遲明，帝先至汴州，攻封丘門，汴將王瓚開門迎降。"《新五代史》卷六《唐本紀六》同光元年條："郭崇韜亦勸莊宗入汴，莊宗以爲然。遣嗣源以千騎先至汴州，攻封丘門，王瓚開門降。"

[3]玄德殿：宮殿名。位於今河南開封市。　"翌日"至"詔釋之"：《册府》卷一六六同光元年十月己卯條："車駕至汴州。梁開封尹王瓚恐懼，出城迎降，伏地請死。帝曰：'朕與卿家世密親，兵或阻闊，卿時竭心所事，人臣之節也，何罪之有？'乃命復舊職。"亦見《宋本册府》卷九〇九《總録部・憂懼門》。

[4]槽櫝：泛指棺材。　權厝：臨時置棺待葬。　"仍令收梁主屍"至"漆首函送於郊社"：《通鑑》卷二七二同光元年十月辛巳條："詔王瓚收朱友貞尸，殯於佛寺，漆其首，函之，藏於太社。"

居數日，段凝上疏奏："梁朝掌事權者趙巖等，並助成虐政，結怨於人，聖政維新，宜誅首惡，以謝天下。"於是張漢傑、張漢融、張漢倫、張希逸、趙毅、朱珪等並族誅，家財籍没。[1]瓚聞諸族當法，憂悸失次，每出則與妻子訣別。郭崇韜遣人慰譬之，詔授宣武軍節度副使，知府事，檢校太傅如故。[2]瓚心憂疑成疾，十二月卒。贈太子太師。[3]

[1]段凝：人名。開封（今河南開封市）人。其妹爲朱温美人，因其妹而爲朱温親信。五代後梁將領，後投後唐。傳見本書卷

七三、《新五代史》卷四五。　　趙巖：人名。陳州宛丘（今河南淮陽縣）人。朱温女婿，忠武軍節度使趙犨次子。事見本書卷三〇、《新五代史》卷四二。　　張漢傑：人名。清河（今河北清河縣）人。張歸霸之子。五代後梁將領。傳見本書附錄、《新五代史》卷二二。　　張漢融：人名。張歸弁之子。事見本書卷三〇。　　張漢倫：人名。清河（今河北清河縣）人。張漢傑之兄。五代後梁大臣。事見《通鑑》卷二七二。　　張希逸：人名。籍貫不詳。五代後梁將領。事見本書卷九、卷三〇。　　趙穀：人名。一作"趙鵠"。籍貫不詳。後梁大臣。事見本書卷九、《册府》卷九二七。　　朱珪：人名。籍貫不詳。五代後梁將領，時爲後梁檢校太傅、匡國軍節度觀察留後、行營諸軍馬步都虞候。傳見本書附錄。

　　[2]郭崇韜：人名。代州雁門（今山西代縣）人。五代後唐大臣。傳見本書卷五七、《新五代史》卷二四。　　宣武軍：方鎮名。唐舊鎮，治所在汴州（今河南開封市）。後梁開平元年（907）升汴州爲東京開封府。開平三年（909）置宣武軍於宋州（今河南商丘市睢陽區）。後唐同光元年（923）改宋州宣武軍爲歸德軍。廢東京開封府，重建宣武軍於汴州。後晋天福三年（938），改爲東京開封府。除天福十二年（947）、十三年（948）短暫改爲宣武軍外，汴京均爲東京開封府。　　節度副使：官名。唐五代方鎮屬官。位於行軍司馬之下、判官之上。　　"居數日"至"檢校太傅如故"：《輯本舊史》之原輯者案語："《歐陽史》云：瓚伏地請死，莊宗勞而起之，曰：'朕與卿家世婚姻，然人臣各爲主耳，復何罪邪！'因以爲開封尹，遷宣武軍節度使。據《薛史》則瓚以宣武軍節度副使知府事，未嘗遷秩也。"《宋本册府》卷九〇九《總錄部・憂懼門》："及誅張漢傑、朱珪輩，瓚大恐，憂駭不自安，所有家財相繼入貢。帝慰諭之。"《輯本舊史》卷三〇《唐莊宗紀四》同光元年十一月乙卯條："以特進、檢校太傅、開封尹、判六軍諸衛事、充功德使王瓚爲宣武軍節度副使，權知軍州事。"

　　[3]贈太子太師：《輯本舊史》卷三一《唐莊宗紀五》同光二

年正月己巳條：“故宣武軍節度副使、權知軍州事、檢校太傅王瓚贈太子太師。”

瓚雖爲治嚴肅，而慘酷有家世風。自歷守藩鎮，頗能除盜，而明不能照下。及尹正京邑，[1]委政於愛婿牙將辛廷蔚，[2]曲法納賄，因緣爲奸。初，汴人駐軍於河上，軍計不足，瓚請率汴之富户，出助軍錢，賦取不均，人靡控訴，至有雉經者，又有富室致賂幸而免率者。[3]及明宗即位，素知廷蔚之奸，乃勒歸田里。然瓚能優禮搢紳，抑挫豪猾，故當時士流皆稱仰焉。《永樂大典》卷六千八百五十。[4]

[1]及尹正京邑：中華書局本有校勘記：“‘正’原作‘政’，據殿本、劉本、永樂大典卷六八五〇引五代《薛史》、《册府》卷六九八改。”見《宋本册府》卷六九八《牧守部·失政門》。

[2]辛廷蔚：人名。籍貫、事迹不詳。本書僅此一見。

[3]又有富室致賂幸而免率者：中華書局本有校勘記：“‘幸’，《永樂大典》卷六八五〇引五代《薛史》作‘卒’。”

[4]中華書局本有校勘記：“‘六千八百五十’，原作‘六千六百八十’，檢《永樂大典目録》，卷六六八〇爲‘江’字韻‘鎮江府十七’，與本則内容不符。按此則實出《永樂大典》卷六八五〇，據改。”今據改。

袁象先

袁象先，宋州下邑人也。[1]自稱唐中宗朝中書令、南陽郡王恕己之後。[2]曾祖進朝，成都少尹，梁以象先貴，累贈左僕射。[3]祖忠義，忠武軍節度判官，累贈司空。[4]父敬初，太府卿，累贈司徒、駙馬都尉。[5]敬初娶梁祖之妹，初封沛郡太君。開平中，[6]追封長公主。貞明中，追封萬安大長公主。

[1]宋州：州名。治所在今河南商丘市睢陽區。　下邑：縣名。治所在今河南夏邑縣。

[2]唐中宗：即唐朝皇帝李顯。唐高宗之子。683 年至 684 年及 705 年至 710 年在位。高宗死後即位，武則天臨朝稱制。次年，中宗被廢爲廬陵王。神龍元年（705），宰相張柬之等率羽林軍入宮，迫武則天退位，中宗復辟。在位期間，寵任韋后及安樂公主，政事腐敗，生活淫靡。後爲韋后毒死。紀見《舊唐書》卷七、《新唐書》卷四。　中書令：官名。漢代始置，隋、唐前期爲中書省長官，屬宰相之職；唐後期多爲授予元勳大臣的虛銜。正二品。　恕己：人名。即袁恕己。滄州東光（今河北東光縣）人。唐中宗朝宰相。傳見《舊唐書》卷九一、《新唐書》卷一二〇。

[3]進朝：人名。即袁進朝。事迹不詳。　成都：府名。治所在今四川成都市。　少尹：官名。唐、五代於三京、鳳翔等府均置少尹，爲尹的副職。協助尹通判列曹諸務。從四品下。　左僕射：官名。秦始置。隋、唐前期，以左、右僕射佐尚書令總理六部、綱紀庶務；如不置尚書令，則總判省事，爲宰相之職。唐後期多爲大臣加銜。從二品。

[4]忠義：人名。即袁忠義。事迹不詳。　忠武軍：方鎮名。治所在許州（今河南許昌市）。　節度判官：官名。唐末、五代藩鎮僚佐，位行軍司馬下。　司空：官名。與太尉、司徒並爲三公。唐後期、五代多爲大臣、勳貴加官。正一品。

[5]敬初：人名。即袁敬初。事迹不詳。　太府卿：官名。南朝梁始置。太府寺長官。掌國家財帛庫藏出納、關市稅收等務。從

三品。　司徒：官名。與太尉、司空並爲三公，唐後期、五代多爲大臣、勳貴加官。正一品。　駙馬都尉：漢武帝始置，魏晉以後，公主夫婿多加此稱號。從五品下。

[6]開平：後梁太祖朱温年號（907—911）。

象先即梁祖之甥也。性寬厚，不忤於物，幼遇亂，慨然有憂時之意。象先嘗射一水鳥，不中，箭落水中，下貫雙鯉，見者異之。梁祖鎮夷門，象先起家授銀青光禄大夫、檢校太子賓客、兼御史中丞。[1]景福元年，自檢校左省常侍，遷檢校工部尚書，充元從馬軍指揮使兼左靜邊都指揮使。[2]乾寧五年，再遷檢校右僕射、左領軍衞將軍同正，充宣武軍内外馬步軍都指揮使。[3]光化二年，權知宿州軍州事。[4]

[1]夷門：地名。原指戰國魏都大梁城東門，故址在今河南開封城内東北隅。夷門位於夷山，夷山因山勢平夷而得名，故門亦以山爲名。此處代指開封。　銀青光禄大夫：官名。唐、五代散官。從三品。　檢校太子賓客：官名。太子賓客爲太子官屬，掌侍從規諫、贊相禮儀。檢校太子賓客爲散官或加官，以示恩寵，無實際執掌。按，五代十國時期，檢校制度作爲榮譽頭銜使用，以區別於行政編制。　御史中丞：官名。如不置御史大夫，則爲御史臺長官。掌司法監察。正四品下。

[2]景福：唐昭宗李曄年號（892—893）。　檢校左省常侍：官名。爲散官或加官。　檢校工部尚書：官名。爲散官或加官。元從馬軍指揮使：官名。所部統兵將領。元從，自初始即追隨在側的部屬。元從馬軍爲部隊番號。

[3]乾寧：唐昭宗李曄年號（894—898）。　檢校右僕射：官

名。爲散官或加官。 同正："同正員"省稱，係屬編外官，待遇同正員之意。 内外馬步軍都指揮使：官名。節度使所屬最重要的將領，統帥軍隊。

[4]光化：唐昭宗李曄年號（898—901）。

天復元年，表授刺史，充本州團練、埇橋鎮遏都知兵馬使。[1]會淮寇大至，圍迫州城，象先彈力禦備，時援兵未至，頗懷憂沮。一日，登北城，憩其樓堞之上，怳然若寢，夢人告曰："我陳璠也，[2]嘗板築是城，舊第猶在，今爲軍舍，可爲我立廟，即助公陰兵。"象先納之。[3]翌日，淮寇急攻其壘，梯轞角進，是日州城幾陷。頃之，有大風雨，居民望見城上兵甲無算，寇不能進，即時退去。象先方信鬼神之助，乃爲之立祠，至今里人禱祝不輟。三年，權知洺州軍州事。[4]

[1]團練：官名。唐代中期以後，於不設節度使的地區設團練使，掌本區各州軍事。 埇橋：地名。位於今安徽宿州市城南古汴河上。 鎮遏都知兵馬使：官名。唐、五代方鎮自置之部隊統率官，稱兵馬使，其權尤重者稱兵馬大使或都知兵馬使。掌兵馬訓練、指揮。

[2]陳璠：人名。籍貫不詳。五代十國吴國將領。事見本書本卷、卷一三、卷一六。《輯本舊史》之影庫本粘籤："'陳璠'，原本作'揀璠'，今據《册府元龜》改正。"見《宋本册府》卷三九八《將帥部·冥助門》。明本作"陳蕃"。

[3]象先納之：中華書局本有校勘記："'納'，《册府》（宋本）卷三九八作'諾'，明本作'許'。"

[4]權知洺州軍州事：《輯本舊史》之影庫本粘籤："'洺州'，

原本作‘洛州’，今從《歐陽史》改正。”見《新五代史》卷四五《袁象先傳》。

天祐三年，授陳州刺史、檢校司空。[1]是歲，陳州大水，民饑，有物生於野，形類蒲萄，其實可食，貧民賴焉。[2]梁開平二年，授左英武軍使，再遷左神武、右羽林統軍。[3]三年，轉右衛上將軍，[4]封汝南縣男。四年，權知宋州留後，到任五月，改天平軍兩使留後。時鄆境再饑，戶民流散，象先即開倉賑卹，蒙賴者甚衆。五年，梁祖北征，以象先爲鎮定東南行營都招討應接副使，進封開國伯。領兵攻蓨縣，不克而還。[5]俄奉詔自鄆赴闕，鄆人遮留，毀石橋而不得進，乃自他門而逸。[6]尋授左龍武統軍兼侍衛親軍都指揮使。[7]

[1]陳州：州名。治所在今河南淮陽縣。 檢校司空：官名。爲散官或加官。

[2]“是歲”至“貧民賴焉”：亦見《宋本册府》卷六八一《牧守部·感瑞門》。《宋本册府》卷二〇二《帝王部·祥瑞門二》梁太祖開平元年（907）四月戊辰條：“陳州袁象先進白兔一，付史館編録，兼示百官。”

[3]左英武軍使：官名。“英武”爲部隊番號，掌領本軍軍務，或兼理地方政務。 左神武：官名。即左神武統軍。唐代左神武軍統兵官。唐“北衙六軍”之一。其品秩，《唐會要》卷七一、《舊唐書》卷一二記載爲“從二品”，《通鑑》卷二二九記載爲“從三品”。 右羽林統軍：官名。唐代右羽林軍統兵官。唐置六軍，分左、右羽林，左、右龍武，左、右神武等，即“北衙六軍”。興元元年（784），六軍各置統軍，以寵功勳臣。其品秩，《唐會要》卷

七一、《舊唐書》卷一二記載爲"從二品",《通鑑》卷二二九記載爲"從三品"。

[4]右衛上將軍: 官名。唐置, 掌宮禁宿衛。唐代十六衛之一。從二品。

[5]定: 州名。治所在今河北定州市。　東南行營都招討應接副使: 官名。爲招討應接使副將, 多以大臣、將帥或地方軍政長官兼任, 掌管鎮壓起義、抗禦外敵、討伐叛亂等事。　蔣縣: 縣名。治所在今河北景縣。　"五年"至"不克而還": 亦見明本《册府》卷四三八《將帥部·無功門》。

[6]"俄奉詔自鄆赴闕"至"乃自他門而逸": 亦見《宋本册府》卷六八三《牧守部·遺愛門》。

[7]左龍武統軍: 官名。唐代左龍武軍統兵官。唐置"北衙六軍"之一。其品秩,《唐會要》卷七一、《舊唐書》卷一二記載爲"從二品",《通鑑》卷二二九記載爲"從三品"。　侍衛親軍都指揮使: 官名。五代時侍衛親軍之長官。多由皇帝親信擔任。　尋授左龍武統軍兼侍衛親軍都指揮使:《新五代史》卷四五《袁象先傳》:"太祖即位, 累遷左龍武統軍、在京馬步軍都指揮使。"

乾化三年, 與魏博節度使楊師厚合謀, 誅朱友珪於洛陽。[1]梁末帝即位, 以功授檢校太保、同平章事, 遙領洪州節度使、行開封尹、判在京馬步諸軍事, 進封開國公。[2]四年, 授青州節度使, 加檢校太傅。未幾, 移鎮宋州, 加檢校太尉。象先在宋凡十年。[3]

[1]乾化: 五代後梁太祖朱温年號 (911—912)。末帝朱友貞沿用 (913—915)。　楊師厚: 人名。潁州斤溝 (今安徽太和縣阮橋鎮斤溝村) 人。唐末、五代後梁將領。傳見本書卷二二、《新五代史》卷二三。　朱友珪: 人名。後梁太祖朱温次子, 殺朱温自

立。後追廢爲庶人。事見本書卷八《梁末帝紀上》、《新五代史》卷三《梁本紀三》。 "乾化三年"至"誅朱友珪於洛陽":《輯本舊史》卷八《梁末帝紀上》乾化二年（912）六月三日條:"（趙）巖時典禁軍，泪還洛，以謀告侍衛親軍袁象先。"又:"（楊師厚）乃令小校王舜賢至洛，密與趙巖、袁象先圖議。"又:"帝乃遣人告趙巖、袁象先、傅暉、朱珪等。十七日，象先引禁軍千人突入宮城，遂誅友珪。"卷二八《唐莊宗紀二》天祐九年（912）二月庚戌條:"以……青州賀德倫爲應接使，鄆州袁象先爲副。"天祐九年即乾化二年。《新五代史》卷四五《袁象先傳》:"太祖遇弑，友珪立。末帝留守東都，以大事謀於趙巖，巖曰:'此事如反掌耳，但得招討楊令公一言諭禁軍，則事可成。'末帝即遣人之魏州，以謀告楊師厚，師厚遣裨將王舜賢至洛陽與象先謀，象先許諾。是時，龍驤軍將劉重遇戍于懷州，以其軍作亂，友珪遣霍彥威擊敗于鄢陵，其餘兵奔散，捕之其急。末帝即召龍驤軍在東京者告之曰:'上以重遇故，欲盡召龍驤軍至洛而誅之。'乃僞爲友珪詔書示之，龍驤軍恐懼，不知所爲，因告之曰:'友珪弑父與君，天下之賊也！爾能趨洛陽擒之，以其首祭先帝，則所謂轉禍而爲福也。'軍士踴躍曰:'王言是也。'末帝即馳奏，言龍驤軍反。象先聞之，即引禁軍千人入宮攻友珪，友珪死。"《宋本冊府》卷一八八《閏位部·紹位門》梁末帝條:"乾化二年六月三日，庶人友珪爲逆，遂即僞位。明年改元鳳曆，是年二月，侍衛親軍使袁象先引禁兵誅友珪。"

[2]檢校太保:官名。爲散官或加官，以示恩寵，無實際執掌。太保，與太師、太傅合稱三師。 洪州:州名。治所在今江西南昌市。 "梁末帝即位"至"進封開國公":《輯本舊史》卷八《梁末帝紀上》乾化三年四月癸未條:"以西京内外諸軍馬步軍都指揮使、檢校司徒、左龍虎統軍、濮陽郡開國侯袁象先爲特進、檢校太保、同平章事，充鎮南軍節度、江南西道觀察處置等使、開封尹、判在京馬步諸軍事，進封開國公，增食邑一千户。"《新五代史》卷四五《袁象先傳》:"末帝即位，拜象先鎮南軍節度使、同中書門

下平章事、開封尹、判在京馬步軍諸軍事。"

[3]象先在宋凡十年:《新五代史》卷四五《袁象先傳》云"在宋州十餘年"。《廿二史考異》卷六三:"象先以貞明四年爲平盧節度使,其徙鎮宣武,未詳何年。就使當年移鎮,而自貞明四年戊寅至同光元年癸未,相距止六歲,安得有十餘年之久乎?"

初,梁祖領四鎮,統兵十萬,威震天下,關東藩守,皆其將吏,方面補授,由其保薦,四方興金輦璧,駿奔結轍,納賂於其庭。如是者十餘年,寖成風俗,藩侯牧守,下迨羣吏,罕有廉白者,率皆掊斂剝下,以事權門。象先恃甥舅之勢,所至藩府,侵刻誅求尤甚,以此家財鉅萬。莊宗初定河南,象先率先入覲,輦珍幣數十萬,遍賂權貴及劉皇后、伶官巷伯,居旬日,内外翕然稱之。[1]

[1]劉皇后:指後唐莊宗劉皇后。魏州成安(今河北成安縣)人。傳見本書卷四九、《新五代史》卷一四。 "莊宗初定河南"至"内外翕然稱之":《新五代史》卷四五《袁象先傳》:"莊宗滅梁,象先來朝洛陽,輦其資數十萬,賂唐將相、伶官、宦者及劉皇后等,由是内外翕然稱其爲人。"亦見《宋本册府》卷九四五《總錄部·巧宦門》。《通鑑》卷二七二同光元年(923)十月條:"宋州節度使袁象先首來入朝,陝州留後霍彥威次之。象先輦珍貨數十萬,徧賂劉夫人及權貴、伶官、宦者,旬日,中外争譽之,恩寵隆異。"

初,梁將未復官資者,凡上章奏姓名而已。郭崇韜奏曰:"河南征鎮將吏,昭洗之後,未有新官,每上表章，但書名姓，未頒綸制，必負憂疑。"即日，復以象先爲宋、亳、輝、潁節度使，[1]依前檢校太尉、平章事，仍賜姓，名紹安，[2]尋令歸鎮。明年，以郊禮，象先復來朝。是時，制改宋州宣武軍爲歸德軍，[3]因侍宴，莊宗謂象先曰："歸德之名，無乃著題否?"象先拜謝而退，即命歸鎮。其年夏，以疾卒於治所，年六十一。[4]册贈太師。周廣順中，[5]贈中書令，追封楚國公。

[1]宋：州名。治所在今河南商丘市睢陽區。 亳：州名。治所在今安徽亳州市。 輝：州名。治所在今安徽碭山縣。 潁：州名。治所在今安徽阜陽市。 復以象先爲宋亳輝潁節度使：中華書局本有校勘記："'輝'字上原有'耀'字，據劉本删。按本書卷四《梁太祖紀四》：'（開平二年五月）升宋州爲宣武軍節鎮，仍以亳、輝、潁爲屬郡。'"此條校勘記中所引《梁太祖紀》，録自《通鑑》卷二六七開平四年（910）四月丁卯條胡注引《薛史》。

[2]仍賜姓，名紹安：《通鑑》卷二七二同光元年（923）十一月乙巳條："賜宣武節度使袁象先姓名曰李紹安。"《宋本册府》卷九四五《總録部·巧宦門》："後唐袁象先，朱温之甥也，爲宋州節度使。莊宗既平梁汴，象先厚以賂遺於權貴劉皇后及閹徒，因而恩寵隆異，賜姓名李紹安，復爲宋州節度使。"《輯本舊史》卷三○《唐莊宗紀四》同光元年十一月乙巳條："以宋州節度使、檢校太尉、平章事袁象先依前爲宋州節度使，仍賜姓，名紹安。"

[3]歸德軍：方鎮名。治所在宋州（今河南商丘市睢陽區）。 制改宋州宣武軍爲歸德軍：《輯本舊史》之影庫本粘籤："'宋州'，原本作'宗州'，今從《通鑑》改正。"見《通鑑》卷二七二同光元年十一月丙辰條。《輯本舊史》卷三一《唐莊宗紀五》同光二年四月癸未條："以宋州節度使李紹安依前檢校太尉、同平章事、宋州節度使。"

[4]年六十一:《輯本舊史》卷三二《唐莊宗紀六》同光二年六月甲戌條:"宋州奏,節度使李紹安卒。"《新五代史》卷四五《袁象先傳》作"年六十"。

　　[5]廣順:五代後周太祖郭威年號(951—953)。

　　象先二子,長曰正辭,歷衢、雄二州刺史。次曰巋,至周顯德中,終於滄州節度使。[1]《永樂大典》卷五千一百十四。[2]

　　[1]正辭:人名。即袁正辭。曾任左監門衛大將軍。事見《册府》卷九三六《總録部·吝嗇門》。　衢:州名。治所在今浙江衢州市。　雄:州名。治所在今河北雄縣。　巋:人名。即袁巋。五代將領,歷任復州刺史、左龍武大將軍、左神武統軍、宣徽南院使、延州節度使等。事見本書本卷、卷一一二、卷一一四等。　顯德:五代後周太祖郭威年號(954)。世宗柴榮、恭帝柴宗訓沿用(954—960)。　"象先二子"至"終於滄州節度使":《新五代史》卷四五《袁象先傳》:"象先二子:正辭,官至刺史;巋,周世宗時爲橫海軍節度使。象先平生所積財産數千萬,邸舍四千間,其卒也,不以分諸子,而悉與正辭。正辭初以父任爲飛龍副使。唐廢帝時,獻錢五萬緡,領衢州刺史。晉高祖入立,復獻五萬緡,求爲真刺史。拜雄州刺史,州在靈武之西,吐蕃界中。正辭憚,不欲行,復獻錢數萬,乃得免。正辭不勝其忿,以衣帶自經,其家人救之而止。出帝時,又獻錢三萬緡、銀萬兩。出帝憐之,欲與一内郡,未及而卒。正辭積錢盈室,室中嘗有聲如牛,人以爲妖,勸其散積以禳之。正辭曰:'吾聞物之有聲,求其同類爾,宜益以錢,聲必止。'聞者傳以爲笑。"《宋本册府》卷八一二《總録部·富門》:"袁正辭,父象先,梁祖之甥,爲宋亳節度使,在州十餘年,積財百餘萬。"《宋本册府》卷四八五《邦計部·濟軍門》晉高祖條天

福二年（937）九月乙亥："雄州刺史袁正辭進助國錢三萬貫。"明本同卷《邦計部·輸財門》："晋袁正辭，初仕梁。乾化、貞明中，歷飛龍沂州副使。後唐清泰中，進錢五萬貫，尋領衢州刺史。及高祖即位後，獻錢五萬貫，出典雄州。辭以州在靈武西鄙，處吐蕃部族之中，不願適任，進亦及如前，方免其行。少帝開運元年，加檢討司徒，使與朝請。二年，助國錢三萬，銀一萬兩。"《宋本册府》卷九三六《總録部·吝嗇門》："袁正辭爲左監門衛大將軍，無他才，善治生。雖承父舊基，亦自能營構，故其家益富。嘗於積鏹之室，有吼聲聞於外，人勸其散施以禳其兆。正辭曰：'此必謁其同輩，宜更增之。'其庸暗多此類也。及清泰、天福、開運之際，厚貢求郡，止得虛名而已，三朝不遂其志，以至馬墮折足而終。"《宋本册府》卷八二五《總録部·名字門二》："袁光輔，同光中爲復州刺史。天成初上言：'叔父幼年遇亂離索，與臣同名，臣今欲改名羲。'從之。"《輯本舊史》卷四八《唐末帝紀下》清泰三年（936）八月癸亥條："以左龍武大將軍袁羲爲右監門上將軍。"卷一一○《周太祖紀一》乾祐三年（950）十一月十九日條："隱帝遣左神武統軍袁羲、前鄧州節度使劉重進率禁軍來拒，與前開封尹侯益等屯赤崗，是夜俱退。"卷一一一《周太祖紀二》廣順元年（951）二月癸巳條："以宣徽北院使袁羲爲左武衛上將軍，充宣徽南院使。"同月癸卯條："詔宣徽南院使袁羲權知開封府事。"卷一一二《周太祖紀三》廣順二年十月戊戌條："以宣徽南院使袁羲權知永興軍府事。"卷一一三《周太祖紀四》顯德元年（954）正月壬辰條："以宣徽南院使知永興軍府事袁羲爲延州節度使。"卷一一四《周世宗紀一》顯德元年七月乙酉條："袁羲加檢校太尉。"卷一一五《周世宗紀二》顯德二年六月癸亥條："以前延州節度使袁羲爲滄州節度使。"《通鑑》卷二八九乾祐三年十一月壬午條："帝復遣左神武統軍袁羲、前威勝節度使劉重進等帥禁軍與侯益等會屯赤岡。"同月甲申條："侯益、吳虔裕、張彥超、袁羲、劉重進皆潛往見郭威。"同月壬辰條："以袁羲爲宣徽南院使。"

[2]《大典》卷五一一四"袁"字韻"姓氏（五）"事目。

張温

張温，字德潤，魏州魏縣人也。[1]始仕梁祖爲步直小將，改崇明都校。[2]貞明初，蔣殷以徐州叛，從劉鄩討平之，[3]改左右捉生都指揮使。[4]莊宗伐邢臺，獲之，用爲永清都校，歷武州刺史、山後八軍都將。[5]從莊宗襲契丹於幽州，收新州，歷銀槍効義都指揮使，再任武州刺史。同光初，北戎陷嬀、儒、檀、順、平、薊六州，武州獨全，改授蔚州刺史。[6]天成初，歷振武、昭武留後，尋授利州節度使，入爲右衛上將軍。無幾，授洋州節度使、右龍武統軍，改雲州節制。[7]清泰初，屯兵雁門，逐契丹出塞，移鎮晋州，嬰疾而卒。[8]詔贈太尉。[9]《永樂大典》卷六千六百六十。[10]

[1]魏縣：縣名。治所在今河北魏縣。

[2]步直、崇明：皆爲部隊番號。 始仕梁祖爲步直小將，改崇明都校：《舊五代史考異》："温于潼關擒劉浣，見《梁紀》，此傳不載。"此所謂《梁紀》，指《輯本舊史》卷四《梁太祖紀四》開平三年（909）六月條："劉知俊弟内直右保勝指揮使知浣自洛奔至潼關，右龍虎軍十將張温以上二十二人於潼關擒獲劉知浣，送至行在。敕：'劉知浣，逆黨之中最爲頭角；龍虎軍，親兵之内實冠爪牙。昨者攻取潼關，率先用命；尋則擒獲知浣，最上立功。頗壯軍威，將除國難。所懸賞格，便可支分；許賜官階，固須除授。但昨捉獲劉知浣是張温等二十二人，一時向前，共立功效，其賞錢一千貫文，數内一百貫文與最先打倒劉知浣衙官李稠，四十三貫文與十

將張溫，二十人各與錢四十二貫八百五十文。立功敕命便授郡府，亦緣同時立功人數不少，所除刺史，難議偏頗。宜令逐月共支給正刺史料錢二百貫文，數內十將張溫一人每月與十貫文，餘二十一人每月每人各分九貫文，仍起七月一日以後支給。人與轉官職，仍勘名銜，分析申奏，當與施行。'"此條録自《册府》，不得稱爲《梁紀》，見明本《册府》卷二一〇《閏位部·明賞門》梁太祖開平三年六月條。

[3]蔣殷：人名。河中節度使王重盈養子。後梁太祖時官至宣徽院使。朱友珪篡位稱帝，被任爲徐州節度使。末帝時拒不免官，兵敗自殺。傳見本書卷一三、《新五代史》卷四三。　徐州：州名。治所在今江蘇徐州市。　劉鄩：人名。密州安丘（今山東安丘市）人。唐末、五代將領。傳見本書卷二三、《新五代史》卷二二。"貞明初"至"從劉鄩討平之"：《輯本舊史》之影庫本粘籤："'貞明'，原本作'貞宗'，今據《薛史·梁書》改正。"《輯本舊史》卷八《梁末帝紀上》："貞明元年春，牛存節、劉鄩拔徐州，逆賊蔣殷舉族自燔而死，於火中得其屍，梟首以獻。"此句《輯本舊史》之原輯者案語："牛存節等克徐州，《薛史·本紀》及《蔣殷傳》俱不書月，《五代春秋》及《歐陽史》皆作正月，《通鑑》作二月，據《通鑑考異》引《朱友貞傳》又作乾化四年十一月，疑皆屬傳聞之辭，當以《薛史》爲正。"

[4]捉生都指揮使：官名。所部統兵將領。"捉生"爲部隊番號。

[5]邢臺：此處代指唐末、五代方鎮保義軍，治所在邢州（今河北邢臺市）。　永清：部隊番號。　武州：州名。治所在文德縣（今河北張家口市宣化區）。　山後八軍都將：官名。唐五代時方鎮屬將。　"莊宗伐邢臺"至"歷武州刺史、山後八軍都將"：《輯本舊史》卷八貞明二年（916）六月條："晋人急攻邢州，帝遣捉生都將張溫率步騎五百人入于邢州，至內黃，溫率衆降於晋人。"卷二八《唐莊宗紀二》天祐十三年（916）六月條："命偏師攻閣寶於

邢州，梁主遣捉生都將張溫率步騎百五百爲援，至內黃，溫率衆來奔。”貞明二年與天祐十三年爲同一年。亦見《新五代史》卷三《梁本紀三》貞明二年六月條、卷四四《閻寶傳》。

[6]新州：州名。治所在今河北涿鹿縣。　銀槍効義：部隊番號。　嬀：州名。治所在今河北懷來縣。　儒：州名。治所在今北京市延慶區。　檀：州名。治所在今北京市密雲區。　順：州名。治所在今北京市順義區。　平：州名。治所在今河北盧龍縣。　薊：州名。治所在今天津市薊州區。　蔚州：州名。治所在今河北蔚縣。　“從莊宗襲契丹於幽州”至“改授蔚州刺史”：“北戎陷嬀、儒、檀、順、平、薊六州”之“北戎”，《輯本舊史》原作“契丹”。《宋本册府》卷三六○《將帥部·立功門一三》：“天祐中，從莊宗襲契丹于幽州，收新州，歷銀槍効義都指揮使。同光初，北戎陷嬀、儒、檀、順、平、薊六州，武州獨全，改授蔚州刺史。”明本《册府》卷四二九《將帥部·守邊門》：“張溫爲武州刺史，同光初，北戎陷嬀、儒、檀、順、平、蘇六州，武州獨全。”知《輯本舊史》因忌清諱纂改，今回改。

[7]天成：後唐明宗李嗣源年號（926—930）。　振武：方鎮名。後梁貞明二年以前，治所位於單于都護府城（今內蒙古和林格爾縣）。貞明二年，單于都護府城爲契丹占據。此後至後唐清泰三年（936），治所位於朔州（今山西朔州市朔城區）。後晉隨燕雲十六州割予契丹，改名順義軍。　昭武：方鎮名。即昭武軍。治所在利州（今四川廣元市）。　利州：州名。治所在今四川廣元市。　洋州：州名。治所在今陝西洋縣。　雲州：州名。治所在今山西大同市。　節制：節度使的簡稱。　“天成初”至“改雲州節制”：《輯本舊史》卷三六《唐明宗紀二》天成元年（926）五月壬午條：“以前蔚州刺史張溫爲振武留後。”卷三七《唐明宗紀三》天成元年十一月乙亥條：“以前振武留後張溫爲利州昭武軍留後。”卷三九《唐明宗紀五》天成三年十月戊辰條：“以前雲州節度使張溫復爲雲州節度使。”此條中華書局本有校勘記：“朱玉龍《方鎮表》：‘按莊

宗、明宗《本紀》及《通鑑》，皆無同光、天成年間張溫鎮雲州的記載，據《舊史》卷五九《張溫傳》云"天成初，歷振武、昭武留後，尋授利州節度使，入爲右衛上將軍。無幾，授洋州節度使、右龍武統軍，改雲州節制。清泰初，屯兵雁門"。據此，張溫節制雲州則當在長興末、清泰初。又卷六一《張敬詢傳》云，天成二年，詔還京師，復授大同節度使；四年，徵爲左驍衛上將軍。因疑"張溫"爲"張敬詢"之誤。'"卷四〇《唐明宗紀六》天成四年五月乙酉條："以左驍衛上將軍張溫爲洋州節度使。"卷四二《唐明宗紀八》長興二年（931）六月庚午條："以邠州節度使張溫爲右龍武統軍。"卷四四《唐明宗紀十》長興四年三月戊子條："以右龍武統軍張溫爲雲州節度使。"

[8]清泰：五代後唐廢帝李從珂年號（934—936）。　雁門：關名。位於今山西代縣西北。　晋州：州名。治所在今山西臨汾市。　"清泰初"至"嬰疾而卒"：《輯本舊史》卷四七《唐末帝紀中》清泰二年正月乙丑條："雲州節度使張溫移鎮晋州。"同年十月庚午條："以晋州節度使張溫卒廢朝。"

[9]太尉：官名。與司徒、司空並爲三公，唐後期、五代多爲大臣、勳貴加官。正一品。

[10]《大典》卷六六六〇爲"江"字韻"詩文（二）"事目，與本傳無涉，疑爲卷六三五〇"張"字韻"姓氏（二〇）"事目，因後唐張姓將領傳記都收入此卷。

李紹文

李紹文，鄆州人，本姓張，名從楚。少事朱瑄爲帳下，瑄敗，歸於梁祖，爲四鎮牙校，累典諸軍。天祐八年，從王景仁戰，敗於柏鄉，紹文與別將曹儒收殘衆，退保相州。[1]王師之攻魏州也，紹文率衆自黎陽將渡河。

時汴人大恐，河無舟檝，紹文懼爲王師所逼，乃剽黎陽、臨河、内黄至魏州，歸於莊宗。[2]莊宗嘉納之，賜姓名，分其兩將三千人爲左右匡霸軍旅，仍令紹文、曹儒分將之。從周德威討劉守光，進檢校司空，移將匡衛軍。[3]十二年，授博州刺史，[4]預破劉鄩於故元城，歷貝、隰、代三郡刺史，[5]領天雄軍馬步副都將，屯於德勝。從閻寶討張文禮，爲馬步軍都虞候。[6]明宗收鄆州，以紹文爲右都押衙、馬步軍都將，從破王彦章於中都。同光中，歷徐滑二鎮副使，知府事。[7]三年，從郭崇韜討西川，爲洋州節度留後，領鎮江軍節度。[8]天成初，爲武信軍節度使，尋卒於鎮。[9]《永樂大典》卷一萬一百八十九。[10]

[1]工景仁：人名。廬州合淝（今安徽合肥市）人。本名王茂章。五代後梁將領。傳見本書卷二三、《新五代史》卷二三。　柏鄉：縣名。治所在今河北柏鄉縣。　曹儒：人名。籍貫不詳。五代後梁、後唐將領。事見本書卷二七。

[2]臨河：縣名。治所在今河南浚縣東北。　内黄：縣名。治所在今河南内黄縣。　“時汴人大恐”至“歸於莊宗”：《輯本舊史》卷二七《唐莊宗紀一》天祐八年（911）二月癸亥條：“黎陽都將張從楚、曹儒以部下兵三千人來降，立其軍爲左右匡霸使。”

[3]劉守光：人名。深州樂壽（今河北獻縣）人。幽州節度使劉仁恭之子。唐末、五代軍閥。後自稱大燕皇帝，年號應天。被後唐莊宗擊敗，俘後被斬。傳見本書卷一三五、《新五代史》卷三九。

[4]博州：州名。治所在今山東聊城市。　十二年，授博州刺史：《宋本册府》卷三六〇《將帥部·立功門一三》：“天祐八年，自梁將歸於莊宗，賜姓名，累加博州刺史。”卷三八七《將帥部·

襄異門一三》：“李紹文，莊宗時爲博州刺史。”

[5]元城：縣名。治所在今河北大名縣。 貝：州名。治所在今河北清河縣。 隰（xí）：州名。治所在今山西隰縣。 代：州名。治所在今山西代縣。 歷貝、隰、代三郡刺史：亦見《册府》卷三六〇《將帥部・立功門一三》。卷三八七《將帥部・襄異門一三》作“歷貝、隰二州刺史”。

[6]天雄軍：方鎮名。治所在魏州（今河北大名縣）。 馬步副都將：官名。唐、五代時節度使屬將。 閻寶：人名。鄆州（今山東東平縣）人。五代後唐將領。傳見本書本卷、《新五代史》卷四四。 馬步軍都虞候：官名。五代侍衛親軍馬步軍統兵官，位僅次於馬步軍都指揮使、副都指揮使。

[7]右都押衙：官名。“押衙”即“押牙”。唐、五代時期節度使辟署的屬官，有稱左、右都押衙或都押衙者。掌領方鎮儀仗侍衛、統率軍隊。參見劉安志《唐五代押牙（衙）考略》，武漢大學魏晉南北朝隋唐史研究室編《魏晉南北朝隋唐史資料》第16輯，武漢大學出版社1998年版。 馬步軍都將：官名。唐、五代時節度使屬將。 中都：縣名。治所在今山東汶上縣。 “以紹文爲右都押衙、馬步軍都將”至“歷徐滑二鎮副使，知府事”：亦見《册府》卷三六〇、卷三八七。

[8]西川：方鎮名。劍南西川的簡稱。治所在成都府（今四川成都市）。 鎮江軍：方鎮名。治所在夔州（今重慶奉節縣）。“三年”至“領鎮江軍節度”：《輯本舊史》卷三三《唐莊宗紀九》同光三年（925）十二月丁卯條：“以武寧軍節度副使李紹文爲洋州觀察留後。”卷三四《唐莊宗紀一〇》同光四年二月戊申條：“以洋州留後李紹文爲夔州節度使。”

[9]武信軍：方鎮名。治所在遂州（今四川遂寧市）。 天成初，爲武信軍節度使，尋卒於鎮：《輯本舊史》卷三六《唐明宗紀二》天成元年（926）五月甲子條：“以夔州節度使李紹文爲遂州節度使。”武信軍治遂州。卷三八《唐明宗紀四》天成二年三月乙卯

條:"以武信軍節度使李紹文卒廢朝。"《通鑑》卷二七五繫李紹文卒月於天成二年正月壬戌條記事。

[10]《大典》卷一〇一八九爲"史"字韻"姓氏（七）"事目，與本傳無涉，應爲卷一〇三八九"李"字韻"姓氏（三四）"事目。

　　史臣曰：昔丁會之事梁祖也，功既隆矣，禍將及矣，挺身北首，故亦宜然，然食人之禄，豈合如是哉！閻寶再降於人，夫何足貴焉。符習雪故主之沉冤，享通侯之貴位，乃趙之奇士也。[1]烏震不憫其親，仁斯鮮矣，雖慕樂羊之跡，豈事文侯之宜。[2]瓚洎象先而下，皆降將也，又何足以譏焉。《永樂大典》卷一萬一百八十九。[3]

[1]乃趙之奇士也：《輯本舊史》之影庫本粘籤："'奇士'，原本脱'士'字，今考《夏文莊集》所引《薛史》作'奇士'，今改正。"見《文莊集》卷三一。

[2]樂羊：人名。戰國時魏將。魏文侯時，經魏相翟璜推薦，被魏文侯任爲將。攻打中山時，中山君烹其子，而遺之羹。樂羊坐於幕下而食之，以取信於魏君。後拔中山，文侯封樂羊於靈壽。後世子孫居此，樂毅爲其後代。事見《史記》卷八〇《樂毅列傳》。

文侯：即魏文侯。戰國魏國的建立者。公元前445年至前396年在位。事見《史記》卷四四《魏世家》。

[3]《大典》卷一〇一八九爲"史"字韻"姓氏（七）"事目，與本傳無涉，疑爲卷一〇三八九"李"字韻"姓氏（三〇四）"事目。

舊五代史　卷六〇

唐書三十六

列傳第十二

李襲吉

李襲吉，自言右相林甫之後。父圖，爲洛陽令，因家焉。[1]襲吉，乾符末應進士舉，[2]遇亂，避地河中，依節度使李都，爲権鹽判官。[3]及王重榮代，[4]不喜文士。時喪亂之後，衣冠多逃難汾晉間，襲吉訪舊至太原，武皇署爲府掾，[5]出宰榆社。[6]光啓初，武皇遇難上源，記室歿焉，既歸鎮，辟掌奏者，多不如指。或有薦襲吉能文，召試稱指，即署爲掌書記。[7]襲吉博學多通，尤諳悉國朝近事，爲文精意練實，[8]動據典故，無所放縱，羽檄軍書，辭理宏健。自武皇上源之難，與梁祖不協。[9]乾寧末，劉仁恭負恩，[10]其間論列是非，交相聘答者數百篇，警策之句，播在人口，文士稱之。

[1]林甫：人名。即李林甫。唐朝宗室。唐玄宗朝宰相。傳見《舊唐書》卷一〇六、《新唐書》卷二二三上。 圖：人名。即李圖。事迹不詳。 洛陽：地名。即今河南洛陽市。 令：官名。爲縣的行政長官，掌治本縣。唐代之縣，分赤（京）、次赤、畿、次畿、望、緊、上、中、中下、下十等。縣令分六等，正五品上至從七品下。河南縣令爲京縣令，正五品上。 "李襲吉"至"因家焉"："李襲吉"，《輯本舊史》之原輯者案語："《北夢瑣言》作李習吉。"見《北夢瑣言》卷一四外藩從事於東省上事條、卷一七李習吉溺黃河條。"自言右相林甫之後"，中華書局本有校勘記："'右相'，原作'左相'，據《北夢瑣言》卷一七改。《舊唐書》卷一〇六《李林甫傳》記李林甫爲右相。"

[2]乾符：唐僖宗李儇年號（874—879）。 乾符末應進士舉：《舊五代史考異》："《唐新纂》作應廣文舉，不第。""乾符末"，《新五代史》卷二八《李襲吉傳》作"乾符中"。

[3]河中：方鎮名。治所在河中府（今山西永濟市）。 節度使：官名。唐時在重要地區所設掌握一州或數州軍事、民事、財政的長官。 李都：人名。籍貫不詳。五代後梁將領。事見本書本卷、卷一八。 榷鹽：中華書局本有校勘記："'榷'原作'攉'，據邵本校、《册府》卷七二九、《新五代史》卷二八《李襲吉傳》改。'鹽'下原有'鐵'字，據《册府》卷七二九、《新五代史》卷二八《李襲吉傳》删。"見《宋本册府》卷七二九《幕府部·辟署門四》。 判官：官名。唐、五代方鎮僚屬，位在行軍司馬下。分掌使衙內各曹事，並協助使職官員通判衙事。

[4]王重榮：人名。太原祁（今山西祁縣）人。唐末、五代軍閥。傳見《舊唐書》卷一八二、《新唐書》卷一八七。

[5]汾：州名。治所在今山西汾陽市。 晋：州名。治所在今山西臨汾市。 太原：府名。治所在今山西太原市。 武皇：即李克用。沙陀部人，生於神武川新城（一說是今山西朔州市朔城區之梵王寺村，一說是今山西應縣縣城，一說在今山西懷仁縣之日中

城）。唐末軍閥，後唐太祖。紀見本書卷二五至卷二六、《新五代史》卷四。　府掾：京府判司，即府諸曹參軍。

[6]榆社：縣名。治所在今山西榆社縣。"'榆社'，《册府》卷七二九同，《新五代史》卷二八《李襲吉傳》、《北夢瑣言》卷一七作'榆次'。"《輯本舊史》之原輯者案語，"《北夢瑣言》作攝榆次令"。見《北夢瑣言》卷一七。

[7]光啓：唐僖宗李儇年號（885—887）。　上源：地名。即上源驛。位於唐汴州城（今河南開封市）内。　記室：官名。東漢置，三公府至郡縣皆設此官，掌章表、書記、文檄等。後世因之。掌書記：官名。唐、五代方鎮僚屬，位在判官下。掌表奏書檄、文辭之事。　"光啓初，武皇遇難上源"至"即署爲掌書記"：《宋本册府》卷七一八《幕府部·才學門》："後唐李襲吉，爲武皇河東節度副使，好學有筆述，雖軍前馬上，手不釋卷，凡太原自中和末所發箋奏軍書，皆襲吉所爲也。昭宗重其文章，因入奏，授諫議大夫，使上事北省以榮之。上事竟，遣歸太原，復其戎職。"卷七二九《幕府部·辟署四》爲："光啓初，武皇遇難上源，記室殁焉。既歸鎮，辟掌奏者，多不如旨。或有薦襲吉能文，召試稱旨，即奏爲掌書記，三遷節度副使。"

[8]爲文精意練實：中華書局本有校勘記："'精'原作'積'，據殿本、劉本、《御覽》卷五九五引《後唐書》改。"今從改。

[9]梁祖：即五代後梁太祖朱温。907年至912年在位。紀見本書卷一至卷七、《新五代史》卷一至卷二。

[10]乾寧：唐昭宗李曄年號（894—898）。　劉仁恭：人名。深州（今河北深州市）人。唐末、五代軍閥。傳見《新唐書》卷二一二。

　　三年，遷節度副使，從討王行瑜，拜右諫議大夫。[1]及師還渭北，[2]武皇不獲入覲，爲武皇作《違離表》，中有警句云："穴禽有翼，[3]聽舜樂以猶來；[4]天路無梯，望堯雲而不到。"昭宗覽之嘉歎。[5]洎襲吉入奏，面詔諭之，優賜特異。[6]其年十二月，師還太原，王珂爲浮梁於夏陽渡，[7]襲吉從軍。時笮斷航破，武皇僅免，襲吉墜河，得大冰承足，沿流七八里，還岸而止，救之獲免。

[1]節度副使：官名。唐、五代方鎮屬官。位於行軍司馬之下、判官之上。　王行瑜：人名。邠州（今陝西彬縣）人。唐末軍閥。傳見《舊唐書》卷一七五、《新唐書》卷二二四下。　右諫議大夫：官名。隸中書省。唐代置左、右諫議大夫各四人，分隸門下省、中書省。掌諫諭得失、侍從贊相。正四品下。

[2]渭北：即渭河以北地區。

[3]穴禽有翼：中華書局本有校勘記："'翼'原作'異'，據彭校、《文昌雜錄》卷六引《違離表》改。"

[4]聽舜樂以猶來：《輯本舊史》之影庫本粘籤："'猶來'，原本作'獨來'，今從《文昌雜錄》改正。"見《文昌雜錄》卷六。

[5]昭宗：即李曄。888年至904年在位。紀見《舊唐書》卷二〇上、《新唐書》卷一〇。

[6]洎襲吉入奏，面詔諭之，優賜特異：《輯本舊史》之原輯者案語："《北夢瑣言》云：習吉從李克用至渭南，令其入奏，帝重其文章，授諫議大夫，使上事北省以榮之。據《薛史》，則襲吉先授諫議，非至入奏時始授也，當由先經奏授，至入奏時復于本省上事耳。《北夢瑣言》多傳聞之辭，故有互異。"見《北夢瑣言》卷一四外藩從事於東省上事條。《北夢瑣言》卷一七李習吉溺黄河條："太原李克用自渭北班師，次河西縣，王珂於冰上搆浮航，公渡浮航，馬足陷橋。李習吉從，馬軼墜河，習吉抱冰，舟人拯之獲免。王珂懼，公謂曰：'公之於吾，非機橋者，何嫌之有？李諫議有聞

於時，則不吾知也。'置酒笑樂而罷。"

[7]王珂：人名。王重榮兄王重簡之子，出繼王重榮。唐末、五代軍閥。傳見《舊唐書》卷一八二、《新唐書》卷一八七、本書卷一四、《新五代史》卷四二。　夏陽渡：渡口名。位於今陝西合陽縣東。

天復中，[1]武皇議欲脩好於梁，命襲吉爲書以貽梁祖，書曰：

一別清德，十五餘年，失意杯盤，爭鋒劍戟。山高水闊，難追二國之歡；雁逝魚沉，久絕八行之賜。比者，僕與公實聯宗姓，原忝恩知，投分深情，將期棲托，論交馬上，薦美朝端，傾嚮仁賢，未省疏闊。豈謂運由奇特，謗起奸邪。毒手尊拳，交相於暮夜；[2]金戈鐵馬，蹂踐於明時。狂藥致其失歡，陳事止於堪笑。今則皆登貴位，盡及中年，[3]蓬公亦要知非，[4]君子何勞用壯。今公貴先列辟，名過古人。合縱連衡，本務家邦之計；拓地守境，要存子孫之基。文王貴奔走之交，仲尼譚損益之友，[5]僕顧慚虛薄，舊忝眷私，一言許心，萬死不悔，壯懷忠力，猶勝他人，盟於三光，願赴湯火。公又何必終年立敵，懇意相窺，徇一時之襟靈，取四郊之倦弊，[6]今日得其小衆，明日下其危牆，弊師無遺鏃之憂，鄰壤抱剝床之痛。又慮悠悠之黨，妄瀆聽聞，見僕韜勇枕威，戢兵守境，不量本末，誤致窺覦。且僕自壯歲已前，業經陷敵，以殺戮爲東作，號兼并爲永謀。及其首陟師壇，躬被公衮，天子命我爲羣后，明公許我以下交，所以斂迹愛人，蓄兵務德，收燕薊則還其故將，入蒲阪而不負前言。[7]況五載休兵，三邊校士，鐵騎犀甲，雲屯谷量。馬邑兒童，皆爲銳將；[8]鷲峯宮闕，咸作京坻。問年猶少於仁明，語地幸依於險阻，有何覘睹，便誤英聰。況僕臨戎握兵，粗有操斷，屈伸進退，久貯心期。勝則撫三晋之民，敗則徵五部之衆，長驅席卷，反首提戈。但慮隳突中原，爲公後患，四海羣謗，盡歸仁明，終不能見僕一夫，得僕一馬。銳師儻失，則難整齊，請防後艱，願存前好。矧復陰山部落，是僕懿親；迴紇師徒，累從外舍。[9]文靖求始畢之衆，[10]元海徵五部之師，[11]寬言虛詞，猶或得志。今僕散積財而募勇輩，輦寶貨以誘義戎，徵其密親，啗以美利，控弦跨馬，寧有數乎？但緣荷位天朝，惻心疲瘵，峨峨亭障，未忍起戎。亦望公深識鄙懷，洞迴英鑒，論交釋憾，慮禍革心，不聽浮譚，以傷霸業。夫《易》惟忌滿，道貴持盈，儻恃勇以喪師，如擎盤而失水，爲蛇刻鵠，[12]幸賜徊翔。僕少負褊心，天與直氣，間謀詭論，誓不爲之。唯將藥石之譚，願托金蘭之分。儻愚衷未豁，彼抱猶迷，假令罄三朝之威，窮九流之辯，遣迴肝膈，如俟河清。今者執簡吐誠，願垂保鑒。僕自眷私睽阻，翰墨往來，或有鄙詞，稍侵英德，[13]亦承嘉論，每賜罵言。敘歡既罷於尋戈，[14]焚謗幸躅其載筆，窮因尚口，樂貴和心，願祛沉闕之嫌，以復塤箎之好。今者卜於曩分，不欲因人，專遣使乎，直詣鈴閤。古者兵交兩地，使在其間，致命受辭，幸存前志。昔賢貴於投分，義士難於屈讎，若非仰戀恩私，安可輕露肝膈。悽悽丹慊，炳炳血情，臨紙嚮風，千萬難述。

[1]天復：唐昭宗李曄年號（901—904）。李克用沿用至天復七年（907）。

[2]交相於暮夜：《輯本舊史》之影庫本粘籤：“‘交相’，原本作‘相交’，《歐陽史》作‘交相’。據《集韻》云‘相，持也’。當以《歐陽史》爲是，今改正。”見《新五代史》卷二八《李襲吉傳》。

[3]盡及中年：中華書局本有校勘記：“‘及’原作‘反’，據殿本、劉本、彭校改。影庫本批校：‘反’字應是‘及’字之訛。”

[4]蘧公：人名。即蘧瑗，字伯玉，春秋時期衛國大夫，輔佐衛獻公、衛殤公、衛靈公三代國君。事見《史記》卷六七《仲尼弟子列傳》。

[5]文王：即周文王姬昌。周朝奠基者，爲周武王克商奠定基礎。事見《史記》卷四《周本紀》。 仲尼：即孔子。

[6]取四郊之倦弊：中華書局本有校勘記：“‘四郊’原作‘西郊’，據殿本、劉本、邵本校、彭校改。”

[7]燕薊：地區名。即今河北北部、北京市、天津市一帶。蒲阪：地名。一名蒲津。位於今山西永濟市蒲州鎮與陝西大荔縣朝邑鎮之間黃河上。

[8]馬邑：縣名。治所在今山西朔州市朔城區東北馬邑村。

[9]陰山：地名。即今內蒙古陰山山脈。 迴紇：部族名。又作“回鶻”。原係突厥鐵勒部的一支。唐天寶三載（744）建立回鶻汗國，9世紀中葉，回鶻汗國瓦解。其中一支爲甘州回鶻。11世

紀初，甘州回鶻爲西夏所滅。參見楊蕤《回鶻時代：10—13世紀陸上絲綢之路貿易研究》，中國社會科學出版社2015年版。

［10］文靖：人名。疑爲“文静”，即劉文静。自云彭城（今江蘇徐州市）人，代居京兆之武功。唐代大將，開國元勳之一。傳見《舊唐書》卷五七、《新唐書》卷八八。按《舊唐書》卷五七《劉文静傳》、《新唐書》卷八八《劉文静傳》、《通鑑》卷一八四皆記劉文静使突厥見始畢可汗事。　始畢：人名。突厥可汗。事見《舊唐書》卷一九四上。

［11］元海：人名。即劉淵。新興（今山西忻州市）人。字元海，匈奴族，十六國時漢國建立者。傳見《晉書》卷一〇一。

［12］爲蛇刻鵠：中華書局本有校勘記：“‘鵠’原作‘鶴’，據邵本校改。按《後漢書》卷二四《馬援傳》：‘効伯高不得，猶爲謹敕之士，所謂刻鵠不成尚類鶩者也。’”

［13］稍侵英德：中華書局本有校勘記：“‘德’，殿本作‘聽’。”

［14］敍歡既罷於尋戈：“尋戈”，《輯本舊史》之影庫本粘籤：“原本作‘尋伐’，今據《册府元龜》改正。”見明本《册府》卷三三六《宰輔部・識闇門》。

梁祖覽之，至“毒手尊拳”之句，怡然謂敬翔曰：[1]“李公斗絶一隅，[2]安得此文士，如吾之智算，得襲吉之筆才，虎傅翼矣。”又讀至“馬邑兒童”“陰山部落”之句，梁祖怒謂敬翔曰：“李太原喘喘餘息，[3]猶氣吞宇宙，可詬罵之。”及翔爲報書，詞理非勝，由是襲吉之名愈重。[4]

［1］敬翔：人名。同州馮翊（今陝西大荔縣）人。唐末朱温謀士，後梁大臣。傳見本書卷一八、《新五代史》卷二一。　怡然謂

敬翔曰：中華書局本有校勘記："'怡然'下《御覽》卷九五九引《後唐書》有'大笑'二字。"

[2]李公斗絕一隅：《北夢瑣言》卷一七李習吉溺黄河條作"李公計絕一隅"。

[3]李太原：即李克用。

[4]由是襲吉之名愈重：《輯本舊史》之原輯者案語："《通鑑考異》引唐末《見聞録》載全忠回書云：前年洹水，曾獲賢郎；去歲青山，又擒列將。蓋梁之書檄，皆此類也。""去歲青山"，中華書局本有校勘記："'歲'原作'年'，據殿本、《通鑑》卷二六二《考異》引唐末《見聞録》改。"見《通鑑》二六二天復元年（901）二月條。《北夢瑣言》卷一四外藩從事於東省上事條："梁太祖每覽太原書檄，遙景重之，曰：'我何不得此人也？陳琳、阮瑀，亦不是過。'"《通鑑》卷二六三天復二年三月條："克用以使引咨幕府曰：'不貯軍食，何以聚衆？不置兵甲，何以克敵？不脩城池，何以扞禦？利害之間，請垂議度！'掌書記李襲吉獻議，略曰：'國富不在倉儲，兵強不由衆寡，人歸有德，神固害盈。聚斂寧有盜臣，苛政有如猛虎，所以鹿臺將散，周武以興；齊庫既焚，晏嬰入賀。'又曰：'伏以變法不若養人，改作何如舊貫！韓建蓄財無數，首事朱温；王珂變法如麻，一朝降賊；中山城非不峻，蔡上兵非不多；前事甚明，可以爲戒。且霸國無貧主，強將無弱兵。伏願大王崇德愛人，去奢省役，設險固境，訓兵務農。定亂者選武臣，制理者選文吏，錢穀有司，刑法有律。誅賞由我，則下無威福之弊；近密多正，則人無譖謗之憂。順天時而絕欺誣，敬鬼神而禁淫祀，則不求富而國富，不求安而自安。外破元凶，内康疲俗，名高五霸，道冠八元。至於率閭閻，定間架，增麴蘗，檢田疇，開國建邦，恐未爲切。'"

　　自廣明大亂之後，[1]諸侯割據方面，競延名士，以掌書檄。是時梁有敬翔，燕有馬郁，[2]華州有李巨川，[3]荆南有鄭準，[4]鳳翔有王超，[5]錢塘有羅隱，[6]魏博有李山甫，[7]皆有文稱，與襲吉齊名於時。

[1]廣明：唐僖宗李儇年號（880—881）。

[2]燕：封國名。指唐末河北方鎮盧龍軍。劉仁恭、劉守光父子先後爲盧龍節度使、燕王。　馬郁：人名。范陽（今河北涿州市）人。唐末、五代大臣。傳見本書卷七一。

[3]華州：州名。治所在今陝西渭南市華州區。時爲鎮國軍治所。　李巨川：人名。隴右（今青海海東市樂都區）人。唐末大臣、文學家。傳見《舊唐書》卷一九〇下、《新唐書》卷二二四下、《北夢瑣言》卷一五韓建賣李巨川條等。

[4]荆南：方鎮名。治所在荆州（今湖北荆州市）。　鄭準：人名。滎陽（今河南滎陽市）人。唐文學家。工文辭，擅長箋奏。乾寧中進士，爲荆南節度使成汭推官。著有《渚宫集》，已佚。《輯本舊史》之原輯者案語：“《唐新纂》云：鄭準，士族，未第時，佐荆門上谷蓮幕。飛書走檄，不讓古人，秉直去邪，無慚往哲。考準爲成汭書記，汭封上谷郡王。”

[5]鳳翔：方鎮名。治所在鳳翔府（今陝西鳳翔縣）。　王超：人名。籍貫不詳。曾任鳳翔判官、興元留後。《輯本舊史》之原輯者案語：“《北夢瑣言》云：唐末，鳳翔判官王超，推奉李茂貞，挾曹、馬之勢，牋奏文檄，恣意翱翔。後爲興元留後，遇害，有《鳳鳴集》三十卷行於世。”見《北夢瑣言》卷七王超牋奏條。

[6]錢塘：代指吳越政權。　羅隱：人名。新城（今浙江杭州市富陽區）人。五代十國吳越官員。傳見本書卷二四。

[7]魏博：方鎮名。治所在魏州貴鄉縣（今河北大名縣）。李山甫：人名。籍貫不詳。數舉進士被黜，依魏幕府。事見《新唐書》卷一八五。

襲吉在武皇幕府垂十五年，視事之暇，唯讀書業文，手不釋卷。性恬於榮利，獎誘後進，不以己能格物。參決府事，務在公平，不交賂遺，綽綽有士大夫之風概焉。天祐三年六月，[1]以風病卒於太原。同光二年，追贈禮部尚書。[2]《永樂大典》卷一萬三百八十。[3]

[1]天祐：唐昭宗李曄開始使用的年號（904—907）。唐哀帝李柷沿用。唐亡後，河東李克用、李存勗仍稱天祐，沿用至天祐二十年（923）。五代十國其他政權亦有行此年號者，如南吳、吳越等。

[2]同光：後唐莊宗李存勗年號（923—926）。 禮部尚書：官名。尚書省禮部長官。掌天下禮儀、祭享、貢舉之政令，員一人，正三品。 同光二年，追贈禮部尚書：《輯本舊史》卷三二《唐莊宗紀六》同光二年（924）六月甲申條："故河東節度副使、守左諫議大夫李襲吉贈禮部尚書。"《新五代史》卷二八《李襲吉傳》："莊宗即位，贈襲吉禮部尚書。"《宋本冊府》卷一七二《帝王部·求舊門二》同光二年六月條："贈故河東節度副使、右諫議大夫李襲吉禮部尚書。"

[3]《大典》卷一〇三八〇"李"字韻"姓氏（二三）"事目。

王緘

王緘，幽州劉仁恭故吏也。少以刀筆直記室，仁恭假以幕職，令使鳳翔。還經太原，屬仁恭阻命，武皇留之。緘堅辭復命，書詞稍抗，武皇怒，下獄詰之，謝罪聽命，乃署爲推官，歷掌書記。從莊宗經略山東，承制授檢校司空、魏博節度副使。[1]緘博學善屬文，燕薊多文士，緘後生，未知名。及在太原，名位驟達。燕人馬郁，有盛名於鄉里，而緘素以吏職事郁。及郁在太原，謂緘曰："公在此作文士，所謂避風之鳥，受賜於魯人也。"每於公宴，但呼王緘而已。[2]十年，從征幽州，既獲仁恭父子，莊宗命緘爲露布，觀其旨趣。緘起草無所辭避，義士以此少之。[3]胡柳之役，緘隨輜重前行，歿於亂兵。[4]際晚，盧質還營，莊宗問副使所在，曰："某醉，不之知也。"既而緘凶問至，莊宗流涕久之，得其喪，歸葬太原。[5]《永樂大典》六千八百五十。[6]

[1]幽州：州名。治所在今北京市。　推官：官名。唐肅宗以後置，五代沿置。爲節度、觀察、團練、防禦等使的屬官。度支、鹽鐵等使也置推官掌理刑案之事。　莊宗：即李存勗。代北沙陀部人。後唐開國皇帝。紀見本書卷二七至卷三四、《新五代史》卷四至卷五。　檢校司空：官名。爲散官或加官，以示恩寵，無實際執掌。　"王緘"至"承制授檢校司空、魏博節度副使"："王緘"，中華書局本有校勘記："《永樂大典》卷六八五〇引五代《薛史》作'王緘者'，疑本係附傳。"《舊五代史考異》："《契丹國志·韓延徽傳》：延徽自契丹奔晋，晋王欲置之幕府掌書記，王緘嫉之。延徽不自安，求東歸省母，遂復入契丹，寓書于晋王，敘所以北去之意。且曰：'非不戀英主，非不思故鄉，所以不留，正懼王緘之讒耳。'"見《契丹國志》卷一六。亦見《宋本册府》卷七二九《幕府部·辟署門四》、《新五代史》卷七二《四夷附録一》、《通鑑》卷二六九貞明二年（916）條。《通鑑》卷二六六開平二年（908）四月壬子條："乃遣（張）承業及判官王緘乞師於鳳翔，又遣使賂契丹王阿保機求騎兵。"

[2]"緘博學善屬文"至"但呼王緘而已":"避風",《輯本舊史》之影庫本粘籤:"原本作'避鳳',今據《莊子》改正。"見《莊子·至樂》。亦見明本《册府》卷九三九《總録部·譏誚門》。《輯本舊史》卷六九《張憲傳》:"時霸府初開,幕客馬郁、王緘,燕中名士,盡與之遊。"

[3]露布:本指不加封檢、公開宣佈之制書。此處有"檄文"性質。 "十年"至"義士以此少之":"緘起草無所辭避",明本《册府》卷九四三《總録部·不誼門》"起草"前有"既"字。《通鑑》卷二六九乾化三年(913)十二月條:"王命掌書記王緘草露布,緘不知故事,書之於布,遣人曳之。"

[4]胡柳:地名。即胡柳陂。位於今河南濮陽市。 胡柳之役,緘隨輜重前行,歿於亂兵:《輯本舊史》卷六七《盧程傳》:"初,判官王緘從軍掌文翰,胡柳之役,緘歿於軍。"《通鑑》卷二七〇貞明四年十一月條:"魏博節度副使王緘與輜重俱行,亦死。"亦見《宋本册府》卷七六三《總録部·死節門》。

[5]盧質:人名。河南(今河南洛陽市)人。五代大臣。傳見本書卷九三、《新五代史》卷五六。 "際晚,盧質還營"至"歸葬太原":《輯本舊史》卷三二《唐莊宗紀六》同光二年(924)十月辛巳條:"故天雄軍節度副使王緘贈司空。"《宋本册府》卷一七二《帝王部·求舊門二》後唐莊宗同光二年十一月條:"贈故天雄軍節度副使王緘爲司徒。緘,燕人,初爲劉仁恭幕吏。天祐四年,仁恭遣緘使鳳翔,路由太原。及復命,燕晋不通,帝留之,言不遜,命繫於獄,尋脱之,署巡官,帝待之甚厚。時有馬郁者,亦仁恭之幕賓也。三年冬,仁恭令郁將兵三萬,會于晋陽,攻潞州,因兹亦留於晋。帝以郁爲留守判官。郁、緘俱有文才,然郁博通多識,才性朗俊,下筆成章。郁死,軍書墨制,多出於緘。初從定魏州,爲節度判官,期年爲副使,帝寵顧甚隆。及胡柳之役,緘於輜重間爲亂兵所殺。帝聞之歉然,曰:'副使應至不測。'翊日,得其喪以歸,至是追贈。"亦見卷七六三《總録部·死節門》。

[6]《大典》卷六八五〇“王”字韻“姓氏（三五）”事目。

李敬義

李敬義，本名延古，太尉衛公德裕之孫。[1]初隨父燁貶連州，遇赦得還。嘗從事浙東，自言遇涿道士，謂之曰：“子方厄運，不宜仕進。”敬義悚然對曰：“吾終老賤哉？”涿曰：“自此四十三年，必遇聖王大任，子其志之。”敬義以爲然，乃無心仕宦，退歸洛南平泉舊業。[2]爲河南尹張全義所知，[3]歲時給遺特厚，出入其門，欲署幕職，堅辭不就。

[1]太尉：官名。與司徒、司空並爲三公，唐後期、五代多爲大臣、勳貴加官。正一品。　德裕：人名。即李德裕。趙郡（今河北趙縣）人。李吉甫之子。唐武宗朝宰相。傳見《舊唐書》卷一七四、《新唐書》卷一八〇。　太尉衛公德裕之孫：亦見《宋本册府》卷七二九《幕府部·辟署門四》、卷七八一《總録部·節操門》、卷八九五《總録部·達命門》。

[2]燁：人名。即李燁。李德裕之子。曾任檢校祠部員外郎、汴宋亳觀察判官、郴縣尉。傳見《舊唐書》卷一七四、《新唐書》卷一八〇。　連州：州名。治所在桂陽縣（今廣東連州市）。　涿道士：人名。本書僅此一見。　洛南：洛陽南部。　平泉：即平泉莊。李德裕所築之平泉山莊，故址位於今河南洛陽市。　“初隨父燁貶連州”至“退歸洛南平泉舊業”：“初隨父燁貶連州”，中華書局本有校勘記：“‘燁’，原作‘煒’，據《舊唐書》卷一七四《李燁傳》、《新唐書》卷一八〇《李延古傳》、卷七二上《宰相世系表二上》、李燁墓誌（拓片刊《隋唐五代墓誌匯編·洛陽卷》第十四

册）改。”《宋本册府》卷八九五《總録部·達命門》：“幼隨父貶
連州，後遇赦，得還洛陽，居平泉別墅。自言未冠時爲浙東從事，
遇術人卓道士，謂之曰：‘子自此四十三年方大遇。’由是無心仕
進。後至河東留守判官，工部尚書。”

　　[3]河南尹：官名。唐開元元年（713）改洛州爲河南府，治
所在今河南洛陽市，河南府尹總其政務。從三品。　張全義：人
名。後因犯諱，改名張宗奭。亦作“張言”。濮州臨濮（今山東鄄
城縣）人。唐末、五代後梁、後唐將領。傳見本書卷六三、《新五
代史》卷四五。

　　初，德裕之爲將相也，大有勳於王室，出藩入輔，
綿歷累朝。及留守洛陽，有終焉之志，於平泉置別墅，
採天下奇花異竹、珍木怪石，爲園池之玩。自爲家戒序
録，志其草木之得處，刊於石，云：“移吾片石，[1]折樹
一枝，非子孫也。”洎巢、蔡之亂，洛都灰燼，[2]全義披
榛而創都邑，李氏花木，多爲都下移掘，樵人鬻賣，園
亭掃地矣。有醒酒石，德裕醉即踞之，最保惜者。光化
初，中使有監全義軍得此石，[3]置於家園。敬義知之，
泣謂全義曰：“平泉別業，吾祖戒約甚嚴，子孫不肖，
動違先旨。”因托全義請石於監軍。[4]他日宴會，全義謂
監軍曰：“李員外泣告，言内侍得衛公醒酒石，[5]其祖戒
堪哀，内侍能迴遺否？”監軍忿然厲聲曰：“黄巢敗後，
誰家園池完復，豈獨平泉有石哉！”全義始受黄巢僞命，
以爲訐己，大怒曰：“吾今爲唐臣，非巢賊也。”即署奏
笞斃之。

[1]移吾片石：《舊五代史考異》：“原本脫‘移’字，今據《册府元龜》增入。”查《册府》，未見此記載。

[2]巢：人名。即黃巢。曹州冤句（今山東菏澤市）人。唐末農民起義領袖。傳見《舊唐書》卷二〇〇下、《新唐書》卷二二五下。　蔡：人名。此處代指秦宗權。許州（今河南許昌市）人。傳見《舊唐書》卷二〇〇下、《新唐書》卷二二五下。

[3]光化：唐昭宗李曄年號（898—901）。　中使：官名。泛指朝廷派出的使臣。多由宦官擔任。

[4]監軍：官名。爲臨時差遣，代表朝廷協理軍務、督察將帥。唐、五代時常以宦官爲監軍。

[5]内侍：對宦官的泛稱。

昭宗遷都洛陽，[1]以敬義爲司勳員外郎。[2]柳璨之陷裴、趙諸族，[3]希梁祖旨奏云：“近年浮薄相扇，趨競成風，乃有卧邀軒冕，視王爵如土梗者。司空圖、李敬義三度除官，[4]養望不至，咸宜屏黜，以勸事君者。”翌日，詔曰：“司勳員外郎李延古，世荷國恩，兩葉相位，幸從簉仕，累忝寵榮，多歷歲時，不趨班列。而自遷都卜洛，紀律載張，去明庭而非遥，處別墅而無懼，罔思報效，姑務便安，爲臣之節如斯，貽厥之謀何在！須加懲責，以肅朝倫，九寺勾稽，尚謂寬典，可責授衛尉寺主簿。”[5]司空圖亦追停前詔，任從閑適。圖，《唐史》有傳。[6]時全義既不能庇護，乃密託楊師厚，[7]令敬義潛往依之，因挈族客居衛州者累年，師厚給遺周厚。[8]

[1]昭宗遷都洛陽：《舊唐書》卷二〇《昭宗紀上》、《新唐書》卷一〇《昭宗紀》繫此事於天祐元年（904）正月。

　[2]司勳員外郎：官名。尚書省郎官之一。爲司勳郎中的副職，協助負責司勳事務。從六品上。

　[3]柳璨：人名。河東（今山西永濟市）人。唐末宰相、文學家、史學家。傳見《舊唐書》卷一七九、《新唐書》卷二二三下。　裴：人名。即裴樞。絳州聞喜（今山西聞喜縣）人。唐末宰相。傳見《舊唐書》卷一一三、《新唐書》卷一四〇。　趙：人名。即趙崇。籍貫不詳。唐昭宗朝宰相。事見《舊唐書》卷二〇上下、《新唐書》卷一八三。

　[4]司空圖：人名。臨淄（今山東淄博市臨淄區）人。一説河中虞鄉（今山西永濟市）人。唐末進士、官員。後隱居中條山。傳見本書附録、《舊唐書》卷一九〇下、《新唐書》卷一九四。

　[5]九寺：古代九卿寺的總稱。漢以太常、光禄、衛尉、太僕、廷尉、鴻臚、宗正、司農、少府爲九卿。　衛尉寺：官署名。北齊始置，掌軍器儀仗、祭祀幕帳之類，長官爲衛尉寺卿或衛尉卿，少卿爲副官。　主簿：官名。漢代以後歷朝均置。唐代京城百司和地方官署，均設主簿。管理文書簿籍，參議本署政事，爲官署中重要佐官。其官階品秩，因官署而不同。

　[6]圖，《唐史》有傳：《司空圖傳》見《舊唐書》卷一九〇下、《新唐書》卷一九四。《輯本舊史》之原輯者案語："《舊唐書·哀帝紀》：六月戊申，敕前司勳員外郎、賜緋魚袋李延古責授衛尉寺主簿。八月壬寅，敕前大中大夫、尚書兵部侍郎、賜紫金魚袋司空圖放還中條山。蓋延古與司空圖同時被劾，其降敕則有先後也。"此案語之"八月壬寅"，中華書局本有校勘記："'八月'原作'九月'，據《舊唐書》卷二〇《哀帝紀》改。"但司空圖實卒於梁時，且王禹偁《五代史闕文》司空圖條自注云"已上《梁史》舊文"，故《司空圖傳》應收入《梁書》列傳中。

　[7]楊師厚：人名。潁州斥溝（今安徽太和縣阮橋鎮斥溝村）人。唐末、五代後梁將領。傳見本書卷二二、《新五代史》卷二三。

　[8]衛州：州名。治所在今河南衛輝市。　因挈族客居衛州者

累年，師厚給遺周厚：《宋本册府》卷七二九《幕府部·辟署門四》："昭宗遷都洛陽，敬義爲司勳員外郎，辭疾不授，責授衛尉寺主簿，後挈族客居衛州者累年。"

十二年，莊宗定河朔，史建瑭收新鄉，[1]敬義謁見。是歲，上遣使迎至魏州，署北京留守判官，[2]承制拜工部尚書，奉使王鎔。[3]敬義以遠祖趙郡，[4]見鎔展維桑之敬，鎔遣判官李翥送《贊皇集》三卷，[5]令謁前代碑壠，使還，歸職太原。監軍張承業尤不悦本朝宰輔子孫，[6]待敬義甚薄，或面折於公宴，或指言德裕過惡，敬義不得志，鬱憤而卒。同光二年，贈右僕射。[7]《永樂大典》卷一萬三百八十九。[8]

[1]河朔：古地區名。泛指黄河以北地區。　史建瑭：人名。雁門（今山西代縣）人。五代將領。傳見本書卷五五、《新五代史》卷二五。　新鄉：地名。位於今河南新鄉市。

[2]魏州：州名。治所在今河北大名縣。　北京：地名。後唐同光元年（923）十一月改西京太原府爲北京，亦稱北都。治所在今山西太原市。沿至後晉、後漢不改。　留守：官名。古代皇帝出巡或親征時指定親王或大臣留守京城，綜理國家軍事、行政、民事、財政等事務，稱京城留守。在陪都或軍事重鎮也常設留守，以地方長官兼任。　判官：官名。爲長官的佐吏，協理政事，或備差遣。此處蓋爲山陵判官。掌佐山陵使副監造後唐明宗陵寢。　署北京留守判官：亦見《宋本册府》卷七二九《幕府部·辟署門四》。

[3]工部尚書：官名。尚書省工部長官。掌百工、屯田、山澤之政令。正三品。　王鎔：人名。回鶻人。唐末、五代軍閥，朱温後封其爲趙王。傳見本書卷五四、《新五代史》卷三九。

[4]趙郡：郡名。東漢建安十七年（212）改趙國置趙郡，治所在邯鄲縣（今河北邯鄲市）。轄境相當今河北趙縣、元氏、高邑、內丘、臨城、柏鄉、贊皇等縣及平鄉、隆堯二縣部分地區。

[5]維桑：亦即"惟桑"，指代故鄉。　李壽：人名。籍貫不詳。事見本書卷二九。

[6]張承業：人名。同州（今陝西大荔縣）人。唐末、五代宦官，河東監軍。傳見本書卷七二、《新五代史》卷三八。

[7]右僕射：官名。秦始置。隋、唐前期以左、右僕射佐尚書令總理六官，綱紀庶務，如不置尚書令，則總判省事，爲宰相之職。唐後期多爲大臣加銜。從二品。　同光二年，贈右僕射：《輯本舊史》卷三二《唐莊宗紀六》同光二年六月甲申條："故河東留守判官、工部尚書李敬義贈右僕射。""右僕射"，《宋本册府》卷一七二《帝王部·求舊門二》同光二年六月條作"尚書左僕射"。

[8]《大典》卷一〇三八九"李"字韻"姓氏（三四）"事目。《輯本舊史》於此下錄《五代史闕文》："司空圖，字表聖，自言泗州人。少有俊才，咸通中，一舉登進士第。雅好爲文，躁於進取，頗自矜伐，端士鄙之。初，從事使府，及登朝，驟歷清要。巢賊之亂，車駕播遷，圖有先人舊業在中條山，極林泉之美，圖自禮部員外郎，因避地焉，日以詩酒自娱。屬天下板蕩，士多往依之，互相推獎，由是聲名藉甚。昭宗反正，以户部侍郎徵至京師。圖既負才慢世，謂己當爲宰輔，時要惡之，稍抑其鋭，圖憤憤謝病，復歸中條。與人書疏，不名官位，但稱知非子，又稱耐辱居士。其所居曰禎貽谿，谿上結茅屋，命曰休休亭，常自爲記云。臣謹按：圖，河中虞鄉人，少有文彩，未爲鄉里所稱。會王凝自尚書郎出爲絳州刺史，圖以文謁之，大爲凝所賞歎，由是知名。未幾，凝入知制誥，遷中書舍人、知貢舉，擢圖上第。頃之，凝出爲宣州觀察使，辟圖爲從事。既渡江，御史府奏圖監察，下詔追之。圖感知己之恩，不忍輕離幕府，滿百日不赴闕，爲臺司所劾，遂以本官分司。久之，徵拜禮部員外郎，俄知制誥，故集中有文曰'戀恩稽

命，點繫洛師，于今十年，方忝綸閣'，此豈躁於進取者耶！舊史不詳，一至于此。圖見唐政多僻，中官用事，知天下必亂，即棄官歸中條山。尋以中書舍人徵，又拜禮部、户部侍郎，皆不起。及昭宗播遷華下，圖以密邇乘輿，即時奔問，復辭還山，故詩曰'多病形容五十三，誰憐借笏趁朝參'，此豈有意於相位耶！河中節度使王重榮請圖撰碑，得絹數千匹，圖致於虞鄉市心，恣鄉人所取，一日而盡。是時，盜賊充斥，獨不入王官谷，河中士人依圖避難，全者甚衆。昭宗東遷，又以兵部侍郎召至洛下，爲柳璨所阻，一謝而退。梁祖受禪，以禮部尚書徵，辭以老疾，卒時年八十餘。臣又按：梁室大臣，如敬翔、李振、杜曉、楊涉等，皆唐朝舊族，本當忠義立身，重侯累將，三百餘年，一旦委質朱梁，其甚者贊成弒逆。惟圖以清直避世，終身不事梁祖，故《梁史》揭圖小瑕以泯大節者，良有以也。"見《五代史闕文·梁史三篇》中之《司空圖傳》。引文下有影庫本粘籤："《五代史闕文》避宋諱稱敬翔爲'恭翔'，今姑存其舊。"中華書局本對此引文有校勘記兩處，今從之，不錄校記原文。

盧汝弼[1]

[1]《輯本舊史》之影庫本粘籤："《盧汝弼傳》，《永樂大典》闕全篇，今據散見諸韻者尚得三條，今考其前後，敘次成篇，以存梗概。"《新五代史》卷二八《李襲吉傳》後附見《盧汝弼傳》。

盧汝弼，字子諧，不知何許人也。祖綸，唐貞元中有詩名。[1]父簡求，爲河東節度使。[2]汝弼少力學，不喜爲世胄，篤意科舉，登進士第，文彩秀麗，一時士大夫稱之。[3]

　　[1]綸：人名。即盧綸。河中蒲州（今山西永濟市）人。唐代詩人，"大曆十才子"之一。傳見《新唐書》卷二〇三。　貞元：唐德宗李适年號（785—805）。

　　[2]簡求：人名。即盧簡求。范陽（今河北涿州市）盧氏族人，家於河中蒲州（今山西永濟市）。唐代進士、官員。傳見《舊唐書》卷一六三、《新唐書》卷一七七。　河東：方鎮名。治所在太原府（今山西太原市）。

　　[3]"盧汝弼"至"一時士大夫稱之"："字子諲"，《舊五代史考異》作"字子諧"。又云："《通鑑》：汝弼，范陽人。"查《通鑑》，未見此記載。《新五代史》卷二八《李襲吉傳》："父簡求，爲河東節度使，爲唐名家，故汝弼亦多知唐故事。"《宋本冊府》卷七一八《幕府部·才學門》："汝弼美書翰，文彩綺麗，人士稱之。"《宣和書譜》卷六："復留意書翰，作正書，取法有歸。當五季，士風凋弊，以字畫名家者尤少。汝弼能力振所學，誠不易得。官至祠部郎中、知制誥，贈兵部尚書。今御府所藏正書一。"《宋本冊府》卷八九五《總錄部·運命門》："汝弼富文才，美禮翰，人士傾慕。太祖以爲節度副使。入制奏署，多成其手。"《北夢瑣言》卷四陸扆相六月及第條："（盧光啓）族弟汝弼，嘗爲張相出征判官，傳檄四方。其略云：'致赤子之流離，自朱耶之版蕩。'自謂人曰：'天生朱耶赤子，供我之筆也。'俊邁亦有族昆之風。"

　　唐昭宗景福中，擢進士第，歷臺省。昭宗自秦遷洛，時爲祠部郎中、知制誥。時梁祖凌弱唐室，殄滅衣冠，懼禍渡河，由上黨歸於晋陽。[1]天祐三年，歸于武皇，代李襲吉爲副使。軍國政務，委其參決。[2]累奏戶部侍郎。[3]初，武皇平王行瑜，天子許承制授將吏官秩。是時，藩侯倔强者多僞行墨制，武皇耻而不行，長吏皆表授。及莊宗嗣晋王位，承制置吏，又得汝弼，有若符契，由是除補之命，皆出汝弼之手。既而畿內官吏，考課議擬，奔走盈門，頗以賄賂聞，士論少之。[4] 莊宗嘉其才，不之詰。[5]

[1]景福：唐昭宗李曄年號（892—893）。　秦：指代唐都西安。　洛：即洛陽。　祠部郎中：官名。尚書祠部郎中省稱。禮部所屬祠部司長官。掌祠祀祭享、天文漏刻、巫術醫藥及僧尼道士等事。從五品上。　知制誥：官名。掌起草皇帝的詔、誥之事，原爲中書舍人之職。唐開元末置學士院，翰林學士入院一年，則加知制誥銜，專掌任免宰相、册立太子、宣布征伐等特殊詔令，稱爲內制。而中書舍人所撰擬的詔敕稱爲外制。兩種官員總稱兩制官。上黨：即潞州。治所在今山西長治市。　晉陽：縣名。治所在今山西太原市。　“唐昭宗景福中”至“由上黨歸於晉陽”：《大典》卷一六四九五“難”字韻“事韻”事目。但此段之文無“難”字，《大典》卷數誤，但不知應爲何卷。《宋本册府》卷七二九《幕府部·辟署門四》：“唐大順中登進士第，宣歙觀察使裴樞辟爲判官。……從昭宗遷雒，移疾，退居。客游上黨，過潞府，爲太原所攻。節度使丁會歸降，汝弼從會至太原。武皇奏爲節度副使，累奏户部侍郎。”

[2]李襲吉：人名。洛陽（今河南洛陽市）人。唐末進士，官員。效力李克用幕府十五年。傳見本書本卷、《新五代史》卷二八。　“天祐三年”至“委其參決”：亦見《宋本册府》卷七一八《幕府部·才學門》。

[3]户部侍郎：官名。尚書省户部次官。協助户部尚書掌天下田户、均輸、錢穀之政令。正四品下。　累奏户部侍郎：亦見《宋本册府》卷七二九《幕府部·辟署門四》。

[4]“初”至“士論少之”：《大典》卷二五三二“齋”字韻“齋名”事目。但此段之文無“齋”字，《大典》卷數誤，但不知

應爲何卷。

[5]莊宗嘉其才，不之詰：亦見《宋本冊府》卷九四二《總録部・黷貨門》。

　　暨帝平定趙、魏，汝弼每請謁迎勞，必陳説天命，顒俟中興，帝亦以宰輔期之。建國前，卒於晉。[1]同光二年六月，贈兵部尚書。[2]

[1]趙：州名。治所在今河北趙縣。　“暨帝平定趙、魏”至“卒於晉”：《宋本冊府》卷八九五《總録部・運命門》。“卒於晉”，中華書局本有校勘記：“彭校作‘卒於晉陽’。”

[2]兵部尚書：官名。尚書省兵部長官。掌兵衛、武選、車輦、甲械、厩牧之政令。正三品。　同光二年六月，贈兵部尚書：《宋本冊府》卷一七二《帝王部・求舊門二》。《舊五代史考異》：“《宣和書譜》：贈兵部尚書。”見《宣和書譜》卷六。

李德休

　　李德休，字表逸，趙郡贊皇人也。[1]祖絳，山南西道節度使，《唐史》有傳。[2]父璋，宣州觀察使。[3]德休登進士第，歷鹽鐵官、渭南尉、右補闕、侍御史。[4]天祐初，兩京喪亂，乃寓跡河朔，定州節度使王處直辟爲從事。[5]莊宗即位於魏州，徵爲御史中丞，[6]轉兵部、吏部侍郎，[7]權知左丞，以禮部尚書致仕。[8]卒，時年七十四。[9]贈太子少保。[10]《永樂大典》卷一萬三百八十九。[11]

[1]李德休，字表逸：《舊五代史考異》：“原本作‘德林’，今

考其字表逸，'林'字蓋'休'字之訛，今改正。" 贊皇：縣名。治所在今河北贊皇縣。

[2]絳：人名。即李絳。唐朝宰相。傳見《舊唐書》卷一六四、《新唐書》卷一五二。 山南西道：方鎮名。治所在興元府（今陝西漢中市）。 "祖絳"至"《唐史》有傳"：《通鑑》卷二七二同光元年（923）四月條："德休，絳之孫也。"李絳傳見《舊唐書》卷一六四、《新唐書》卷一五二。

[3]璋：人名。即李璋。曾任侍御史、宣歙觀察使。事見《舊唐書》卷一六四、《新唐書》卷一五二。 宣州：州名。治所在今安徽宣城市。 觀察使：官名。唐代後期出現的地方軍政長官。唐玄宗開元二十一年（733）置十五道採訪使，唐肅宗乾元元年（758）改爲觀察使。無旌節，地位低於節度使。掌一道州縣官的考績及民政。

[4]鹽鐵官：官名。即"鹽鐵巡官"，鹽鐵使屬官。地位在判官、推官之下，掌巡察及有關事務。中華書局本有校勘記："'鹽鐵官'，李德休墓誌（拓片刊《隋唐五代墓誌匯編·洛陽卷》第十五冊）作'鹽鐵巡官'。" 渭南：縣名。治所在今陝西渭南市。尉：官名。即縣尉，縣之佐官，掌軍事、治安。官階從八品下至從九品下不等。 右補闕：官名。唐代諫官。武則天時始置。分爲左右，左補闕隸於門下省，右補闕隸於中書省。掌規諫諷諭，大事可以廷議，小事則上封奏。從七品上。 侍御史：官名。秦始置。掌糾舉百官，推鞫獄訟。從六品下。

[5]定州：州名。治所在今河北定州市。 王處直：人名。京兆萬年（今陝西西安市長安區）人。唐末、五代軍閥。傳見本書卷五四、《新五代史》卷三九。 從事：泛指一般屬官。

[6]御史中丞：官名。如不置御史大夫，則爲御史臺長官。掌司法監察。正四品下。 徵爲御史中丞：《輯本舊史》卷二九《唐莊宗紀三》同光元年四月條："以前定州掌書記李德休爲御史中丞。"卷三〇《唐莊宗紀四》同光元年十月乙未條："詔宰相豆盧革

權判吏部上銓，御史中丞李德休權判東、西銓事。"《通鑑》卷二七二同光元年四月條："又以義武掌書記李德休爲御史中丞。"

[7]兵部：官名。即兵部侍郎。尚書省兵部次官。協助兵部尚書掌武官銓選、勳階、考課之政。正四品下。　吏部侍郎：官名。尚書省吏部次官。協助吏部尚書掌文選、勳封、考課之政。正四品上。轉兵部、吏部侍郎：《輯本舊史》卷三一《唐莊宗紀五》同光二年二月癸卯條："以御史中丞李德休爲兵部侍郎。"卷三二《唐莊宗紀六》同光二年十一月辛亥條："以兵部侍郎李德休爲吏部侍郎。"

[8]左丞：官名。即尚書左丞。尚書省佐貳官。唐中期以後，與尚書右丞實際主持尚書省日常政務，權任甚重。正四品上。後梁開平二年（908）改爲左司侍郎，後唐同光元年（923）復舊爲左丞。正四品。　禮部尚書：官名。尚書省禮部長官。掌禮儀、祭享、貢舉之政。正三品。　致仕：指古代高級官員退休。　權知左丞，以禮部尚書致仕：《輯本舊史》卷三八《唐明宗紀四》天成二年（927）二月戊申條："以吏部侍郎李德休爲禮部尚書。"《宋本册府》卷八九九《總錄部·致政門》："李德休爲吏部侍郎，權知左丞，未幾，乃上章乞致仕，從之，以禮部尚書致仕。"

[9]卒，時年七十四：《輯本舊史》卷四二《唐明宗紀八》長興二年（931）八月條："禮部尚書致仕李德休卒。"

[10]太子少保：官名。與太子少師、太子少傅統稱太子三少。隋唐以後多作加官或贈官。從二品。

[11]《大典》卷一〇三八九"李"字韻"姓氏（三四）"事目。《新輯會證》本傳錄《隋唐五代墓誌彙編·洛陽卷》第十五册所收洛陽出土楊凝式撰《唐故禮部尚書致仕贈太子少保趙郡李公墓誌銘并序》，可參見。

蘇循　子楷

蘇循，父特，陳州刺史。[1]循，咸通中登進士第，[2]累歷臺閣，昭宗朝，再至禮部尚書。循性阿諛，善承順苟容，以希進取。[3]昭宗自遷洛之後，梁祖凶勢日滋，唐室舊臣，陰懷主辱之憤，名族之冑，往往有違禍不仕者，唯循希旨附會。[4]及梁祖失律於淮南，西屯於壽春，要少帝欲授九錫。朝臣或議是非，循揚言云：“梁王功業顯大，曆數有歸，朝廷速宜揖讓。”[5]當時朝士畏梁祖如虎，罔敢違其言者。明年，梁祖逼禪，循爲册禮副使。[6]梁祖既受命，宴於玄德殿，舉酒曰：“朕夾輔日淺，代德未隆，置朕及此者，羣公推崇之意也。”楊涉、張文蔚慚懼失對，致謝而已。循與張禕、薛貽矩因盛陳梁祖之德業，應天順人之美。[7]循自以奉册之勞，旦夕望居宰輔，而敬翔惡其爲人，謂梁祖曰：“聖祚維新，宜選端士，以鎮風俗。如循等輩，俱無士行，實唐家之鴟梟，當今之狐魅，彼專賣國以取利，不可立維新之朝。”

[1]特：人名。即蘇特。唐文宗時大臣。大中二年（848）五月自陳州刺史拜，除鄭州刺史。事見《元和姓纂》卷三。　陳州：州名。治所在今河南淮陽縣。　刺史：官名。州一級行政長官。漢武帝時始置，總掌考核官吏、勸課農桑、地方教化等事。唐中期以後，節度使、觀察使轄州而設，刺史爲其屬官，職任漸輕。從三品至正四品下。

[2]咸通：唐懿宗李漼年號（860—874）。

[3]“循性阿諛”至“以希進取”：《新五代史》卷三五《蘇循傳》：“爲人巧佞，阿諛無廉恥，惟利是趨。”亦見《宋本册府》

卷九二三《將帥部‧不忠門》。

[4]"昭宗自遷洛之後"至"唯循希旨附會":《新五代史》卷
三五《蘇循傳》:"事唐爲禮部尚書。是時,太祖已弑昭宗,立哀
帝,唐之舊臣皆憤惋切齒,或俛首畏禍,或去不仕,而循特附會
梁,以希進用。"《舊唐書》卷二〇上《昭宗紀》天復三年(903)
正月癸丑條:"上令禮部尚書蘇循傳詔,賜全忠玉帶,仍令全忠處
分蔣玄暉侍帝左右。"

[5]淮南:方鎮名。治所在揚州(今江蘇揚州市)。 壽春:
縣名。治所在今安徽壽縣。 少帝:即唐哀帝李柷。唐昭宗之子。
904年至907年在位,年號天祐。爲朱温所殺。紀見《舊唐書》卷
二〇下、《新唐書》卷一〇。 九錫:"錫"通"賜",意爲皇帝賜
予大臣的九種物品,是對大臣最高的尊崇和禮遇。 "及梁祖失律
於淮南"至"朝廷速宜揖讓":《新五代史》卷三五《蘇循傳》:
"梁兵攻楊行密,大敗于淠河,太祖躁忿,急於禪代,欲邀唐九錫。
羣臣莫敢當其議,獨循倡言:'梁王功德,天命所歸,宜即受
禪。'"《舊唐書》卷二〇下《哀帝紀》天祐二年(905)七月壬午
條:"宰臣柳璨、禮部尚書蘇循充皇太后册禮使。"《通鑑》卷二六
五天祐二年十一月庚辰條:"柳璨、蔣玄暉等議加朱全忠九錫,朝
士多竊懷憤邑。禮部尚書蘇循獨揚言曰:'梁王功業顯大,曆數有
歸,朝廷速宜揖讓。'"《宋本册府》卷九二三《總録部‧不忠
門》:"朱温之失律江西也,屯于壽春,要少帝欲授九錫。朝臣或議
是非。循揚言云:'梁王功業顯大,曆數有歸,朝廷速宜揖讓。'"

[6]册禮副使:官名。册禮使副職。舉行册封典禮時臨時設置
的官職,册封儀式結束即罷。 循爲册禮副使:亦見《宋本册府》
卷九二三、《新五代史》卷三五、《通鑑》卷二六六開平元年
(907)三月甲辰條。

[7]玄德殿:宮殿名。位於今河南開封市。 楊涉:人名。同
州馮翊(今陝西大荔縣)人。唐宰相楊收之孫,吏部尚書楊嚴之
子。唐哀帝時拜中書侍郎、同中書門下平章事。傳見《新五代史》

卷三五。　張文蔚：人名。瀛洲河間（今河北河間市）人。唐末、後梁大臣。傳見本書卷一八、《新五代史》卷三五。　張褘：人名。籍貫不詳。唐末刑部尚書、太子太保。事見《舊唐書》卷二〇下。"張褘"，《輯本舊史》之影庫本粘籤："原本作'張偉'，今據《通鑑》改正。"見《通鑑》卷二六六開平元年四月甲子條，亦見《新五代史》卷三五。　薛貽矩：人名。河東聞喜（今山西聞喜縣）人。唐末、後梁大臣。傳見本書卷一八、《新五代史》卷三五。

初，循子楷，乾寧二年登進士第，中使有奏御者云："今年進士二十餘人，僥倖者半，物論以爲不可。"昭宗命學士陸扆、馮渥重試於雲韶殿，及格者一十四人。詔云："蘇楷、盧賡等四人，詩句最卑，蕪累頗甚，曾無學業，敢竊科名，浼我至公，難從濫進，宜付所司落下，不得再赴舉場。"楷以此慚恨，長幸國家之災。昭宗遇弒，輝王嗣位，國命出於朱氏，楷始得爲起居郎。[1]

[1]陸扆：人名。嘉興（今浙江嘉興市）人。唐德宗朝宰相陸贄族孫。唐昭宗朝宰相。傳見《舊唐書》卷一七九、《新唐書》卷一八三。　馮渥：人名。籍貫不詳。曾任秘書監。事見《舊唐書》卷二〇下。　雲韶殿：殿名。唐長安大明宮便殿之一，嘗制試舉人。　盧賡：人名。盧渥之子。登進士第後盧賡稱疾不至，宣令昇入。又云華陰省親，其父渥進狀乞落下。事見《全唐詩》卷七〇五。　輝王：即唐哀帝李柷。　朱氏：即五代後梁太祖朱温。宋州碭山（今安徽碭山縣）人。紀見本書卷一至卷七、《新五代史》卷一至卷二。　起居郎：官名。唐代始置，屬門下省。與中書省起居舍人同掌起居注，記皇帝言行。從六品上。　"初"至"楷始得

爲起居郎"：《舊唐書》卷二〇下《哀帝紀》天祐二年（905）四月辛丑條："起居舍人……蘇楷……宜賜緋魚袋……以奉山陵之勞也。"《通鑑》卷二六五天祐二年十月甲午條："起居郎蘇楷，禮部尚書循之子也，素無才行，乾寧中登進士第，昭宗覆試黜之，仍永不聽入科場。甲午，楷帥同列上言：'謚號美惡，臣子不得而私。先帝謚號多溢美，乞更詳議。'事下太常。"明本《冊府》卷四八〇《臺省部·姦邪門二》："蘇楷，哀帝天祐末爲起居郎。楷，禮部尚書循之子，凡劣無藝。乾寧二年，應進士登第。後物論以爲濫，昭宗命翰林學士陸扆、秘書監馮渥覆試，黜落，永不許入舉場。楷負愧銜怨。"《北夢瑣言》卷一七駁昭宗謚號條："昭宗先謚聖穆景文孝皇帝，廟號昭宗。起居郎蘇楷等駁議，請改爲恭靈莊閔皇帝，廟號襄宗。蘇楷者，禮部尚書蘇循之子，乾寧二年應進士。楷人才寢陋，兼無德行，昭宗惡其濫進，率先黜落，由是怨望，專幸邦國之災。其父循，姦邪附會，無譽於時，故希旨苟進。梁祖識其險詖，滋不悦，時爲敬翔、李振所鄙。"

　　柳璨陷害朝臣，衣冠惕息，無敢言者。初，梁祖欲以張廷範爲太常卿，[1]裴樞以爲不可。[2]柳璨懼梁祖之毒，乃歸過於樞，故裴、趙罹白馬之禍。[3]楷因附璨，復依廷範。時有司初定昭宗謚號，楷謂廷範曰："謚者所以表行實，前有司之謚先帝爲昭宗，所謂名實不副。司空爲樂卿，[4]余忝史職，典章有失，安得不言。"乃上疏曰："帝王御宇，察理亂以審污隆；祀享配天，資謚號以定升降。故臣下君上，皆不得而私也。先帝睿哲居尊，恭儉垂化，其於善美，孰敢蔽虧。然而否運莫興，至理猶鬱，遂致四方多事，萬乘播遷。始則宦豎凶狂，受幽辱於東內；終則嬪嬙悖亂，罹夭閼於中闈。其於易名，宜循考行。有司先定尊謚曰聖穆景文孝皇帝，廟號昭宗，敢言溢美，似異直書。今郊禋有日，祫祭惟時，將期允愜列聖之心，更在詳議新廟之稱，庶使叶先朝罪己之德，表聖上無私之明。"[5] 太常卿張廷範奏議曰："昭宗初實彰於聖德，後漸減於休明，致季述幽辱於前，茂貞劫幸於後，[6] 雖數拘厄運，亦道失始終。違陵寝於西京，徙兆民於東洛，[7] 軔輦輅未踰於寒暑，行大事俄起於宮闈。謹聞執事堅固之謂恭，亂而不損之謂靈，武而不遂之謂莊，在國逢難之謂閔，因事有功之謂襄。今請改謚曰恭靈莊閔皇帝，廟號襄宗。" 輝王答詔曰："勉依所奏，哀咽良深。" 楷附會幸災也如是。[8]

[1] 張廷範：人名。清河（今河北清河縣）人。唐末朱溫屬吏。初爲優伶，奉命護送昭宗東遷洛陽，後爲朱溫貶殺。傳見《新唐書》卷二二三下。　太常卿：官名。太常寺長官。掌宗廟禮儀。正三品。

[2] 裴樞以爲不可：《輯本舊史》之影庫本粘籤："'裴樞'，原本作'裴驅'，今據《唐書》改正。"見《舊唐書》卷二〇下《哀帝紀》天祐二年（905）四月條。

[3] 白馬：縣名。治所在今河南滑縣。

[4] 司空：官名。與太尉、司徒並爲三公。唐後期、五代多爲大臣、勳貴加官。正一品。　樂卿：太常卿的別稱。

[5] "乃上疏曰"至"表聖上無私之明"：《輯本舊史》之原輯者案語："《舊唐書》云：蘇楷目不知書，僅能執筆，其文羅袞作也。"見《舊唐書》卷二〇下天祐二年十月條。

[6] 季述：人名。即劉季述。籍貫不詳。唐末宦官。顯於唐僖宗、唐昭宗時期，累遷至樞密使。傳見《新唐書》卷二〇八。　茂

貞：人名。即李茂貞。深州博野（今河北蠡縣）人。唐末、五代軍閥。傳見本書卷一三二、《新五代史》卷四〇。

[7]西京：五代後唐同光元年（923）十一月復唐舊制，以京兆府（治今陝西西安市）爲西京，至五代後晉天福三年（938）罷京。 東洛：指東都洛陽。

[8]楷附會幸災也如是：明本《册府》卷四八〇《臺省部·姦邪門二》："會朱全忠逆君上，宰相柳璨陷害朝臣，乃與起居郎羅衮、起居舍人鼎連署狀，駁昭宗謚號。楷目不知書，手僅能執筆，其文羅衮作也。時政出賊臣，哀帝不能制。太嘗卿張廷範改謚曰'恭靈莊閔孝皇帝'，廟號'襄宗'。全忠雄猜鑒物，自楷駁謚後，深鄙之。既傳代之後，楷、循父子皆斥逐，不令在朝。"

及梁祖即位於汴，楷自以遭遇千載一時，敬翔深鄙其行。尋有詔云："蘇楷、高貽休、蕭聞禮等，人才寢陋，不可塵穢班行，並勒歸田里。"循、楷既失所望，懼以前過獲罪，乃退歸河中依朱友謙。[1]莊宗將即位於魏州，時百官多缺，乃求訪本朝衣冠，友謙令赴行臺。時張承業未欲莊宗即尊位，諸將賓僚無敢贊成者。及循至，入衙城見府廨即拜，謂之拜殿。時將吏未行蹈舞禮，及循朝謁，即呼萬歲舞抃，泣而稱臣，莊宗大悅。翌日，又獻大筆三十管，曰"畫日筆"，莊宗益喜。承業聞之怒，會盧汝弼卒，即令循守本官，代爲副使。[2]明年春，循因食蜜雪，傷寒而卒。同光二年，贈左僕射，[3]以楷爲員外郎。[4]天成中，累歷使幕，會執政欲糾其駁謚之罪，竟以憂慚而卒。《永樂大典》卷二千三百九十。[5]

　　[1]汴：地名。即今河南開封市。　高貽休：人名。籍貫、事迹不詳。本書僅此一見。　蕭聞禮：人名。籍貫、事迹不詳。本書僅此一見。　朱友謙：人名。許州（今河南許昌市）人。唐末、五代軍閥。傳見本書卷六三、《新五代史》卷四五。　"及梁祖即位於汴"至"乃退歸河中依朱友謙"：《通鑑》卷二六六開平元年（907）五月戊戌條："禮部尚書蘇循及其子起居郎楷自謂有功於梁，當不次擢用；循朝夕望爲相。帝薄其爲人，敬翔及殿中監李振亦鄙之。翔言於帝曰：'蘇循，唐之鴟梟，賣國求利，不可以立於惟新之朝。戊戌，詔循及刑部尚書張裼等十五人並勒致仕，楷斥歸田里。循父子乃之河中依朱友謙。'"《北夢瑣言》卷一七駁昭宗諡號條："梁祖建號，詔曰：'蘇楷、高貽休、蕭聞禮，皆人才寢陋，不可塵污班行，並停見任，放歸田里。蘇循可令致仕。'河朔人士，目蘇楷爲'衣冠土梟'。"

　　[2]盧汝弼：人名。范陽（今河北涿州市）盧氏族人，家於河中蒲州（今山西永濟市）。唐代詩人盧綸之孫。唐末進士，唐、五代後唐官員。傳見本書本卷。　"莊宗將即位於魏州"至"代爲副使"："時百官多缺"，中華書局本有校勘記："'官'原作'家'，據殿本、劉本改。按《新五代史》卷三五《蘇循傳》、《通鑑》卷二七一皆記時莊宗求唐舊臣以備百官之闕。"《通鑑》卷二七一龍德元年（921）七月條："晋王既許藩鎮之請，求唐舊臣，欲以備百官。朱友謙遣前禮部尚書蘇循詣行臺，循至魏州，入牙城，望府廨即拜，謂之拜殿。見王呼萬歲舞蹈，泣而稱臣。翌日，又獻大筆三十枚，謂之'畫日筆'。王大喜，即命循以本官爲河東節度副使，張承業深惡之。"《宋本册府》卷九二三《將帥部·不忠門》蘇循條："朱溫既僭僞位，敬翔惡其爲人，父子放歸田里。乃寓居河中積年，會莊宗將副人望，求唐室舊臣，遣使自河中徵赴鄴都。初，監軍事使張承業惜經國之費，未欲議即尊之事。諸將賓僚，無敢言者。及循至鄴，入荷城，拜魏師廳，謂之拜殿。翌日，獻畫日筆三十管，冀悅帝心。其諂進如此。承業聞之，怒。會河東節度副使盧

汝弼卒，因以代之。”亦見明本《册府》卷九三八《總録部·姦佞門二》。

　　[3]左僕射：官名。秦始置。隋、唐前期，以左、右僕射佐尚書令總理六官、綱紀庶務；如不置尚書令，則總判省事，爲宰相之職。唐後期多爲大臣加銜。從二品。　同光二年，贈左僕射：《輯本舊史》卷三二《唐莊宗紀六》同光二年（924）六月甲申條：“故河東節度副使、禮部尚書蘇循贈左僕射。”

　　[4]員外郎：官名。尚書省郎官之一。爲郎中的副職，協助負責諸司事務。從六品上。

　　[5]《大典》卷二三九〇“蘇”字韻“姓氏（一）”事目。

　　史臣曰：昔武皇之樹霸基，莊宗之開帝業，皆旁求多士，用佐丕圖。故數君子者，或以書檄敏才，或以縉紳舊族，咸登貴仕，諒亦宜哉！唯蘇循贊梁祖之强禪，蘇楷駁昭宗之舊謚，士風臣節，豈若是乎！斯蓋文苑之豺狼，儒林之荆棘也。《永樂大典》卷二千三百九十。[1]

　　[1]《大典》卷二三九〇“蘇”字韻“姓氏（一）”事目。

舊五代史　卷六一

唐書三十七

列傳第十三

安金全　猶子審通

安金全，代北人。[1]世爲邊將，少驍果，便騎射。[2]
武皇時爲騎將，屢從征討。莊宗之救潞州及平河朔，皆
有戰功，累爲刺史，以老病退居太原。[3]天祐中，汴將
王檀率師三萬，乘莊宗在鄴，來襲并州。時城無備兵，
敵軍奄至，監軍張承業大恐，計無所出，閲諸司丁匠，
登陴禦捍。外攻甚急，金全遽出謂承業曰：“老夫退居
抱病，不任軍事，然吾王家屬在此，王業本根之地，如
一旦爲敵所有，大事去矣。請以庫甲見授，爲公備寇。”
承業即時授之。金全被甲跨馬，召率子弟及退閑諸將，
得數百人，夜出北門，擊賊於羊馬城内。梁人驚潰，由
是退却。俄而石君立自潞州至，汴軍退走。微金全之奮
命，城幾危矣。[4]莊宗性矜伐，凡大將立功，不時行賞，

故金全終莊宗世，名位不進。[5]明宗與之有舊，[6]及登極，授金全同平章事，充振武軍節度使。[7]在任二年，治民爲政非所長，詔赴闕，俄而病卒。[8]廢視朝二日。初，南北對壘，汴之游騎每出，必爲金全所獲，故梁之偵邏者咸懼，目之爲"安五道"，蓋比鬼將有五道之名也。[9]

　　[1]代北：方鎮名。治所在代州（今山西代縣）。

　　[2]世爲邊將，少驍果，便騎射：《新五代史》卷二五《安金全傳》："爲人驍果，工騎射，號能擒生踏伏。"《新輯會證》本傳："《北京圖書館藏中國歷代石刻拓本匯編》三八册收咸平三年張宗誨撰《安守忠墓誌》，稱金全父'諱山盛，唐朔州都指揮使，累贈太傅'。守忠爲金全孫，審琦次子。"

　　[3]武皇：即李克用。沙陀部人，生於神武川新城（一説是今山西朔州市朔城區之梵王寺村，一説是今山西應縣縣城，一説在今山西懷仁縣之日中城）。唐末軍閥，受封晉王。五代後唐太祖。紀見本書卷二五至卷二六、《新五代史》卷四。　騎將：泛指騎兵將領。　莊宗：即李存勗，小字亞子，沙陀部人，太原（今山西太原市）人。晉王李克用之子，後唐開國皇帝。紀見本書卷二七至卷三四、《新五代史》卷四、卷五。　潞州：州名。治所在今山西長治市。　河朔：古地區名。泛指黄河以北地區。　刺史：官名。州一級行政長官。漢武帝時始置，總掌考核官吏、勸課農桑、地方教化等事。唐中期以後，節度使、觀察使轄州而設，刺史爲其屬官，職任漸輕。從三品至正四品下。　太原：府名。治所在今山西太原市。　"武皇時爲騎將"至"以老病退居太原"：《輯本舊史》卷二七《唐莊宗紀一》天祐八年（911）正月丁亥條："李嗣源率親軍與史建瑭、安金全兼北部吐渾諸軍衝陣夾攻，梁軍大敗。"卷二八《唐莊宗紀二》天祐十年三月條："周德威遣李嗣源、李嗣本、安金

全率兵救武州，降元行欽以歸。”明本《册府》卷三四七《將帥部·佐命門八》：“安金全，武皇時爲騎將，屢從征伐，莊宗之救潞州及平河朔，皆有戰功，累爲刺史。”《宋本册府》卷三六〇《將帥部·立功門一三》：“安金全，武皇時爲騎將，屢從征伐，所在立功。莊宗之救潞州及平河朔，凡有戰陣，金全皆有功，累爲刺史。”卷三八七《將帥部·褒異門一三》：“安金全，武皇時爲騎將，屢從征伐，莊宗之救潞州及平河朔，皆有戰功，累遷刺史。”

　　[4]天祐：唐昭宗李曄開始使用的年號（904—907）。唐哀帝李柷沿用。唐亡後，河東李克用、李存勖仍稱天祐，沿用至天祐二十年（923）。五代十國其他政權亦有行此年號者，如南吳、吳越等。　汴：代指朱温勢力。　王檀：人名。京兆（今陝西西安市）人。後梁將領。傳見本書卷二二、《新五代史》卷二三。　鄴：地名。即鄴都。治所在今河北大名縣。五代後唐同光元年（923），改魏州爲興唐府，建號東京，三年改東京爲鄴都。　并州：州名。治所在今山西太原市。　監軍：官名。爲臨時差遣，代表朝廷協理軍務、督察將帥。唐、五代時常以宦官爲監軍。　張承業：人名。同州（今陝西大荔縣）人。唐末、五代宦官，河東監軍。傳見本書卷七二、《新五代史》卷三八。　羊馬城：在城墻與城壕之間修築的矮墻。或稱“牛馬城”。　石君立：人名。又名石家財。趙州昭慶（今河北隆堯縣）人。五代將領。傳見本書卷六五。　“天祐中”至“城幾危矣”：亦見《宋本册府》卷三九六《將帥部·勇敢門三》。《輯本舊史》之原輯者案語：“《遼史》，安金全以幽州戰敗，故退廢不用，此事《薛史》不載。”《遼史》卷一《太祖紀上》神册二年（917）二月：“晋新州神將盧文進殺節度使李存矩來降。進攻其城，刺史安金全遁。以文進部將劉殷爲刺史。”神册二年爲天祐十四年。《輯本舊史》卷二八《唐莊宗紀二》天祐十三年二月條：“時安金全、張承業堅守於内，嘉才救援於外，檀懼，乃燒營而遁，追擊至陰地關。”同卷天祐十四年二月甲午條：“契丹攻新州甚急，刺史安金全棄城而遁，契丹以文進部將劉殷爲刺史。”《新五

代史》卷二五《安金全傳》："莊宗已下魏博，與梁相距河上。梁將王檀襲太原，晋兵皆從莊宗于河上，太原無備，監軍張承業大恐，率諸司工匠登城扞禦，而外攻甚急。金全彊起謂承業曰：'太原，晋之根本也。一旦不守，則大事去矣！老夫誠憊矣，然尚能爲公破賊。'承業喜，授以甲兵。金全被甲跨馬，召率子弟及故將吏得百餘人，夜出北門，擊檀於羊馬城中，檀軍驚潰，而晋救兵稍至。"《通鑑》卷二六九貞明二年（916）二月條："匡國節度使王檀密疏請發關西兵襲晋陽，帝從之，發河中、陝、同、華諸鎮兵合三萬，出陰地關，奄至晋陽城下，晝夜急攻；城中無備，發諸司丁匠及驅市人乘城拒守，城幾陷者數四，張承業大懼。代北故將安金全退居太原，往見承業曰：'晋陽根本之地，若失之，則大事去矣。僕雖老病，憂兼家國，請以庫甲見授，爲公擊之。'承業即與之。金全帥其子弟及退將之家得數百人，夜出北門，擊梁兵於羊馬城内；梁兵大驚，引却。昭義節度使李嗣昭聞晋陽有寇，遣牙將石君立將五百騎救之；君立朝發上黨，夕至晋陽。梁兵扼汾河橋，君立擊破之，徑至城下大呼曰：'昭義侍中大軍至矣。'遂入城。夜，與安金全等分出諸門擊梁兵，梁兵死傷什二三。詰朝，王檀引兵大掠而還。"《宋本册府》卷四〇〇《將帥部·固守門二》："安金全爲騎將，累從莊宗征伐，後爲刺史，以老病退居太原。天祐十三年，梁將王檀寇晋陽，既敗，檀怒，募勇敢者，夜半數道急攻，兵既不敵，乃驅率居人，以爲備守使。監軍使張承業形于懼色，聚衆而謀曰：'事急矣。吾王家屬在此，如失根本，大事去矣。'金全曰：'僕雖老病，家國是憂，當死戰于城下。'因與石嘉才率騎軍分爲數道，募勇敢者副之，入羊馬垣橫擊之，賊衆大擾，守陴者下大木輠之，賊衆驚潰，轉死移傷者十二三，明日燒營而遁，追擊至陰地關而回。時劉鄩敗於莘縣，王檀遁於晋陽，俱以敗事聞。朱友貞方視朝，遽退而言曰：'吾事去矣。'"

[5]"莊宗性矜伐"至"名位不進"：《通鑑》卷二六九貞明二年二月條："晋王性矜伐，以策非己出，故金全等賞皆不行。"《新

五代史》卷二五《安金全傳》："然莊宗不以金全爲能，終其世不録其功。"明本《册府》卷一八一《帝王部·疑忌門》："安金全爲朔州刺史，事莊宗爲騎將。莊宗神勇冠世，而性忌，不欲臣下勝己。故金全與王建及位不踰刺史，移稱疾以避禍。"

[6]明宗：即李嗣源。沙陀部人。原名邈佶烈，李克用養子。五代後唐明宗，926 年至 933 年在位。紀見本書卷三五至卷四四、《新五代史》卷六。

[7]同平章事：官名。"同中書門下平章事"之簡稱。唐高宗以後，凡實際任宰相之職者，常在其本官後加同平章事的職銜。後成爲宰相專稱。後晉天福五年（940），升中書門下平章事爲正二品。　振武軍：方鎮名。後梁貞明二年以前，治所位於單于都護府城（今内蒙古和林格爾縣）。貞明二年，單于都護府城爲契丹占據。此後至後唐清泰三年（936），治所位於朔州（今山西朔州市朔城區）。後晉隨燕雲十六州割予契丹，改名順義軍。　節度使：官名。唐時在重要地區所設掌握一州或數州軍事、民事、財政的長官。授金全同平章事，充振武軍節度使：《輯本舊史》卷三六《唐明宗紀二》天成元年（926）五月壬戌條："以前相州刺史、北京左右廂都指揮使安金全爲安北都護、振武節度使、同平章事。"《新五代史》卷二五《安金全傳》："拜金全振武軍節度使、同中書門下平章事。"《通鑑》卷二七五天成元年五月壬戌條："帝以前相州刺史安金全有功於晉陽，壬戌，以金全爲振武節度使、同平章事。"《宋本册府》卷一七二《帝王部·求舊門二》唐明宗條："安金全初事莊宗，爲騎將，與帝（明宗）尤相善。天成初，召金全歸朝，授振武節鉞，同平章事。"

[8]俄而病卒：《輯本舊史》卷四一《唐明宗紀七》長興元年（930）六月甲辰條："前振武節度使安金全卒。"

[9]"初，南北對壘"至"蓋比鬼將有五道之名也"：《宋本册府》卷三九六《將帥部·勇敢門三》："安金全爲振武軍節度使。時梁孽未平，兩軍對壘。汴之游騎每出，必爲金全所獲。故賊之偵邏

者咸懼之，目之爲‘五道’，蓋比陰鬼將有五道之名以取人命故也。”明本《册府》卷三九三《將帥部·威名門二》：“安金全爲騎將，時梁國未平，兩軍對壘，汴之游騎每出，必爲金全所獲，故賊之偵邏者咸懼之，目爲‘五道’，蓋比陰鬼將有五道之名，以取人命故也。”

　　子審琦等皆位至方鎮，別有《傳》。[1]《永樂大典》卷一萬八千一百二十九。[2]

　　[1]子審琦等皆位至方鎮，別有傳：《輯本舊史》卷一二三有《安審琦傳》。
　　[2]《大典》卷一八一二九“將”字韻“後唐將（二）”事目。

　　審通，金全之猶子也。幼事莊宗，累有戰功，轉先鋒指揮使。[1]同光初，爲北京右厢馬軍都指揮使，屯奉化軍。[2]四年春，赴明宗急詔，軍趨夷門，[3]爲前鋒。天成初，授單州刺史，[4]改齊州防禦使，兼諸道先鋒馬軍都指揮使。[5]奉詔北征，從房知溫營於盧臺。會龍晊部下兵亂，審通脫身酒筵，奪船以濟，促騎士介馬，及亂兵南行，盡戮之，[6]以功授檢校太傅、滄州節度使。[7]圍王都於中山，[8]躬冒矢石，爲飛石所中而卒。[9]贈太尉。[10]《永樂大典》卷一萬二千五十四。[11]

　　[1]先鋒指揮使：官名。先鋒，即先鋒部隊。指揮使，爲所部統兵將領。
　　[2]同光：後唐莊宗李存勖年號（923—926）。　北京：指五

代後唐的北都太原。《新五代史》卷五《莊宗紀》載,同光元年(923)"十一月乙巳,復北都爲鎮州,太原爲北都"。 右廂馬軍都指揮使:官名。所部統兵將領。"右廂馬軍"爲部隊番號。 奉化軍:方鎮名。治所在江州(今江西九江市)。 同光初,爲北京右廂馬軍都指揮使,屯奉化軍:亦見明本《册府》卷三四七《將帥部·佐命門八》。《通鑑》卷二七四天成元年(926)三月辛未條:"北京右廂馬軍都指揮使安審通屯奉化軍。"

[3]夷門:地名。原指戰國魏都大梁城東門,故址在今河南開封城内東北隅。夷門位於夷山,夷山因山勢平夷而得名,故門亦以山爲名。此處代指開封。

[4]天成:後唐明宗李嗣源年號(926—930)。 單州:州名。治所在今山東單縣。 天成初,授單州刺史:"單州",《輯本舊史》之影庫本粘籤:"原本作'禪州',今據《通鑑》改正。"查《通鑑》,未見此記載。但可參見明本《册府》卷三四七《將帥部·佐命門八》。五代無"禪州",單州則多見。

[5]齊州:州名。治所在今山東濟南市。 防禦使:官名。唐代始置,設有都防禦使、州防禦使兩種。常由刺史或觀察使兼任,實際上爲唐代後期州或方鎮的軍政長官。 改齊州防禦使,兼諸道先鋒馬軍都指揮使:《輯本舊史》卷三六《唐明宗紀二》天成元年五月戊辰條:"以諸道馬步副都指揮使安審通爲齊州防禦使。"亦見明本《册府》卷三四七《將帥部·佐命門八》、卷三八七《將帥部·褒異門一三》。

[6]房知温:人名。兗州瑕丘(今山東濟寧市兗州區)人。五代後唐將領。傳見本書卷九一、《新五代史》卷四六。 盧臺:軍鎮名。治所在今天津寧河區盧臺鎮。參見余蔚《中國行政區劃通史》(遼金卷),復旦大學出版社2012年版,第326頁。 龍晊(zhì):人名。籍貫不詳。五代後唐官員。事見本書卷三八。"奉詔北征"至"及亂兵南行,盡戮之":"從房知温營於盧臺",中華書局本有校勘記:"'盧臺',原作'蘆臺',據殿本、劉本、本

書卷三八《唐明宗紀四》、卷五九《烏震傳》、卷九一《房知溫傳》、《冊府》卷三六〇改。《通鑑》卷二六七胡注：'盧臺軍，宋爲乾寧軍地。《九域志》："乾寧軍在滄州西北九十里。"'"《輯本舊史》卷三七《唐明宗紀三》天成元年八月己亥條："幽州奏，契丹寇邊，詔齊州防禦使安審通率師禦之。"卷三八《唐明宗紀四》天成二年四月辛巳條："房知溫奏：'前月二十一日，盧臺戍軍亂，害副招討寧國軍節度使烏震，尋與安審通斬殺亂兵訖。'"前月二十一日爲天成二年三月壬申日。同月庚寅條："安審通戢騎軍不動，知溫與審通謀伺便攻之，令亂兵卷甲南行。"亦見卷九一《房知溫傳》。《通鑑》卷二七五天成二年三月壬申條："房知溫怨震驟來代己，震至，未交印。壬申，震召知溫及諸道先鋒馬軍都指揮使、齊州防禦使安審通博於東寨，知溫誘龍晊所部兵殺震於席上，其衆譟於營外，安審通脫身走，奪舟濟河，將騎兵按甲不動。知溫恐事不濟，亦上馬山門，甲士攬其轡曰：'公當爲士卒主，去欲何之？'知溫紿之曰：'騎兵皆在河西，不收取之，獨有步兵，何能集事！'遂躍馬登舟濟河，與審通合謀擊亂兵，亂兵遂南行。"亦見《宋本冊府》卷三六〇《將帥部・立功門一三》。

[7]檢校太傅：官名。爲散官或加官，以示恩寵，無實際執掌。　滄州：州名。治所在今河北滄縣舊州鎮。　以功授檢校太傅、滄州節度使：《輯本舊史》卷三八《唐明宗紀四》天成二年四月癸巳條："齊州防禦使安審通加檢校太傅，並賞盧臺之功也。"同年七月壬申條："以齊州防禦使安審通爲滄州節度使。"卷三九《唐明宗紀五》天成三年四月壬寅條："以滄州節度使兼北面行營馬軍都指揮使安審通爲副招討使兼諸道馬軍都指揮使。"明本《冊府》卷一二八《帝王部・明賞門二》天成元年四月條："齊州防禦使安審通加檢校太傅，食邑四百户。"亦見《冊府》卷三六〇《將帥部・立功門一三》。

[8]王都：人名。中山陘邑（今河北定州市）人。本姓劉，後爲義武軍節度使王處直養子。五代軍閥。傳見本書卷五四。　中

山：地名。位於今河北定州市。

[9]爲飛石所中而卒：《輯本舊史》卷三九《唐明宗紀五》天成三年七月丁未條："以滄州節度使安審通卒於師轅朝。"明本《册府》卷四二五《將帥部·死事門二》："圍中山，躬冒矢石，以先士卒，志平氛祲，爲飛矢所中，卒。"《通鑑》卷二七六天成三年七月乙巳條："北面招討使安審通卒。"

[10]太尉：官名。與司徒、司空並爲三公，唐後期、五代多爲大臣、勳貴加官。正一品。　贈太尉：《輯本舊史》卷七六《晋高祖紀二》天福二年（937）十二月條："故横海軍節度使安審通贈太師。"

[11]《大典》卷一二〇五四爲"酒"字韻"成均祭酒等官"事目，誤。中華書局本有校勘記云疑出自卷一二〇四四"酒"字韻"事韻（一二）"，應出自該卷"酒筵"事目。

安元信

安元信，字子言，[1]代北人。父順琳，爲降野軍使。[2]元信以將家子，便騎射，幼事武皇，從平巢、蔡。[3]光啓中，吐渾赫連鐸寇雲中，武皇使元信拒之，元信兵敗於居庸關。武皇性嚴急，元信不敢還，遂奔定州，王處存待之甚厚，用爲突騎都校。[4]乾寧中，處存子郜嗣位。時梁軍攻河朔三鎮，奔命不暇，梁將張存敬軍奄至城下，既無宿備，郜懼，挈其族奔太原，元信從之，武皇待之如初，用爲鐵林軍使。[5]

[1]安元信，字子言：《舊五代史考異》："五代時唐、晋俱有安元信，《薛史》並爲立傳，今附識于此。"分别見於《輯本舊史》

卷六一、卷九〇。明本《册府》卷四三八《將帥部·奔亡門》云"安元信字子元"。

　　[2]順琳：人名。即安順琳。事迹不詳。本書僅此一見。　降野軍使：官名。掌領本軍軍務，兼理地方政務。

　　[3]巢：人名。即黄巢。曹州冤句（今山東菏澤市）人。唐末農民起義領袖。傳見《舊唐書》卷二〇〇下、《新唐書》卷二二五下。　蔡：即秦宗權。中和四年（884）秦宗權據蔡州稱帝，光啓三年（887）秦宗權全力進攻汴州，朱温力挫之。

　　[4]光啓：唐僖宗李儇年號（885—888）。　赫連鐸：人名。唐末代北吐谷渾首領。咸通九年（868）隨唐軍鎮壓龐勛起義。與李國昌父子争奪代北，官至唐雲州刺史、大同軍防禦使，守雲州十餘年。後爲李克用擒殺。事見《舊唐書》卷一九下。　雲中：縣名。治所在今山西大同市。　居庸關：關隘名。位於今北京昌平區西北。　定州：州名。治所在今河北定州市。　王處存：人名。京兆萬年（今陝西西安市長安區）人。唐末軍閥。傳見《舊唐書》卷一八二、《新唐書》卷一八六。　突騎都校：官名。五代時設此官，爲統兵的中級軍官。　"光啓中"至"用爲突騎都校"：明本《册府》卷四三二《將帥部·立後效門》："唐光啓末，燕帥李威與吐渾酋長赫連鐸入寇大同，武皇遣元信拒之，以衆寡不侔，爲流矢所中，兵敗居庸關。懼武皇法峻，南奔中山。中山連帥王帥王處存喜而納之，用爲突騎都校，奏授檢校工部尚書。"明本《册府》卷四三八《將帥部·奔亡門》："唐光啓中，幽州軍與吐渾赫連鐸合從寇太原，頗爲憂患。太祖征吐渾，平之，遂入居庸。元信時爲前鋒，遇幽州軍少，鬭之不勝。"

　　[5]乾寧：唐昭宗李曄年號（894—898）。　郜：人名。即王郜。京兆萬年（今陝西西安市長安區）人。唐末軍閥。事見本書卷二六、卷五二。　張存敬：人名。譙郡（今河南商丘市）人。唐末、五代將領。傳見本書卷二〇、《新五代史》卷二一。　鐵林軍使：官名。所部統兵將領。"鐵林"爲部隊番號。　"乾寧中"至

"用爲鐵林軍使"：明本《册府》卷四三二《將帥部·立後效門》：
"乾寧末，處存卒，子郜嗣，爲梁人所攻，歸太原，與元信偕行。
武皇待之如舊，授元信鐵林軍使。"《宋本册府》卷三六〇《將帥
部·立功門一三》："安元信，初仕後唐，爲鐵林都校。"

梁將氏叔琮之攻河東也，別將葛從周自馬嶺入，元
信伏于榆次，挫其前鋒。梁將李思安之攻上黨也，王師
將壁高河，爲梁軍所逼。別將秦武者，尤爲難敵，元信
與鬭，斃之，繇是梁軍解去，城壘得立。武皇賜所乘馬
及細鎧仗，遷突陣都將。[1]

[1]氏叔琮：人名。河南尉氏（今河南尉氏縣）人。唐末將
領。傳見本書卷一九、《新五代史》卷四三。　別將：官名。與主
力軍配合作戰的部隊將領。　葛從周：人名。濮州鄄城（今山東鄄
城縣）人。唐末、五代後梁將領。傳見本書卷一六、《新五代史》
卷二一。　馬嶺：地名。位於今山西太谷縣東南。　榆次：縣名。
治所在今山西晉中市榆次區。　李思安：人名。河南陳留（今河南
開封市陳留鎮）人。五代後梁將領。傳見本書卷一九。　上黨：即
潞州。治所在今山西長治市。　高河：水名。位於今山西長治市西
南高河。　秦武：人名。籍貫、事迹不詳。本書僅此一見。　突陣
都將：官名。唐五代時節度使屬將。　"梁將氏叔琮之攻河東也"
至"遷突陣都將"：亦見《宋本册府》卷三六〇《將帥部·立功門
一三》、明本《册府》卷三四七《將帥部·佐命門八》。"別將葛從
周自馬嶺入"，《輯本舊史》卷二六《唐武皇紀下》天復元年
（901）四月條云："汴將氏叔琮率兵五萬自太行路寇澤潞……葛從
周領兗、鄆之衆自土門入，張歸厚以邢洺之衆自馬嶺入。"與傳異。
明本《册府》卷四三二《將帥部·立後效門》："俄以梁將氏叔琮
引兵五萬薄我城下，郡縣多陷。梁又遣葛從周出軍馬嶺。武皇遣元

信以精騎擊而退之，以功奏加檢校尚書左僕射。”《宋本册府》卷八四六《總錄部‧善射門》：“安元信，少有勇力，自後唐太祖領太原，隸於麾下。天祐三年，梁人圍李嗣昭於上黨，與上將周德威救之。一日，德威爲敵所困，梁之驍將有奉武者屢犯我軍。元信飛一矢，隨而斃之，德威軍遂振。太祖聞之，以所乘馬并器仗賜之，奏加檢校司空。明年，莊宗解圍上黨，承制授元信遼州刺史，加檢校司徒。”

　　莊宗嗣晉王位，元信從救上黨，破夾寨，復澤潞，以功授檢校司空、遼州刺史，賜玉鞭名馬。[1]柏鄉之役，日晚戰酣，元信重傷，莊宗自臨傅藥。[2]其年，改檢校司徒、武州刺史，充内衙副都指揮使、山北諸州都團練副使。[3]從莊宗定魏博，移爲博州刺史。與梁對壘得勝渡，元信爲右厢排陣使，未幾，爲大同軍節度使。[4]莊宗平定河南，移授横海軍節度使。時契丹犯邊，元信與霍彦威從明宗屯常山，元信恃功，每對明宗以成敗勇怯戲侮彦威，彦威不敢答。明宗曰：“成由天地，不由於人。當氏叔琮圍太原，公有何勇？今國家運興，致我等富貴，勿以小勝小捷挂於口吻，取笑於長者。”乃起謝，元信不復以彦威爲戲。[5]

　　[1]澤潞：方鎮名。治所在潞州（今山西長治市）。　檢校司空：官名。爲散官或加官，以示恩寵，無實際執掌。司空，與太尉、司徒並爲三公。　遼州：州名。治所在今山西左權縣。　“莊宗嗣晉王位”至“賜玉鞭名馬”：“賜玉鞭名馬”，中華書局本有校勘記：“‘玉鞭’，《册府》卷三四七、卷三八七作‘玉鞍’。”見明本《册府》卷三四七《將帥部‧佐命門八》、《宋本册府》卷三八

七《將帥部・褒異門一三》。此事亦見《宋本册府》卷三六〇《將帥部・立功門一三》。

[2]柏鄉：縣名。治所在今河北柏鄉縣。　"柏鄉之役"至"莊宗自臨傅藥"：《宋本册府》卷一三五《帝王部・愍征役門》："後唐莊宗初嗣晋王位，柏鄉之役，日晚戰酣，突陣都將遼州刺史安元信傷重，帝自臨傅藥撫諭。"

[3]檢校司徒：官名。爲散官或加官，以示恩寵，無實際執掌。司徒，與太尉、司空並爲三公。　武州：州名。治所在今河北張家口市宣化區。　内衙副都指揮使：官名。都指揮使副手，爲統兵將領。内衙都指揮使掌宫廷警衛。　山北諸州都團練副使：官名。都團練使副職。都團練使，亦稱都團練守捉使，大者領州十餘，小者二三州，以保境、安民、懲奸爲務。　"其年"至"山北諸州都團練副使"：亦見明本《册府》卷三四七《將帥部・佐命門八》、《宋本册府》卷三八七《將帥部・褒異門一三》。《宋本册府》卷三六〇《將帥部・立功門一三》："後爲山北管内團練使。莊宗降邢臺，破劉鄩於故元城，皆預其功。俄遷博州刺史。"

[4]魏博：方鎮名。即魏博軍，亦稱"天雄軍"。唐天祐元年（904）以魏博節度使號爲天雄軍，治所在魏州（今河北大名縣）。博州：州名。治所在今山東聊城市。　得勝渡：地名。位於今河南濮陽市。原爲黄河渡口，晋軍築德勝南、北二城於此，遂爲城名。　右厢排陣使：官名。唐節度使所屬武官中有排陣使，五代後梁時設於諸軍，爲先鋒之職。參見王軼英《中國古代排陣使述論》，《西北大學學報》2010年第6期。　大同軍：方鎮名。治所在雲州（今山西大同市）。　"從莊宗定魏博"至"爲大同軍節度使"：《輯本舊史》卷三二《唐莊宗紀六》同光二年（924）八月丙子條："以雲州刺史、雁門以北都知兵馬使安元信爲大同軍節度留後。"同卷同光三年二月甲戌條："以大同軍留後安元信爲滄州節度使。"同年六月丁卯條："以滄州節度使安元信充北面行營馬步軍都排陣使。"明本《册府》卷七八《帝王部・委任門二》："安元信，從莊

宗定魏博，元城之戰，尥捷居多，移爲博州刺史，與梁軍對壘得勝，遷元信爲右厢排陣使。"王處直引契丹背盟，北邊俶擾，以元信久在邊，用爲大同軍節度使。"卷一二〇《帝王部·選將門二》："末帝清泰二年，以安元信爲大同軍節度使。元信初從莊宗定魏博，元城之戰，克捷居多，移爲博州刺史。與梁軍對壘德勝渡，元信爲右厢排陣使。王處直引契丹背盟，北邊俶擾，以元信久在邊，故有是命。"

[5]河南：府名。治所在今河南洛陽市。 橫海軍：方鎮名。治所在滄州（今河北滄縣舊州鎮）。 契丹：古部族、政權名。公元 4 世紀中葉宇文部爲前燕攻破，始分離而成單獨的部落，自號契丹。唐貞觀中，置松漠都督府，以其首領爲都督。唐末强盛，916 年迭刺部耶律阿保機建立契丹國（遼）。先後與五代、北宋並立，保大五年（1125）爲金所滅。參見張正明《契丹史略》，中華書局 1979 年版。 霍彦威：人名。洺州曲周（今河北曲周縣）人。後唐將領。傳見本書卷六四、《新五代史》卷四六。 常山：即鎮州，治所在今河北正定縣。 "莊宗平定河南"至"元信不復以彦威爲戲"："勿以小勝小捷挂於口吻，取笑於長者"，中華書局本有校勘記："以上十五字原闕，據《册府》卷四五一補。""乃起謝，元信不復以彦威爲戲"，中華書局本有校勘記："'乃起謝元信'，殿本作'元信乃起謝'，《册府》卷四五一作'彦威起謝元信'。"明本《册府》卷四五一《將帥部·矜伐門》："安元信爲橫海軍節度使，時契丹犯邊，元信與霍彦威從明宗屯常山。元信恃功，每對明帝，以成敗勇怯戲侮彦威，彦威不敢答。明宗曰：'成敗天也，不縣於人。當時，叔琮圍太原，公有何勇？念國家運興，致汝等富貴，勿以小勝小捷挂於口吻，取笑於長者。'彦威起謝，元信不復以彦威爲戲。"

明宗即位，以元信嘗爲内衙都校，尤厚待之，加同

中書門下平章事。明年，移鎮徐州。[1] 王師之討高季
興，[2] 襄帥劉訓逗撓軍期，[3] 移授元信山南東道節度使以
代訓。[4] 歲餘，改歸德軍節度使，[5] 就加兼侍中。[6] 明宗
不豫，求入。末帝即位，授潞州節度使，加檢校太
尉。[7] 清泰三年二月，以疾卒於鎮，時年七十四。贈太
師。晉高祖即位，以元信宿望，令禮官定謚曰忠懿。[8]

[1] 內衙都校：官名。五代宮廷宿衛統兵官。內衙，宮廷之別
稱。　徐州：州名。治所在今江蘇徐州市。　　"明宗即位"至
"移鎮徐州"："以元信嘗爲內衙都校"，中華書局本有校勘記：
"'衙'原作'衛'，據殿本、劉本改。"《輯本舊史》卷三六《唐
明宗紀二》天成元年（926）五月丙辰條："滄州節度使、檢校太傅
安元信加同平章事，移鎮徐州。"卷三八《唐明宗紀四》天成二年
七月壬申條："徐州節度使安元信移鎮襄州。"卷四一《唐明宗紀
七》長興元年（930）十二月庚子條："以前襄州節度使安元信爲宋
州節度使。"

[2] 高季興：人名。原名高季昌，陝州硤石（今河南三門峽
市）人。南平（即荆南）開國君主。傳見本書卷一三三、《新五代
史》卷六九。

[3] 襄：州名。治所在今湖北襄陽市。　劉訓：人名。隰州永
和（今山西永和縣）人。五代藩鎮將領。傳見本書本卷。

[4] 山南東道：方鎮名。治所在襄州（今湖北襄陽市）。

[5] 歸德軍：方鎮名。治所在宋州（今河南商丘市睢陽區）。
本後梁宣武軍，後唐改名歸德軍。

[6] 侍中：官名。秦始置。隋、唐前期爲門下省長官。唐後期
多爲大臣加銜，不參與政務，實際職務由門下侍郎執行。正二品。
　就加兼侍中：《輯本舊史》卷四四《唐明宗紀一〇》長興四年二
月己未條："宋州節度使安元信加兼侍中。"

[7]末帝：即五代後唐廢帝李從珂。鎮州平山（今河北平山縣）人。本姓王，後唐明宗李嗣源擄其母魏氏，遂養爲己子。應順元年（934）四月，李從珂入洛陽即帝位。清泰三年（936）五月，石敬瑭謀反，以出賣燕雲十六州、自稱兒臣的條件求得契丹援助，石敬瑭攻入洛陽，廢帝自焚死，後唐亡。紀見本書卷四六至卷四八、《新五代史》卷七。　檢校太尉：官名。爲散官或加官，以示恩寵，無實際執掌。　末帝即位，授潞州節度使，加檢校太尉：《輯本舊史》卷四六《唐末帝紀上》清泰元年六月壬午條：“以前宋州節度使安元信爲檢校太尉、兼侍中、潞州節度使。”

[8]清泰：五代後唐末帝李從珂年號（934—936）。　太師：官名。與太傅、太保合稱三師，唐後期、五代多爲大臣、勳貴加官。正一品。　晋高祖：即石敬瑭。沙陀部人。五代後唐將領、後晋開國皇帝。紀見本書卷七五至卷八〇、《新五代史》卷八。“清泰三年二月”至“令禮官定諡曰忠懿”：《輯本舊史》卷四八《唐末帝紀下》清泰三年二月丁亥條：“以昭義節度使安元信卒，廢朝。”《宋本册府》卷五九六《掌禮部·諡法門二》：“安元信爲昭義軍節度，澤潞等州觀察、處置等使。卒，贈太師。太常博士賈緯議諡曰：‘叨居禮職，式考儒經，德雖以百行相成，諡乃取一善爲定。公經邦緯俗，積行累功，宜立總名，用彰殊烈。案《諡法》：事君盡節曰忠，體和居中曰懿。《左傳》曰：“公家之事，知無不爲，忠也。”《春秋正義》曰：“保己精粹，立行純厚，懿也。”公抑揚事任，周旋盛明，嘗險阻艱難，秉溫良恭儉。或宣風千里，有負繦之民；或布政百城，致隨軒之雨。道光群后，功著歷朝。凡士大夫，歎開幕之芙蕖久謝；無賢不肖，感成蹊之桃李空存。煥彼緹緗，豐諸碑版。今被實録，非讓古人。事君既有忠規，爲臣足以禦衆。復彰懿行，從政備焉。前代所高，斯諡爲當。今請諡曰忠懿。’從之。”卷八二〇《總録部·立祠門》：“安元信爲山北諸州團練使。清泰元年，領上黨，加檢校太尉，累加食邑三千户，實封二百户，進封至武威郡公。三年二月，以疾終於位，時年七十四，贈太師，

葬於太原交城。……帝以元信宿望，命禮部定謚，表迹業也，仍賜建神道碑，使禮部郎中呂咸休爲其文。"

　　有子六人，長曰友權，歷諸衛大將軍。[1]次曰友親，仕皇朝爲滁州刺史，[2]卒於任。《永樂大典》卷一萬八千一百二十九。[3]

　　[1]友權：人名。即安友權。事迹不詳。本書僅此一見。　諸衛大將軍：官名。唐代置十六衛，掌宮禁宿衛。正三品。　歷諸衛大將軍：《宋本册府》卷八二〇《總録部·立祠門》作"官至武衛大將軍"。
　　[2]友親：人名。即安友親。事迹不詳。本書僅此一見。　滁州：州名。治所在今安徽滁州市。　仕皇朝爲滁州刺史：中華書局本有校勘記："'仕皇朝'三字原闕，據殿本、劉本、孔本補。"
　　[3]《大典》卷一八一二九"將"字韻"後唐將（二）"事目。

　　安重霸　弟道進

　　安重霸，雲州人也。[1]性狡譎，多智算。初，自代北與明宗俱事武皇，因負罪奔梁，在梁復以罪奔蜀，蜀以蕃人善騎射，因爲親將。蜀後主王衍，[2]幼年襲位，其政多僻。宦官王承休居中用事，[3]與成都尹韓昭内外相結，[4]專採擇聲色，以固寵幸。武臣宿將，居常切齒。重霸諂事承休，特見委信。[5]

　　[1]雲州：州名。治所在今山西大同市。

[2]蜀：五代十國之前蜀。　王衍：人名。許州舞陽（今河南舞陽縣）人。王建幼子，五代十國前蜀皇帝。傳見本書卷一三六、《新五代史》卷六三。

[3]王承休：人名。籍貫不詳。五代十國前蜀宦官。事見吳任臣《十國春秋》卷四六。

[4]成都尹：官名。成都地方最高行政長官。　韓昭：人名。長安（今陝西西安）人。五代十國前蜀官員。傳見《十國春秋》卷四六。

[5]重霸諂事承休，特見委信：《舊五代史考異》：“《北夢瑣言》：重霸爲簡州刺史，瀆貨無厭。”見《北夢瑣言》卷一日本國王子棋條。

　　梁末，岐下削弱，蜀人奪取秦、成、階等州，重霸説承休求鎮秦州。仍於軍中選山東驍果，得數千人，號龍武都，以承休爲軍帥，重霸副焉，俱在天水。歲餘，承休欲求旄鉞，乃以隴西花木入獻，又稱秦州山水之美，人物之盛，請後主臨幸，而韓昭贊成之。[1]

[1]岐下：岐山以下。此指鳳翔。　秦：州名。治所在今甘肅秦安縣。　成：州名。治所在今甘肅成縣。　階：州名。治所在今甘肅隴南市武都區。　都：軍隊的編制單位。《武經總要》卷二：“凡五百人爲一指揮，其別有五都，都一百人，統以一營居之。”都的長官稱爲都頭。　天水：地名。位於今甘肅天水市。　“梁末”至“而韓昭贊成之”：“蜀人奪取秦、成、階等州”，中華書局本有校勘記：“‘奪’原作‘獨’，據殿本、劉本改。邵本校作‘進’。”《舊五代史考異》：“《太平廣記》引王氏《見聞錄》云：承休請從諸軍揀選官健，得驍勇數千，號龍武軍，承休自爲統帥，並特加衣糧，日有優給。因乞秦州節度使，且云：‘願與陛下于秦州採掇美

麗.'且説秦州風土,多出國色,仍請幸天水。少主甚悦,即遣使節赴鎮,應所選龍武精鋭,並充衛隊從行。"見《太平廣記》卷二四一王承休條。《通鑑》卷二七三同光二年(924)十月辛未條:"蜀宣徽北院使王承休請擇諸軍驍勇者萬二千人,置駕下左、右龍武步騎四十軍,兵械給賜皆優異於他軍,以承休爲龍武軍馬步都指揮使,以裨將安重霸副之,舊將無不憤耻。重霸,雲州人,以狡佞賄賂事承休,故承休悦之。"同卷同光三年九月條:"蜀安重霸勸王承休請蜀主東遊秦州。承休到官,即毁府署,作行宫,大興力役,强取民間女子教歌舞,圖形遺韓昭,使言於蜀主;又獻花木圖,盛稱秦州山川土風之美。"

　　同光三年十月,蜀主率衆數萬,由劍閣將出興、鳳,[1]以遊秦州。至興州,遇魏王繼岌軍至,[2]狼狽而旋。承休遽聞東師入討,大恐,計無從出,問於重霸。對曰:"開府何患?蜀中精兵,不下十萬,咫尺之險,安有不濟?縱東軍盡如狼虎,豈能入劍門![3]然國家有患,開府特受主知,不得失於奔赴,此州制置事定,無虞得失,重霸願從開府赴闕。"承休素信以爲忠赤。重霸出秦州金帛以賂羣羌,買由文山路歸蜀。[4]承休擁龍武軍及招置僅萬人從行,令重霸權握部署,州人祖送,秦州軍亦列部隊。承休登乘,重霸馬前辭曰:"國家費盡事力,收獲隴西,若從開府南行,隴州即時疏失,請開府自行,重霸且爲國守藩。"[5]承休既去,重霸在秦州,聞明宗起河北,即時遣使以秦、成等州來降。[6]

　　[1]劍閣:指劍閣道。位於今四川劍閣縣東北,爲古代川陝之間的重要通道。《水經注·漾水》:"連山絶險,飛閣通衢,故謂之

劍閣也。”　興：州名。治所在今陝西略陽縣。　鳳：州名。治所在今陝西鳳縣。

[2]繼岌：人名。即李繼岌。後唐莊宗李存勗長子。傳見本書卷五一、《新五代史》卷一四。

[3]劍門：關隘名。即劍門關。位於今四川劍閣縣劍門鎮北大劍山口。

[4]羌：古族名。分布在汧隴和關中地區。　文山：關隘名。位於今四川松潘縣東小河鄉北。

[5]龍武軍：唐禁軍名。開元二十六年（738）於左右羽林軍中移出左右萬騎營，別置左右龍武軍。掌禁軍宿衛、扈從。　隴州：州名。治所在今陝西隴縣。

[6]“同光三年十月”至“即時遣使以秦、成等州來降”：“同光三年十月”，中華書局本有校勘記：“‘三年’原作‘二年’，據本書卷三二《唐莊宗紀七》、《通鑑》卷二七三改。”“狼狽而旋”，《輯本舊史》之原輯者案語：“《九國志》作王衍將之秦州，以王宗弼力諫而止，與《薛史》異。”見《九國志》卷六《王宗弼傳》。“重霸出秦州金帛以賂羣羌”，中華書局本有校勘記：“‘金帛以’原作‘以金帛’，據殿本、孔本改。影庫本批校：‘重霸出秦州金帛以賂羣羌，繕本改作“以金帛”，文氣不順。’”“買由文山路歸蜀”，中華書局本有校勘記：“‘由文’，孔本作‘扶州’。‘文’，殿本作‘州’。按《通鑑》卷二七三：‘重霸請賂羌人，買文、扶州路以歸。’”《輯本舊史》之原輯者案語：“《九國志》作取路以歸蜀，文義較爲明晰。”《通鑑》卷二七三同光三年（925）十月條：“天雄節度使王承休與副使安重霸謀掩擊唐軍，重霸曰：‘擊之不勝，則大事去矣。蜀中精兵十萬，天下險固，唐兵雖勇，安能直度劍門邪！然公受國恩，聞難不可不赴，願與公俱西。’承休素親信之，以爲然。重霸請賂羌人買文、扶州路以歸；承休從之，使重霸將龍武軍及所募兵萬二千人以從。將行，州人餞於城外。承休上道，重霸拜於馬前曰：‘國家竭力以得秦、隴，若從開府還朝，誰當守之！

開府行矣，重霸請爲公留守。'承休業已上道，無如之何，遂與招
討副使王宗汭自扶、文而南；其地皆不毛，羌人抄之，且戰且行，
士卒凍餒，比至茂州，餘衆二千而已。重霸遂以秦、隴來降。"亦
見《輯本舊史》卷三三《唐莊宗紀七》同光三年十月條。

　　天成初，用爲閬州團練使，未幾，召還爲左衛大將
軍，常以姦佞揣人主意，明宗尤愛之。長興末，明宗謂
侍臣曰："安重霸，朕之故人，以秦州歸國，其功不細，
酬以團練、防禦，恐非懷來之道。"范延光曰："將校内
有自河東、河北從陛下龍飛故人，尚有未及團防者，今
若遽授重霸方鎮，恐爲人竊議。"明宗不悦。未幾，竟
以同州節鉞授之。[1]清泰初，移授西京留守、京兆尹。[2]
先是，秦雍之間，[3]令長設酒食，私丐於部民者，俗謂
之"擣蒜"，及重霸之鎮長安，[4]亦爲之，故秦人目重霸
爲"擣蒜老"。其年冬，改雲州節度，[5]居無何，以病求
代，時家寄上黨，及歸而卒。[6]重霸善悦人，好賂遺，
時人目之爲俊。[7]

　　[1]閬州：州名。治所在今四川閬中市。　團練使：官名。唐
代中期以後，於不設節度使的地區設團練使，掌本區各州軍事。
左衛大將軍：官名。唐置，掌宮禁宿衛。唐代置十六衛，即左右
衛、左右驍衛、左右武衛、左右威衛、左右領軍衛、左右金吾衛、
左右監門衛、左右千牛衛，各置上將軍，從二品；大將軍，正三
品；將軍，從三品。　長興：後唐明宗李嗣源年號（930—933）。
　范延光：人名。鄴郡臨漳（今河北臨漳縣）人。五代後唐、後晉
將領。傳見本書卷九七、《新五代史》卷五一。　河東：方鎮名。
治所在太原（今山西太原市）。　河北：即河北道。唐貞觀十道、

開元十五道之一。開元以後治魏州（今河北大名縣）。轄境相當於今北京、天津、河北、遼寧大部，河南、山東古黃河以北地區。同州：州名。治所在今陝西大荔縣。　"天成初"至"竟以同州節鉞授之"：《輯本舊史》卷四四《唐明宗紀一〇》長興四年（933）三月癸巳條："以右威衛上將軍安重霸爲同州節度使。"《宋本册府》卷八九九《總録部・致政門》："安重霸，長興初以虢州刺史除監門衛上將軍致仕。"明本《册府》卷四〇一《將帥部・行軍法門》："安重霸爲同州節度使。長興末，上言斬都頭張璠，使酒訛言故。"

[2]西京留守：官名。唐代始置。皇帝出巡或親征時指定親王或大臣留守，綜理軍事、行政、民事、財政。　京兆尹：官名。唐開元元年（713）改雍州置京兆府，治所在今陝西西安市。以京兆尹總其政務。從三品。　清泰初，移授西京留守、京兆尹：《輯本舊史》卷四六《唐末帝紀上》清泰元年（934）五月戊申條："以同州節度使安重霸爲西京留守。"

[3]雍：地名。即京兆府，治所在今陝西西安市。

[4]長安：地名。即今陝西西安市。

[5]改雲州節度：《輯本舊史》卷四七《唐末帝紀中》清泰二年正月乙丑條："以西京留守安重霸爲雲州節度使。"

[6]"居無何"至"及歸而卒"：《輯本舊史》卷四七《唐末帝紀中》清泰二年八月條："潞州奏，前雲州節度使安重霸卒。"

[7]好賂遺，時人目之爲俊：中華書局本有校勘記："《册府》卷九三九作'好賂遺君側，人目之爲傀胡'。"見明本《册府》卷九三九《總録部・譏誚門》。

　　弟道進，性尤兇惡，事莊宗，以試劍殺人，奔淮南。[1]重霸在蜀，聞之蜀主，取之於吳，用爲裨將，隨重霸爲龍武小將，戍長道，又以殺人奔歸洛陽。[2]

[1]淮南：方鎮名。治所在揚州（今江蘇揚州市）。　“弟道進”至“奔淮南”：“弟道進”，中華書局本有校勘記：“‘道進’，原作‘重進’，據孔本、《冊府》（宋本）卷九四一、《太平廣記》卷二六九引《玉堂閒話》改。影庫本粘籤：‘重進’，原本作‘道進’，今從《冊府元龜》改正。’《舊五代史考異》卷二：‘《玉堂閒話》作季弟道進。’”見《宋本冊府》卷九四一《總錄部·殘虐門》、《太平廣記》卷二六九引《玉堂閒話》卷三安道進條。“性尤兇惡”，中華書局本有校勘記：“‘性’字原闕，據《冊府》卷九四一補。”《舊五代史考異》：“《玉堂閒話》云：安重進，性兇險，莊宗潛龍時爲小校，常佩劍列于翊衛。後携劍南馳，投于梁祖，梁祖壯之，俾隸淮之鎮戍。復以射殺掌庾吏，逃竄江湖，淮帥得之，擢爲裨將。”見《太平廣記》卷二六九。

[2]吳：五代十國之吳國。後晉天福二年（937），吳主楊溥禪位於徐知誥，知誥即皇帝位於金陵，史稱南唐。　裨將：官名。即副將的統稱，相對牛將而言。亦稱裨將軍。　長道：縣名。治所在今甘肅禮縣東北長道鎮。　洛陽：地名。即今河南洛陽市。此處代指後唐。　“重霸在蜀”至“又以殺人奔歸洛陽”：“又以殺人奔歸洛陽”，中華書局本有校勘記：“‘以’字原闕，據《冊府》卷九四一補。”《舊五代史考異》：“《玉堂閒話》云：蜀破，道進東歸，明宗補爲諸州馬步軍都指揮使。後有過，鞭背卒。”見《太平廣記》卷二六九。

　　重霸之子曰懷浦，晉天福中爲禁軍指揮使。[1]契丹寇澶州，以臨陣怩怩，爲景延廣所誅。[2]《永樂大典》卷一萬八千一百二十九。[3]

[1]懷浦：人名。即安懷浦。曾任護聖左第四軍指揮使、行營馬軍都指揮。事見《冊府》卷一二三《帝王部·征討門》。　天

福：五代後晉高祖石敬瑭年號（936—942）。出帝石重貴沿用至九年（944）。後漢高祖劉知遠繼位後沿用一年，稱天福十二年（947）。　指揮使：官名。唐末五代軍隊多置都指揮使、指揮使，爲統兵將領。　晉天福中爲禁軍指揮使：明本《册府》卷一二三《帝王部·征討門三》晉高祖天福六年十一月條："以護聖左第四軍指揮使安懷浦爲行營馬軍都指揮。"

[2]澶州：州名。唐、五代初，治所在今河南清豐縣。後晉天福四年，移治於今河南濮陽市。　景延廣：人名。陝州（今河南三門峽市陝州區）人。五代後晉將領。傳見本書卷八八、《新五代史》卷二九。

[3]《大典》卷一八一二九"將"字韻"後唐將（二）"事目。

劉訓

劉訓，字遵範，隰州永和人也。出身行間，初事武皇爲馬軍隊長，漸至散將。[1]屬河中王氏昆仲有尋戈之役，訓從史儼攻陝州。[2]武皇討王行瑜，以訓爲前鋒，[3]後隸河中，爲隰州防禦都將。居無何，殺陝州刺史，以郡歸莊宗，歷瀛州刺史。[4]同光初，拜左監衛大將軍。[5]三年，授襄州節度使。[6]四年四月，洛陽有變，訓以私忿害節度副使胡裝，族其家，聞者冤之。[7]天成中，荆南高季興叛，詔訓爲南面行營招討使，知荆南行府事。[8]是時，湖南馬殷請以舟師會，及王師至荆渚，殷軍方到岳州，仍傳意於訓，許助軍儲弓甲之類，久之，略無至者。[9]荆渚地氣卑濕，漸及霖潦，糧運不繼，人多疾疫。訓本無將略，人咸苦之。及孔循至，得襄之小校獻竹龍之術，乃造竹龍二道，傳於城下，竟無所濟，遂罷兵，令將士散略居民而迴。[10]詔訓赴闕，尋責授檀州刺史，續敕濮州安置。[11]未幾，起爲龍武大將軍，尋授建雄軍節度使，移鎮延平。卒贈太尉。[12]《永樂大典》卷九千九十八。[13]

　　[1]隰州：州名。治所在今山西隰縣。　永和：縣名。治所在今山西永和縣。　散將：官名。統兵將領。　“劉訓”至“漸至散將”：亦見明本《册府》卷三四七《將帥部·佐命門八》。

　　[2]河中：府名。唐開元八年（720）改蒲州爲河中府，因地處黃河中游而得名，其後名稱屢有改易。治所在今山西永濟市。王氏昆仲：即王珂、王珙兄弟，爭奪河中節度使。　尋戈：動用刀兵。　史儼：人名。代州雁門（今山西代縣）人。李克用部將。傳見本書卷五五。　陝州：州名。治所在今河南三門峽市陝州區。屬河中王氏昆仲有尋戈之役，訓從史儼攻陝州：此事見《輯本舊史》卷一四《王珂傳》，繫於唐僖宗光啓三年（887）。

　　[3]王行瑜：人名。邠州（今陝西彬縣）人。唐末軍閥。傳見《舊唐書》卷一七五、《新唐書》卷二二四下。　武皇討王行瑜，以訓爲前鋒：此事《輯本舊史》卷二六《唐武皇紀下》繫於乾寧二年（895）六月至十一月。

　　[4]防禦都將：官名。唐、五代時節度使屬將。明本《册府》卷三四七《將帥部·佐命門八》作“守禦都將”。　瀛州：州名。治所在今河北河間市。　殺陝州刺史：明本《册府》卷三四七《將帥部·佐命門八》無“陝州”二字。

　　[5]左監衛大將軍：官名。即“左監門衛大將軍”。唐代置十六衛之一，掌宫禁宿衛。正三品。　拜左監衛大將軍：《輯本舊史》卷三二《唐莊宗紀六》同光二年（924）七月辛亥條：“以鄆州副使李紹珙爲襄州留後。”李紹珙即劉訓，見下條校勘記。

[6]三年，授襄州節度使：《輯本舊史》卷三三《唐莊宗紀七》同光三年八月己丑條："以襄州留後李紹琪爲襄州節度使。"卷三六《唐明宗紀二》天成元年（926）六月戊子條："前襄州節度使李紹琪起復，依前襄州節度使，仍復本姓名曰劉訓。"卷三七《唐明宗紀三》天成元年八月壬子條："襄州節度使劉訓加檢校太傅。"

[7]胡裝：人名。胡曾之孫。五代官員。傳見本書卷六九。"四年四月"至"聞者冤之"：《輯本舊史》卷六九《胡裝傳》："同光初，以裝爲給事中，從幸洛陽。時連年大水，百官多窘，裝求爲襄州副使。四年，洛陽變擾，節度使劉訓以私忿族裝，誣奏云裝欲謀亂，人士冤之。"

[8]荊南：方鎮名。治所在荊州（今湖北荊州市）。　行營招討使：官名。五代自後梁至後周均設行營招討使，負責地方征討、招撫之事。掌管區域較大而且長官資深者，則委以諸道行營都招討使和副都招討使，否則爲行營招討使和副招討使。　"天成中"至"知荊南行府事"：《輯本舊史》卷三八《唐明宗紀四》大成二年二月壬寅條："制曰：荊南節度使、開府儀同三司、守太尉、兼尚書令、南平王高季興可削奪官爵，仍令襄州節度使劉訓充南面招討使、知荊南行府事，許州節度使夏魯奇爲副招討使，統蕃漢馬步四萬人進討，以其叛故也。又命湖南節度使馬殷以全軍會合。"《新五代史》卷六《唐本紀》繫此事於戊戌。該月壬午朔，戊戌爲十七日，壬寅爲二十一日。

[9]湖南：方鎮名。又稱武安軍節度。治所在潭州（今湖南長沙市）。　馬殷：人名。許州鄢陵（今河南鄢陵縣）人，一説上蔡（今河南上蔡縣）人。五代十國南楚開國君主。傳見本書卷一三三、《新五代史》卷六六。　荊渚：指荊州。　岳州：州名。治所在今湖南岳陽市。　"是時"至"略無至者"：《舊五代史考異》："《通鑑》：劉訓至荊南，楚王殷遣都指揮使許德勛等將水軍屯岳州。高季興堅壁不戰，求救于吳，吳人遣水軍援之。"見《通鑑》卷二七五天成二年三月條。

　　[10]孔循：人名。籍貫不詳。五代後唐大臣。傳見《新五代史》卷四三。　　小校：低級軍官。　　"荊渚地氣卑濕"至"令將士散略居民而迴"："及孔循至"，《册府》作"及招討使孔循至"。"得襄之小校獻竹龍之術"，《輯本舊史》之影庫本粘籤："'獻竹龍之術'，原本脱'獻'字，今據《册府元龜》增入。"見明本《册府》卷四三八《將帥部・無功門》，但無"獻"字。"令將士散略居民而迴"，"令"《册府》作"領"。《輯本舊史》卷三八《唐明宗紀四》天成二年四月辛丑條："遣樞密使孔循赴荊南城下，時招討使劉訓有疾故也。"明本《册府》卷一二三《帝王部・征討門》天成二年四月條："與劉訓等詔曰：'朕昨以妙選師臣，往除凶孽，自長驅於鋭旅，將并擊於孤城。已發使臣，疊頒詔諭，料龍韜之此舉，顧蟻蛭以即平。今已漸向炎蒸，不可持久。切在訓齊貔虎，速進梯衝，必期此月之中，須殄干天之逆。貴令戰士免至疲勞，兼冀生民早諧蘇息。惟卿忠烈，體朕憂勤，儻能克副於指呼，便見立成其功效，固於酬獎，予無吝焉。'癸卯，有内臣自荊南至，云暑雨方甚，兵士苦之。及劉訓有疾，乃命樞密使孔循徑往荊南城下。"

　　[11]檀州：州名。治所在今北京市密雲區。　　濮州：州名。治所在今山東鄄城縣。　　"詔訓赴闕"至"續敕濮州安置"：《輯本舊史》卷三八《唐明宗紀四》天成二年六月壬辰條："南面招討使、知荊南行府事、襄州節度使、檢校太傅劉訓責授檢校右僕射、守檀州刺史。訓南征無功，故有是譴。"同年七月壬申條："逐劉訓於濮州。"明本《册府》卷四五〇《將帥部・譴讓門》："後唐劉訓爲襄州節度使，檢校太傅。"

　　[12]龍武大將軍：官名。唐朝置左右龍武軍。各置大將軍一人，掌統北衙禁兵，督攝左右厢飛騎儀仗。正二品。　　建雄軍：方鎮名。後唐同光元年改建寧軍爲建雄軍。治所在晋州（今山西臨汾市）。　　延平：此處當指"延州"，治所在今陝西延安市。《新輯會證》本傳："彰武軍即延州，但唐五代時延州并無'延平'的别名。"　　"未幾"至"卒贈太尉"：《輯本舊史》卷三九《唐明宗紀

五》天成三年二月丁酉條："以責授檀州刺史劉訓爲右龍武大將軍。"《宋本册府》卷一四九《帝王部·捨過門》："明宗天成三年二月敕：'朕聞爲賢諱過，含垢匿瑕，而皆載在《春秋》，顯其懲勸。是以孟明不懈，遂霸西戎；曹沫有謀，克寧東魯。列國之臣尚爾，爾何異焉？責授檀州刺史劉訓，早負變通，咸推忠壯。自隰川而向化，繼領竹符；平汶上以立功，遂分茅社。去春以荆門叛逆，須議討除，將戮賊臣，俾司戎律。攻城稍滯，略地未前。屬炎熇以班師，責逗遛而削爵。自居遠郡，俄換流年。亟聞惕屬以自新，宜降恩華而求舊。使昇環列，取象鈎陳。可守右龍武大將軍。'"《輯本舊史》卷三九《唐明宗紀五》天成三年八月丁丑條："以檢校尚書右僕射、守右龍武大將軍劉訓爲晉州節度使、檢校太傅。"卷四二《唐明宗紀八》長興二年十二月丁巳條："以彰武軍節度使劉訓卒廢朝。"

[13]《大典》卷九〇九八"劉"字韻"姓氏"事目。《新輯會證》本傳："《光緒山西通志》卷九三：彰武軍節度使劉訓碑，舊在永和縣東南五十里，見《縣誌》。"

張敬詢

張敬詢，勝州金河縣人，世爲振武軍牙校。祖仲阮，歷勝州刺史，父漢環，事武皇爲牙將。敬詢當武皇時，專掌甲坊十五年，以稱職聞。[1]復以女爲武皇子存霸妻，[2]益見親信。莊宗即位，以爲沁州刺史，秩滿，復用爲甲坊使。[3]莊宗經略山東，敬詢從軍，歷博、澤、慈、隰四州刺史。[4]同光末，授耀州團練使。[5]郭崇韜之征蜀也，[6]以敬詢善督租賦，乃表爲利州留後。[7]明宗即位，正授昭武軍節度使。[8]天成二年，詔還京師，復授

大同節度使。至鎮，招撫室韋萬餘帳。[9]四年，徵爲左
驍上將軍。明年，授滑州節度使。以河水連年溢堤，乃
自酸棗縣界至濮州，廣堤防一丈五尺，東西二百里，民
甚賴之。三年，秩滿歸京。卒，輟視朝一日。[10]《永樂
大典》卷六千三百五十。[11]

[1]勝州：州名。治所在今内蒙古准格爾旗。　金河縣：縣名。
隋置，屬雲州，治所在今内蒙古托克托縣北中灘鄉哈拉板申村大黑
河東岸古城；一説在今托克托縣西南之沙拉湖灘附近。以金河（今
大黑河）爲名。隋開皇二十年（600）改屬勝州。後廢。唐天寶四
年（745）復置，爲振武軍治所，移治今和林格爾縣西北土城子。
後廢。　牙校：低級軍官。　仲阮：人名。即張仲阮。事迹不詳。
　漢環：人名。即張漢環。事迹不詳。　牙將：官名。古代軍隊中
的中低級軍官。　“張敬詢”至“以稱職聞”：《宋本冊府》卷八
四四《總録部·勤幹門》：“後唐張敬詢，少事武皇，性勤幹。時太
祖收市甲馬，屢濟國難，尤留意於兵仗。敬詢自軍吏至牙校，專掌
甲坊十五年，尤稱職。”

[2]存霸：人名。即李存霸。沙陀部人。李克用之子，五代軍
閥。傳見本書卷五一、《新五代史》卷一四。

[3]沁州：州名。治所在今山西沁源縣。　甲坊使：官名。唐
代置。掌製鎧甲，屬少府。從九品下。

[4]澤：州名。治所在今山西澤州縣。　慈：州名。治所在今
山西吉縣。

[5]耀州：州名。治所在今陝西銅川市耀州區。

[6]郭崇韜：人名。代州雁門（今山西代縣）人。五代後唐將
領。傳見本書卷五七、《新五代史》卷二四。　郭崇韜之征蜀也：
《輯本舊史》卷三三《唐莊宗紀七》、《新五代史》卷五《唐莊宗紀
下》、《通鑑》卷二七三俱載郭崇韜征蜀事在同光三年（925）九月

庚子日。

[7]利州：州名。治所在今四川廣元市。 留後：官名。原非正式命官，唐朝節度使入朝或宰相、親王遙領節度使不臨鎮則置。安史之亂後，節度使多以子弟或親信爲留後，以代行節度使職務，亦有軍士、叛將自立爲留後者。掌一州或數州軍政。北宋始爲朝廷正式命官。

[8]昭武軍：方鎮名。治所在利州（今四川廣元市）。

[9]京師：即後唐都城洛陽（今河南洛陽市）。 室韋：古族名。又作"失韋""失圍"，一説即鮮卑的別譯。北魏時始見記載。源出東胡，與契丹同源，在南爲契丹，在北號室韋。南北朝時分爲五部，至隋唐時漸分爲三十餘部。曾附屬於突厥汗國，唐代東突厥汗國、後突厥汗國、回鶻汗國衰亡後，大量室韋人遷入蒙古高原，遼金時遍佈大漠南北。中唐以後，文獻上又把室韋稱作"達怛"。參見張久和《原蒙古人的歷史：室韋、達怛研究》，高等教育出版社1998年版。 "天成二年"至"招撫室韋萬餘帳"：《輯本舊史》卷三六《唐明宗紀二》天成元年（926）六月戊申條："以利州節度觀察留後張敬詢爲利州節度使。"卷三八《唐明宗紀四》天成二年四月辛丑條："以前利州節度使張敬詢爲雲州節度使。"此傳"大同節度使"於紀作"雲州節度使"，因於大同置雲州故也。《宋本册府》卷三九七《將帥部·懷撫門》："張敬詢，爲大同軍節度使。至鎮，招撫室韋曷剌鉢于越萬餘帳，以捍北邊。"

[10]酸棗縣：縣名。治所在今河南延津縣西南。 滑州：州名。治所在今河南滑縣。 "四年"至"輟視朝一日"：《輯本舊史》卷四〇《唐明宗紀六》天成四年十月庚子條："以雲州節度使張敬詢爲左驍衛上將軍。"此條中華書局本有校勘記："'雲州節度使'，朱玉龍《方鎮表》：'據《明宗紀》，本年六月敬詢已被楊漢章代歸；至十月，不得復作"雲州節度使"，疑"雲州"上脱"前"字。'"卷四一《唐明宗紀七》長興元年（930）四月庚申條："以驍衛上將軍張敬詢爲滑州節度使。"卷四四《唐明宗紀一

○》長興四年十月丁未條:"以前滑州節度使張敬詢卒廢朝。"

[11]《大典》卷六三五○"張"字韻"姓氏"事目。

劉彥琮

劉彥琮,字比德,雲中人也。事武皇,累從征役。先是,絳州刺史王瓘叛,武皇言於彥琮,意欲致之。無幾,從獵於汾、晋之郊,彥琮奔絳,瓘以爲附己,待之甚厚,因命爲騎將。會瓘出獵,於馳驅之際,彥琮刃瓘之首來獻,武皇甚奇之。[1]從莊宗解上黨之圍。同光初,稍遷至鐵林指揮使、磁州刺史。[2]從明宗赴難京師,授華州留後,尋正授節旄。[3]天成三年,改左武衛上將軍。[4]未幾,改陝州節度使,尋移鎮邠州,卒於鎮,時年六十四。贈大傅。[5]《永樂大典》卷六千二十。[6]

[1]絳州:州名。治所在今山西新絳縣。《輯本舊史》之影庫本粘籤:"絳州,原本作'維州',今據《通鑑》改正。"查《通鑑》,未見此記載。但明本《册府》卷三四七《將帥部·佐命門八》、卷七五九《總録部·忠門》均作"絳州"。　王瓘:人名。籍貫、事迹不詳。本書僅此一見。　汾:州名。治所在今山西汾陽市。　晋:州名。治所在今山西臨汾市。　因命爲騎將:中華書局本有校勘記:"'騎將',《册府》卷三四七、卷七五九作'親騎'。"　於馳驅之際:"馳驅",《册府》卷三四七、卷七五九作"驅馳"。　"劉彥琮"至"武皇甚奇之":《宋本册府》卷七六六《總録部·攀附門二》:"劉彥琮,雲中人,唐末武皇作鎮晋陽,有撥亂夷兇之志。彥琮乃謁于軍門,致之麾下。自是從征,興復王室。後至邠州節度使。"

[2]鐵林指揮使:官名。所部統兵將領。鐵林爲部隊番號。

磁州：州名。治所在今河北磁縣。

　　[3]華州：州名。治所在今陝西渭南市華州區。　“從明宗赴難京師”至“尋正授節旄”：“從明宗赴難京師”，中華書局本有校勘記：“‘從’原作‘後’，據劉本、《册府》卷三八七改。”《輯本舊史》卷三六《唐明宗紀二》天成元年（926）五月癸酉條：“以前磁州刺史劉彥琮爲同州留後。”此條中華書局本有校勘記：“本書卷六一《劉彥琮傳》：‘明宗赴難京師，授華州留後，尋正授節旄。’卷三八《唐明宗紀四》：‘（天成二年）以華州留後劉彥琮爲本州節度使。’朱玉龍《方鎮表》：‘“同州”當爲“華州”之誤。’天成元年鎮同州者爲李存敬、王思同、盧質。”見《輯本舊史》卷三八《唐明宗紀四》天成二年四月丁亥條。

　　[4]左武衛上將軍：官名。唐代置十六衛之一，掌宫禁宿衛。從二品。　天成三年，改左武衛上將軍：《輯本舊史》卷三九《唐明宗紀五》天成三年八月己卯條：“以前華州節度使劉彥琮爲左武衛上將軍。”

　　[5]邠州：州名。治所在今陝西彬縣。　太傅：官名。與太師、太保合稱三師，唐後期、五代多爲大臣、勳貴加官。正一品。“未幾”至“贈太傅”：《輯本舊史》卷四一《唐明宗紀七》長興元年（930）三月丙戌條：“以左武衛上將軍劉彥琮爲陝州節度使、檢校太保。”同年十月己亥條：“陝州節度使劉彥琮移鎮邠州。”卷四二《唐明宗紀八》長興二年閏五月癸丑條：“以邠州節度使劉行琮卒廢朝，贈太傅。”

　　[6]《大典》卷六〇二〇爲“陽”字韻“南陽府”事目，與本傳無涉，無法確定出處，存疑。

袁建豐

袁建豐，武皇破巢時得於華陰，年方九歲，愛其精神爽俊，俾收養之。[1]漸長，列於左右，復習騎射，補鐵林都虞候。[2]從破邠州王行瑜，以功遷左親騎軍使，轉突騎指揮使。[3]從莊宗解圍上黨，破柏鄉陣，累功遷右僕射、左厢馬軍指揮使。[4]明宗爲內衙指揮使，[5]建豐爲副。北討劉守光，常身先士伍，轉都教練使，權蕃漢副總管。[6]莊宗入鄴，以心腹幹能，選爲魏府都巡檢使。[7]破劉鄩，下衛、磁、洺三郡有功，加檢校司空，授洺州刺史。[8]於臨洺西敗梁將王遷數千人，[9]生獲將領七十餘人，俄拜相州刺史，徵赴河上，預戰於胡柳陂。[10]建豐領相州軍士行營在外，委州事於小人，失於撫馭，指揮使孟守謙據城以叛，[11]建豐引兵討平之。改隰州刺史，染風痹於任。明宗嗣位，念及平昔副貳之舊，詔赴洛下，親幸其第，撫問隆厚，加檢校太傅，遙授鎮南節度使，俾請俸自給。[12]後卒於洛陽，年五十六。廢朝一日，贈太尉。[13]

[1]華陰：縣名。治所在今陝西華陰市。　“袁建豐”至“俾收養之”：袁建豐，《新五代史》卷二五有傳，其事亦見明本《册府》卷三四七《將帥部・佐命門八》、《宋本册府》卷三八七《將帥部・褒異門一三》。

[2]鐵林都虞候：官名。鐵林軍統兵官。“鐵林”爲部隊番號。都虞候，次於都指揮使、副都指揮使。

[3]左親騎軍使：官名。所部統兵將領。“親騎”爲部隊番號。

突騎指揮使：官名。所部統兵將領。“突騎”爲部隊番號。

“從破邠州王行瑜”至“轉突騎指揮使”：“轉突騎指揮使”，《輯本舊史》之原輯者案語：“《歐史》作突陣指揮使。”見《新五代史》卷二五《袁建豐傳》。

[4]右僕射：官名。秦始置。隋、唐前期以左、右僕射佐尚書令總理六官，綱紀庶務，如不置尚書令，則總判省事，爲宰相之職。唐後期多爲大臣加銜。從二品。　左厢馬軍指揮使：官名。所部統兵將領。左厢馬軍，當爲河東的馬軍建制。

[5]内衙指揮使：官名。所部統兵將領。

[6]劉守光：人名。深州樂壽（今河北獻縣）人。幽州節度使劉仁恭之子。唐末、五代軍閥。後自稱大燕皇帝，年號應天。被後唐莊宗擊敗，俘後被斬。傳見本書卷一三五、《新五代史》卷三九。

教練使：官名。唐末、五代節度使屬官，諸州亦置此職。掌訓練軍士。　蕃漢副總管：官名。五代後唐置，爲蕃漢軍副總指揮官。

[7]魏府：地名。即魏州。治所在今河北大名縣。　巡檢使：官名。五代始設巡檢於京師、陪都、重要的州及邊防重鎮。

[8]劉鄩：人名。密州安丘（今山東安丘市）人。唐末、五代將領。傳見本書卷二三、《新五代史》卷二二。　衛：州名。治所在今河南衛輝市。　洺：州名。治所在今河北邯鄲市永年區。“破劉鄩”至“授洺州刺史”：“破劉鄩”，中華書局本有校勘記：“‘破’字原闕，據彭校、《册府》卷三四七、卷三八七補。殿本、劉本作‘從征劉鄩’。”

[9]臨洺：縣名。治所在今河北邯鄲市永年區。　王遷：人名。籍貫不詳。五代後梁將領。事見《新五代史》卷二五。《新五代史》卷二五《袁建豐傳》作“王千”。

[10]相州：州名。治所在今河南安陽市。　胡柳陂：地名。位於今河南濮陽市。

[11]孟守謙：人名。人名。籍貫不詳。五代後唐將領。《新五代史》卷二五《袁建豐傳》作“孟謙”。《舊五代史考異》：“《歐陽史》作孟謙。”明本《册府》卷六九四《牧守部·武功門二》、《宋本册府》卷六九八《牧守部·失政門》皆作“孟守謙”。

[12]洛下：指代洛陽。　鎮南：方鎮名。治所在洪州（今江西南昌市）。　“明宗嗣位”至“俾請俸自給”：“加檢校太傅”，《舊

五代史考異》："《歐陽史》作太尉。"見《新五代史》卷二五《袁建豐傳》。《輯本舊史》卷三七《唐明宗紀三》天成元年（926）九月己未條："幸至德宮，遂幸前隰州刺史袁建豐之第。帝嘗爲太原內牙親將，建豐爲副，至是建豐風疾沈廢，故親幸其第以撫之。"同年十月甲午條："以前隰州刺史袁建豐遙領洪州節度使。"此處作"洪州節度使"，因鎮南軍治洪州。亦見《宋本册府》卷一七二《帝王部·求舊門二》。

[13]廢朝一日，贈太尉：《輯本舊史》卷三九《唐明宗紀五》天成三年正月丙辰條："以鎮南軍節度使袁建豐卒廢朝，詔贈太尉。"

　　子可鈞，仕皇朝，位至諸衛大將軍。[1]《永樂大典》卷一萬八千一百二十九。[2]

[1]可鈞：人名。即袁可鈞。本書僅此一見。
[2]《大典》卷一八一二九"將"字韻"後唐將"事目。

西方鄴

　　西方鄴，定州滿城人也。父再遇，爲州軍校。[1]鄴居軍中，以勇力聞。年二十，南渡河遊梁，不見用，復歸。莊宗以爲奉義指揮使，累從征伐有功。[2]同光中，爲曹州刺史，以州兵屯汴州。[3]明宗自魏反兵，南渡河，而莊宗東幸汴州。汴州節度使孔循懷二志，使北門迎明宗，西門迎莊宗，所以供帳委積如一，曰："先至者入之。"鄴因責循曰："主上破梁而得公，有不殺之恩，奈何欲納總管而負國？"循不答。鄴度循不可争，而石敬瑭妻，[4]明宗女也，時方在汴，鄴欲殺之以堅人心。循知其謀，取之藏其家，鄴無如之何。而明宗已及汴，乃將麾下兵五百騎西迎莊宗，見於汜水，[5]嗚咽泣下，莊宗亦爲之噓晞，乃使以兵爲先鋒。莊宗至汴西，不得入，還洛陽，遇弒。明宗入洛，鄴請死於馬前，明宗嘉歎久之。

[1]滿城：縣名。治所在今河北保定市滿城區。　再遇：人名。即西方再遇。五代後梁將領。事見《新五代史》卷二五。　"西方鄴" 至 "爲州軍校"："西方鄴"，中華書局本有校勘記："按本傳文字與《新五代史》卷二五《西方鄴傳》略同，疑係誤輯《新五代史》。"《輯本舊史》之原輯者案語："《歐史》作汴州軍校，疑原本脫一字。"《新五代史》卷二五《西方鄴傳》亦云 "爲州軍校"。中華書局本《新五代史》對此有校勘記："'州' 原作 '汴州'，據宋文本改。按西方鄴墓誌云其父終於定州都指揮使，本卷下文復云鄴 '年二十，南渡河遊梁'，知其父非汴州軍校。"

[2]奉義指揮使：官名。所部統兵將領。奉義爲部隊番號。"年二十" 至 "累從征伐有功"："莊宗以爲奉義指揮使"，《輯本舊史》原作 "莊宗以爲孝義指揮使"，中華書局本有校勘記："'孝義指揮使'，《册府》卷一二〇、卷三六〇、卷三八七、卷三九六作 '奉義指揮使'。按西方鄴墓誌（拓片刊《千唐誌齋藏誌》）：'以功補奉義指揮使。'" 但未改。見明本《册府》卷一二〇《帝王部·選將門》，《宋本册府》卷三六〇《將帥部·立功門一三》、卷三八七《將帥部·褒異門一三》、卷三九六《將帥部·勇敢門三》。今據改。

[3]曹州：州名。治所在今山東曹縣西北。

[4]石敬瑭：人名。沙陀部人。五代後唐將領、後晋開國皇帝。紀見本書卷七五至卷八〇、《新五代史》卷八。

[5]汜水：縣名。治所在今河南滎陽市汜水鎮。

　　明年，荆南高季興叛，明宗遣襄州節度使劉訓等招討，而以東川董璋爲東南招討使，乃拜鄩夔州刺史，副璋，以兵出三峽。[1]已而訓等無功見黜，諸將皆罷，璋未嘗出兵，惟鄩獨取三州，乃以夔州爲寧江軍，拜鄩節度使。[2]已而又取歸州，數敗季興之兵。[3]鄩，武人，所爲多不中法度，判官譚善達數以諫鄩，鄩怒，遣人告善達受人金，下獄。善達素剛，辭益不遜，遂死于獄中。鄩病，見善達爲祟，卒于鎮。[4]《永樂大典》卷一萬八千一百二十九。[5]

　　[1]東川：方鎮名。唐至德二載（757）分劍南節度使東部地區置劍南東川節度使。治所在梓州（今四川三臺縣）。　董璋：人名。籍貫不詳。五代後梁、後唐將領。傳見本書卷六二、《新五代史》卷五一。　東南招討使：官名。唐始置。戰時任命，兵罷則省。常以大臣、將帥或地方軍政長官兼任。掌東南部招撫、討伐等事。“東南”《輯本舊史》原作“西南”。中華書局本有校勘記：“‘西南’，《通鑑》卷二七五作‘東南’。按西方鄩墓誌記鄩時爲東南面招討副使，據本卷下文，鄩爲董璋之副。”但未改。《通鑑》卷二七五天成二年（927）二月壬寅條：“以……東川節度使董璋充東南面招討使，新夔州刺史西方鄩副之。”亦見《輯本舊史》卷三八《唐明宗紀四》天成二年二月壬寅條，明本《册府》卷一二〇《帝王部・選將門二》、卷一二三《帝王部・征討門三》。今據以上諸書改。《新五代史》卷二五《西方鄩傳》作“西南面招討使”。

　　夔州：州名。治所在今重慶奉節縣。　三峽：長江三峽。或即瞿塘峽、巫峽和西陵峽。

[2]寧江軍：方鎮名。治所在夔州（今重慶奉節縣）。　"已而訓等無功見黜"至"拜鄩節度使"：《輯本舊史》卷三八天成二年七月甲子條："夔州刺史西方鄩奏，殺敗荆南賊軍，收峽內三州。"同月丙寅條："升夔州爲寧江軍，以鄩爲節度使。"

[3]歸州：州名。治所在今湖北秭歸縣。　已而又取歸州，數敗季興之兵：《舊五代史考異》："《通鑑》不載取歸州事，《歐陽史》與《薛史》同。近人撰《十國春秋》者，謂他書不載取歸州之事，疑《歐陽史》有誤。蓋《薛史》世久失傳，《十國春秋》所引悉本《通鑑考異》，殊不知《歐陽史·西方鄩傳》本于《薛史》，有可徵信也。"《輯本舊史》卷三九《唐明宗紀五》天成三年三月癸亥條："西方鄩上言，收復歸州。"同月己巳條："西方鄩奏，於歸州殺敗荆南賊軍。"

[4]判官：官名。唐、五代方鎮僚屬，位在行軍司馬下。分掌使衙內各曹事，並協助使職官員通判衙事。　譚善達：人名。籍貫不詳。五代後唐官員。事見本書本卷、《新五代史》卷二五。"鄩，武人"至"卒于鎮"：明本《册府》卷四四〇《將帥部·忌害門》："西方鄩爲夔州節度使，爲政貪虐。判官譚善達每諫其失，鄩忿之，令左右告善達受人金。下獄拷掠，死於獄中。"亦見《宋本册府》卷七一九《幕府部·公正門》譚善達條、卷九三一《總録部·枉橫門》譚善達條、卷九四一《總録部·殃報門》。《輯本舊史》卷四〇《唐明宗紀六》天成四年五月丙子條："以夔州節度使西方鄩卒輟朝。"

[5]《大典》卷一八一二九"將"字韻"後唐將"事目。

張遵誨

張遵誨，魏州人也。父爲宗城令，羅紹威殺牙軍之歲，爲梁軍所害。遵誨奔太原，武皇以爲牙門將。莊宗定山東，遵誨以典客從，歷幽、鎮二府馬步都虞候。[1]
同光中，爲金吾大將軍。[2]明宗即位，任圜保薦，授西
都副留守知留守事、京兆尹。[3]天成四年，入爲客省使、
守衛尉卿。[4]及將有事於南郊，爲修儀仗法物使。初，
遵誨自以歷位尹正，與安重誨素亦相款，衷心有望於節
鉞。及郊禋畢，止爲絳州刺史，鬱鬱不樂。离京之日，
白衣乘馬於隼旗之下，至郡無疾，翌日而卒。[5]《永樂大
典》卷六千三百五十。[6]

[1]魏州：州名。治所在今河北大名縣。 宗城：縣名。治所
在今河北威縣。 令：官名。爲縣的行政長官，掌治本縣。唐代之
縣，分赤（京）、次赤、畿、次畿、望、緊、上、中、中下、下十
等。縣令分六等，正五品上至從七品下。 羅紹威：人名。魏州貴
鄉（今河北大名縣）人。唐末軍閥。傳見本書卷一四、《新五代
史》卷三九。 牙門將：官名。牙門中統領士兵指揮作戰。 典
客：官名。亦稱客將。唐末、五代藩鎮負責接待使節、賓客、出使
等外交職責的武官。詳見吳麗娛《試論晚唐五代的客將、客司與客
省》，《中國史研究》2002 年第 4 期。 幽：州名。治所在今北京
市。 鎮：州名。治所在今河北正定縣。 馬步都虞候：官名。五
代侍衛親軍馬步軍統兵官，僅次於馬步軍都指揮使、副都指揮使。
"張遵誨"至"歷幽、鎮二府馬步都虞候"：《輯本舊史》之影
庫本粘籤："幽、鎮，原本作'幽縱'，今據五代時盧龍軍稱幽州、
魏博軍稱鎮州，'縱'字係'鎮'字之訛，今改正。"羅紹威殺牙
軍，《輯本舊史》卷一四《羅紹威傳》繫於天祐三年（906）正月。
《宋本册府》卷七六六《總錄部·攀附門二》："張遵誨，父爲宗城
令，羅紹威殺衙軍之歲，爲梁軍所害。遵誨奔太原，武皇以爲牙門
將。時朱溫篡逆，據有兩京，武皇與邠、鳳同謀興復，命遵誨知岐

州留務，在岐下累年。莊宗平定山東，遵誨以典客從。歷幽、鎮二府馬步都虞侯。”

[2]金吾大將軍：官名。即金吾衛大將軍。唐置，掌宮禁宿衛。唐代十六衛之一，正三品。

[3]任圜：人名。京兆三原（今陝西三原縣）人。五代後唐將領、大臣。傳見本書卷六七、《新五代史》卷二八。　西都：指後唐西都京兆府（今陝西西安市）。後梁以開封爲東都，洛陽爲西都。後唐恢復唐制，以洛陽爲東都，長安爲西都。　“明宗即位”至“授西都副留守知留守事、京兆尹”：《輯本舊史》卷三六《唐明宗紀二》天成元年（926）五月戊寅條：“以左金吾大將軍張遵誨爲西京副留守、知留守事。”卷三九《唐明宗紀五》天成三年六月戊戌條：“以西京副留守、知留守事張遵誨行京兆尹。”

[4]客省使：官名。客省長官。唐代宗時始置，五代沿置。掌接待四方奏計及外族使者。　衛尉卿：官名。北魏置，隋、唐、五代爲衛尉寺長官。掌供宮廷、祭祀、朝會之儀仗帷幕，通判本寺事務。從三品。

[5]修儀仗法物使：官名。掌修儀仗法物。　安重誨：人名。應州（今山西應縣）人。五代後唐大臣。傳見本書卷六六、《新五代史》卷二四。　“及將有事於南郊”至“翌日而卒”：《輯本舊史》卷四〇《唐明宗紀六》天成四年六月癸卯條：“以前西京副留守事張遵誨行衛尉事，充客省使。”同年八月甲辰條：“客省使、衛尉卿張遵誨爲修裝法物使。”明本《册府》卷九三八《總録部·姦佞門二》：“張遵誨爲客省使。明宗將有事于南郊，爲修儀仗法物使。初，遵誨以歷位尹正，與安重誨素亦相款，心有望於節鉞。重誨嘗視法物於修行寺，因過遵誨之第，遵誨於中堂出女妓珍幣以爲壽。有彈筝妓尤善，欲以奉重誨。時樞密學士史圭、闞至等在席，素惡遵誨之阿諛，有不平之色。重誨曰：‘吾自有妓媵，不煩掠美於人。’自是左右益言其短。及郊禋畢，以爲絳州刺史，鬱鬱不樂。離京之日，白衣乘馬於隼旗之下。至郡，無幾而卒。”

[6]《大典》卷六三五〇"張"字韻"姓氏（二〇）"事目。

孫璋

孫璋，齊州歷城人。[1]出身行間，隸梁將楊師厚麾下，稍補奉化軍使。[2]莊宗入鄴，累遷澶州都指揮使。明宗鎮常山，擢爲裨校。[3]鄴兵之變，從明宗赴難京師。天成初，歷趙登二州刺史、齊州防禦使。王都之據中山，璋爲定州行營都虞候，賊平，加檢校太保。[4]長興初，授鄜州節度使，罷鎮，卒於洛陽，年六十一。贈太尉。[5]《永樂大典》卷三千四百六十一。[6]

[1]歷城：地名。即今山東濟南市，西漢置歷城縣於此，故稱。

[2]楊師厚：人名。潁州斤溝（今安徽太和縣阮橋鎮斤溝村）人。唐末、五代後梁將領。傳見本書卷二二、《新五代史》卷二三。

[3]裨校：低級軍官。

[4]趙：州名。治所在今河北趙縣。　　登：州名。治所在今山東蓬萊市。　　行營都虞候：官名。五代時期出征軍隊高級統率官。　　檢校太保：官名。爲散官或加官，以示恩寵，無實際執掌。太保，與太師、太傅合稱三師。　　"天成初"至"加檢校太保"：《宋本冊府》卷三六〇《將帥部·立功門一三》："孫璋爲齊州防禦使。天成中，王都據中山叛，以璋爲定州行營都虞候。賊平，加檢校太保。"亦見卷三八七《將帥部·褒異門一三》。

[5]鄜州：州名。治所在今陝西富縣。　　"長興初"至"贈太尉"：《輯本舊史》卷四一《唐明宗紀七》長興元年（930）七月甲申條："以前齊州防禦使孫璋爲鄜州節度使。"卷四三《唐明宗紀九》長興三年三月庚子條："以前鄜州節度使孫璋卒廢朝。"

　　[6]《大典》卷三四六一“渾”字韻“姓氏”事目，與本傳無涉，應爲卷三五六一“孫”字韻“姓氏（八）”事目。

　　史臣曰：“夫天地斯晦，則帝王於是龍飛；雲雷搆屯，則王侯以之蟬蜕。良以適遭亂世，得奮雄圖，故金全而下，咸以軍旅之功，坐登藩閫之位，垂名簡册，亦可貴焉。惟重霸以姦險而仗旄鉞，蓋非數子之儔也。”
《永樂大典》卷三千四百六十一。[1]

　　[1]《大典》卷三四六一爲“渾”字韻“姓氏”事目，與本傳無涉，應爲卷三五六一“孫”字韻“姓氏（八）”事目。

舊五代史　卷六二

唐書三十八

列傳第十四[1]

[1]按，本卷末無史論。

　　孟方立[1]　　從弟遷

[1]孟方立：《輯本舊史》之原輯者案語："《薛史·孟方立傳》，《永樂大典》闕佚，今就《通鑑考異》所引用者録之，僅存梗概。"後録《新唐書·孟方立傳》。現補輯。

　　孟方立，邢州平鄉人也。少爲軍卒，以勇力選爲隊將。[1]中和二年，爲澤州天井關戍將，時黄巢犯關輔，州郡易帥有同博弈。先是，沈詢、高湜相繼爲昭義節度，怠於軍政，及有歸秦、劉廣之亂，方立見潞帥交代之際，乘其無備，率戍兵徑入潞州，自稱留後。[2]方立以邢爲府，以審誨知潞州事。[3]潞人祈師於武皇，中和三年十月，武皇遣李克脩將兵赴之，方立拒戰，大敗之。由是連收澤、潞二郡，乃以克脩爲節度使。[4]李克脩攻孟方立，甲午，擒其將呂臻於焦岡，拔故鎮、武安、臨洺、邯鄲、沙河；以大將安金俊爲邢州刺史。[5]孟方立遣其將奚忠信將兵三萬襲遼州，李克脩邀擊，大破之，擒忠信送晉陽。[6]六月，李存孝下洺、磁兩郡，方立遣馬溉、袁奉韜盡率其衆逆戰於琉璃陂，存孝擊之，盡殪，生獲馬溉、奉韜。初，方立性苛急，恩不逮下，攻圍累旬，夜自巡城慰論，守陴者皆倨。方立知其不可用，乃飲酖而卒。[7]

　　[1]邢州：州名。治所在今河北邢臺市。　平鄉：縣名。治所在今河北平鄉縣。　隊將：低級武將。　“孟方立”至“以勇力選爲隊將”：《新五代史》卷四二《孟方立傳》。《通鑑》卷二五四中和元年（881）九月條、《新唐書》卷一八七《孟方立傳》僅言其爲“邢州人”。

　　[2]中和：唐僖宗李儇年號（881—885）。　澤州：州名。治所在今山西晉城市。　天井關：關隘名。又稱太行關。位於今山西晉城市南太行山頂。　黃巢：人名。曹州冤句（今山東菏澤市）人。唐末農民起義領袖。傳見《舊唐書》卷二〇〇下、《新唐書》卷二二五下。　沈詢：人名。蘇州吳（今江蘇蘇州市）人。唐末大臣、將領。後昭義軍亂被殺。傳見《舊唐書》卷一四九、《新唐書》卷一三二。　高湜：人名。籍貫不詳。高鉄之子。曾任右諫議大夫、禮部侍郎。後任昭義節度使被逐。事見《新唐書》卷一七七。　昭義：方鎮名。治所在潞州（今山西長治市）。　節度：官名。唐時在重要地區所設掌握一州或數州軍、民、財政的長官。歸秦：人名。籍貫不詳。沈詢家奴。唐懿宗咸通四年（863），昭義節度使沈詢家奴歸秦與沈詢侍婢私通。被發現後歸秦勾結潞州牙將

作亂，殺沈詢。事見《舊唐書》卷一四九。　劉廣：人名。籍貫不詳。唐末將領。中和元年，澤潞高潯牙將劉廣擅還據潞州。後被孟方立所殺。事見本書卷九〇、《通鑑》卷二五五。　潞州：州名。治所在今山西長治市。　留後：官名。原非正式命官，唐朝節度使入朝或宰相、親王遙領節度使不臨鎮則置。安史之亂後，節度使多以子弟或親信爲留後，以代行節度使職務，亦有軍士、叛將自立爲留後者。掌一州或數州軍政。北宋始爲朝廷正式命官。　"中和二年"至"自稱留後"：《通鑑》卷二五四中和元年九月條《考異》引薛居正《五代史·孟方立傳》。《通鑑》該條正文："昭義十將成麟殺高潯，引兵還據潞州；天井關成將孟方立起兵攻麟，殺之。方立，邢州人也。"《舊唐書》卷一九下《唐僖宗紀》中和元年九月條："是月，（高）潯天井關成將孟方立率成卒攻劉廣，殺之。方立遂自稱留後，仍移軍鎮於邢州。"《新唐書》卷九《唐僖宗紀》中和元年九月己巳條："昭義軍成將孟方立殺成麟，自稱留後。"《新唐書》卷一八七《孟方立傳》："始爲澤州天井成將，稍遷游弈使。中和元年，昭義節度使高潯擊黃巢，戰石橋，不勝，保華州，爲裨將成鄴所殺，還據潞州。衆怒，方立率兵攻鄴，斬之，自稱留後。"《新五代史》卷四二《孟方立傳》："唐廣明中，潞州節度使高潯攻諸葛爽于河陽，遣方立將兵出天井關爲先鋒。潯爲其將劉廣所逐，廣爲亂軍所殺。方立聞亂，引兵自天井入據潞州，唐因以爲昭義軍節度使。"

　　[3]審誨：人名。即祁審誨。籍貫不詳。鄭昌圖時昭義監軍。事見《通鑑》卷二五五。　方立以邢爲府，以審誨知潞州事：《通鑑》卷二五五中和二年條《考異》引薛居正《五代史·孟方立傳》。《通鑑》該條正文："孟方立既殺成麟，引兵歸邢州，潞人請監軍吳全勗知留後。是歲，王鐸墨制以方立知邢州事，方立不受，囚全勗；與鐸書，願得儒臣鎮潞州，鐸以鄭昌圖知昭義軍事。既而朝廷以右僕射、租庸使王徽同平章事，充昭義節度使，徽以車駕播遷，中原方擾，方立專據山東邢、洺、磁三州，度朝廷力不能制，

辭不行，請且委昌圖。詔以徽爲大明宮留守、京畿安撫制置脩奉園陵使。昌圖至潞州，不三月而去，方立遂遷昭義軍於邢州，自稱留後，表其將李殷鋭爲潞州刺史。”《新唐書》卷一八七《孟方立傳》：“擅裂邢、洺、磁爲鎮，治邢爲府，號昭義軍。潞人請監軍使吳全勗知兵馬留後。時王鐸領諸道行營都統，以潞未定，墨制假方立檢校左散騎常侍、兼御史大夫，知邢州事。方立不受，囚全勗，以書請鐸，願得儒臣守潞。鐸使參謀中書舍人鄭昌圖知昭義留事，欲遂爲帥。僖宗自用舊宰相王徽領節度。時天子在西，河、關雲擾，方立擅地而李克用窺潞州，徽度朝廷未能制，乃固讓昌圖。昌圖治不三月，輒去。方立更表李殷鋭爲刺史。”

[4]武皇：即李克用。沙陀部人，生於神武川新城（一説是今山西朔州市朔城區之梵王寺村，一説是今山西應縣縣城，一説在今山西懷仁縣之日中城）。唐末軍閥，受封晉王。五代後唐太祖。紀見本書卷二五至卷二六、《新五代史》卷四。　李克脩：人名。沙陀部人。李克用之弟，唐末將領。傳見本書卷五〇、《新五代史》卷一四。　“潞人祈師於武皇”至“乃以克脩爲節度使”：《通鑑》卷二五五中和三年十月條《考異》引薛居正《五代史·孟方立傳》。《通鑑》該條正文：“昭義節度使孟方立，以潞州地險人勁，屢篡主帥，欲漸弱之，乃遷治所於邢州，大將家及富室皆徙山東，潞人不悦。監軍祁審誨因人心不安，使武鄉鎮使安居受潛以蠟丸乞師於李克用，請復軍府於潞州。冬，十月，克用遣其將賀公雅等赴之，爲方立所敗；又遣李克脩擊之，辛亥，取潞州，殺其刺史李殷鋭。是後克用每歲出兵爭山東，三州之人半爲俘馘，野無稼穡矣。”《新唐書》卷一八七《孟方立傳》：“謂潞險而人悍，數賊大帥爲亂，欲銷懦之，乃徙治龍岡。州豪桀重遷，有懟言。會克用爲河東節度使，昭義監軍祁審誨乞師，求復昭義軍。克用遣賀公雅、李筠、安金俊三將擊潞州，爲方立所破。又使李克脩攻取之，殺殷鋭，遂并潞州，表克脩爲節度留後。初，昭義有潞、邢、洺、磁四州，至是，方立自以山東三州爲昭義，而朝廷亦命克脩以潞州舊軍畀之。

昭義有兩節，自此始。"《輯本舊史》卷二五《唐武皇紀上》中和三年十一月條："平潞州，表其弟克修爲昭義節度使。潞帥孟方立退保於邢州。"《新五代史》卷四《唐莊宗紀上》中和三年十一月："遣其弟克脩攻昭義孟方立，取其澤、潞二州。方立走山東，以邢、洺、磁三州自別爲昭義軍。"《新五代史》卷四二《孟方立傳》："昭義所節制澤、潞、邢、洺、磁五州，而治潞州。方立以謂潞州山川高險，而人俗勁悍，自劉稹以來嘗逐其帥，且己邢人也，因徙其軍于邢州。而潞人怨方立之徙也，因以澤、潞二州歸于晉。晉遣李克脩爲澤、潞節度使，方立以邢、洺、磁三州自爲昭義軍。"

[5]吕臻：人名。籍貫不詳。唐末將領。事見本書卷五〇。焦岡：地名。位於今河北武安縣西。　故鎮：地名。又作"固鎮"。在今河北武安縣西南。　武安：縣名。治所在今河北武安市。　臨洺：縣名。治所在今河北邯鄲市永年區。　邯鄲：地名。治所在今河北邯鄲市。　沙河：水名。源於今山西靈丘縣太白山南麓，流經河北阜平、曲陽、新樂、定州、安國等地，在安國市與磁河匯合。

安金俊：人名。籍貫不詳。唐末李克用部將。事見《舊唐書》卷二〇上、《新唐書》卷一八七及本書卷二五。　刺史：官名。州一級行政長官。漢武帝時始置，總掌考核官吏、勸課農桑、地方教化等事。唐中期以後，節度使、觀察使轄州而設，刺史爲其屬官，職任漸輕。從三品至正四品下。　"李克脩攻孟方立"至"以大將安金俊爲邢州刺史"：《通鑑》卷二五六光啓二年（886）九月甲午條。同卷前一年光啓元年八月條："洺州刺史馬爽，與昭義行軍司馬奚忠信不叶，起兵屯邢州南；脅孟方立請誅忠信；既而衆潰，爽奔魏州，忠信使人賂樂彦禎而殺之。"《新唐書》卷一八七《孟方立傳》："方立倚朱全忠爲助，故克用擊邢、洺、磁無虛歲，地爲鬭場，人不能稼。光啓二年，克脩擊邢州，取故鎮，進攻武安。方立將吕臻、馬爽戰焦岡，爲克脩所破，斬首萬級，執臻等，拔武安、臨洺、邯鄲、沙河。克用以安金俊爲邢州刺史，招撫之。"《輯本舊史》卷二五《唐武皇紀上》光啓二年九月條："武皇遣昭義節度使李克修討孟方立於邢州，大敗方立之衆於焦崗，斬首數千級。以大將安金俊爲邢州刺史，以撫其降人。"同年十月條："進攻邢州，邢人出戰，又敗之。孟方立求援於鎮州，鎮人出兵三萬以援方立。克修班師。"《新五代史》卷四二《孟方立傳》："晋數遣李存孝等出兵以窺山東，三州之人俘掠殆盡，赤地數千里，無復耕桑者累年。方立以孤城自守，求救于梁，梁方東事兖、鄆，不能救也。"

　　[6]奚忠信：人名。孟方立部將。籍貫不詳。事見本書卷二五《唐武皇本紀上》《通鑑》卷二五七、卷二五八。　遼州：州名。治所在今山西左權縣。　晋陽：縣名。治所在今山西太原市。　"孟方立遣其將奚忠信將兵三萬襲遼州"至"擒忠信送晋陽"：《通鑑》卷二五七文德元年（888）十月條。《新唐書》卷一八七《孟方立傳》："方立丐兵於王鎔，鎔以兵三萬赴之，克脩還。後二年，方立督部將奚忠信兵三萬攻遼州，以金唫赫連鐸與連和。會契丹攻鐸，師失期，忠信三分其兵鼓而行，克用伏兵于險，忠信前軍没。既戰，大敗，執忠信，餘衆走，脱歸者纔十二。"《輯本舊史》卷二五《唐武皇紀上》文德元年十月條："邢州孟方立遣大將奚忠信將兵三萬寇遼州，武皇大破之，斬首萬級，生擒奚忠信。"《新五代史》卷四二《孟方立傳》："文德元年，方立乞兵于王鎔以攻晋，鎔許之。方立乃遣其將奚忠信攻晋遼州，而鎔以佗故不能出兵。兵既失約，忠信大敗，而晋兵乘勝攻之。"

　　[7]李存孝：人名。本名安敬思。代州飛狐（今河北淶源縣）人。唐末李克用養子、部將。傳見本書卷五三、《新五代史》卷三六。　洺：州名。治所在今河北邯鄲市永年區。　磁：州名。治所在今河北磁縣。　馬溉：人名。籍貫不詳。李克用部將。事見本書卷二五《唐武皇本紀上》。　袁奉韜：人名。籍貫不詳。後唐將領。事見本書本卷、卷五三。　琉璃陂：地名。位於今河北邢臺市西南。　"六月"至"乃飲酖而卒"：《通鑑》卷二五八龍紀元年（889）六月條《考異》引薛居正《五代史·孟方立傳》。《通鑑》該條正文："李克用大發兵，遣李罕之、李存孝攻孟方立，六月，

拔磁、洺二州。方立遣大將馬溉、袁奉韜將兵數萬拒之，戰於琉璃陂，方立兵大敗，二將皆爲所擒，克用乘勝進攻邢州。方立性猜忌，諸將多怨，至是皆不爲方立用，方立悲懼，飲藥死。弟攝洺州刺史遷，素得士心，衆奉之爲留後，求援於朱全忠。全忠假道於魏博，羅弘信不許；全忠乃遣大將王虔裕將精甲數百，間道入邢州共守。”《新唐書》卷一八七《孟方立傳》：“龍紀元年，克用使李罕之、李存孝擊邢，攻磁、洺，方立戰琉璃陂，大敗，禽其二將，被斧鑕，徇邢壘呼曰：‘孟公速降，有能斬其首者，假三州節度使！’方立力屈，又屬州殘墮，人心恐。性剛急，持下少恩，夜自行陣，兵皆倨，告勞。自顧不可復振，乃還，引酖自殺。”《輯本舊史》卷二五《唐武皇紀上》龍紀元年五月條：“遣李罕之、李存孝攻邢州。”同年六月條：“邢將馬溉率兵數萬來拒戰，罕之敗之於琉璃陂，生擒馬溉，狥於城下。孟方立恚恨，飲酖而死。”《新五代史》卷四二《孟方立傳》：“方立將石元佐者，善兵而多智，方立嘗信用之。忠信之敗也，元佐爲晉將安金俊所得，金俊厚遇之，問以攻邢之策，元佐曰：‘方立善守而邢城堅，若攻之，必不得志。宜急攻其磁州，方立來救，可以敗也。’金俊以爲然。軍于滏水之西，方立果帥兵來救，爲金俊所敗，馳入邢州，閉壁不復出。外無救兵，城中食且盡，方立夜出巡城，號令守者，守者皆不應，方立知不可，乃歸，飲酖而卒。”

其從弟洺州刺史遷，素得士心，衆乃推爲留後，求援於汴。時梁祖方攻時溥，援兵不出。[1]大順元年二月，遷執王虔裕等乞降，武皇令安金俊代之。[2]李克用表汾州刺史孟遷爲昭義留後。[3]以昭義留後孟遷爲節度使。[4]叔琮進攻潞州，昭義節度使孟遷降之。氏叔琮過上黨，孟遷挈族隨之南徙。以孟遷爲河陽節度使，從朱全忠之請也。[5]梁太祖惡其反覆，殺之。[6]

[1]汴：州名。治所在今河南開封市。此處指朱温政權。　梁祖：即後梁太祖朱温。　時溥：人名。徐州彭城（今江蘇徐州市）人。唐末地方武裝首領。平定了黄巢之亂，後割據徐州。傳見《舊唐書》卷一八二、《新唐書》卷一八八。　"其從弟洺州刺史遷"至"援兵不出"：《通鑑》卷二五八龍紀元年（889）六月條《考異》引薛居正《五代史・孟方立傳》。《輯本舊史》卷二五《唐武皇紀上》龍紀元年六月條："三軍立其姪遷爲留後，使求援於汴。汴將王虔裕率精甲數百入於邢州，罕之等班師。"此句《輯本舊史》有原輯者案語："案《舊唐書・昭宗紀》、《歐陽史・莊宗紀》皆以孟遷爲方立之弟，《新唐書・孟方立傳》作方立之子，《薛史・武皇紀》又作方立之姪，未詳孰是。"《舊唐書》卷二〇上《唐昭宗紀》龍紀元年六月辛酉條："邢洺節度使孟方立卒，三軍推其弟洺州刺史遷爲留後，太原李克用出軍攻之。"《新唐書》卷一八七《孟方立傳》："從弟遷，素得士心，衆推爲節度留後，請援於全忠。"《新五代史》卷四二《孟方立傳》："軍中以其弟洺州刺史遷爲留後，求救於梁。梁太祖遣王虔裕將騎兵三百助遷守，遷執虔裕降晉。"《新唐書》卷一八七《孟方立傳》："全忠方攻時溥，不即至，命王虔裕以精甲數百赴之，假道羅弘信，不許，乃趨間入邢州。"

[2]大順：唐昭宗李曄年號（890—891）。　王虔裕：人名。瑯琊臨沂（今山東臨沂市）人。唐末、五代將領。傳見本書卷二一、《新五代史》卷二三。　"大順元年二月"至"武皇令安金俊代之"：《通鑑》卷二五八大順元年（890）二月條《考異》引薛居正《五代史・孟遷傳》。《通鑑》該條正文："李克用急攻邢州，孟遷食竭力盡，執王虔裕及汴兵以降。克用寵任之，以遷爲軍城都虞候。"《舊唐書》卷二〇上《唐昭宗紀》大順元年二月條："太原都將安金俊攻圍邢州歷年，城中食盡，邢洺觀察使孟遷以城降，乃以孟遷之族歸太原。"《新唐書》卷一八七《孟方立傳》："大順元年，存孝復攻邢，遷挈邢、洺、磁三州降，執王虔裕三百人獻之，遂遷

太原。表安金俊爲邢、洺、磁團練使，以遷爲汾州刺史。"《輯本舊史》卷二五《唐武皇紀上》大順元年二月條："遣李存孝攻邢州，孟遷以邢、洺、磁三州降，執汴將王虔裕三百人以獻。武皇徙孟遷於太原，以安金俊爲邢洺團練使。"《新五代史》卷四《唐本紀》："大順元年，克用擊破孟遷，取邢、洺、磁三州。"卷四二《孟方立傳》："梁太祖遣王虔裕將騎兵三百助遷守，遷執虔裕降晋。晋徙遷族於太原，以爲汾州刺史。"

[3]汾州：州名。治所在今山西汾陽市。 李克用表汾州刺史孟遷爲昭義留後：《通鑑》卷二六一光化二年（899）九月條。《輯本舊史》卷二六《唐武皇紀下》光化二年九月條："武皇表汾州刺史孟遷爲潞州節度使。"

[4]以昭義留後孟遷爲節度使：見《通鑑》卷二六二光化三年七月庚戌條。《舊唐書》卷二〇上《唐昭宗紀》光化三年七月庚戌條："制昭義節度留後、光禄大夫、檢校司空、上柱國孟遷爲檢校司徒，兼潞州大都府長史、充昭義節度副大使、知節度事、潞磁邢洺等州觀察處置使，仍封平昌縣男，食邑三百户，從李克用奏也。"

[5]叔琮：人名。即氏叔琮。河南尉氏（今河南尉氏縣）人。唐末將領。傳見本書卷一九、《新五代史》卷四三。 上黨：即潞州。治所在今山西長治市。 河陽：縣名。治所在今河南孟州市。 朱全忠：即後梁太祖朱温。 "叔琮進攻潞州"至"從朱全忠之請也"：《通鑑》卷二六二天復元年（901）三月、五月、閏六月諸條。《舊唐書》卷二〇上天復元年四月癸丑條："汴軍大舉攻太原，氏叔琮以兵三萬由天井關進攻澤潞，節度使孟遷以上黨降。"同年閏六月辛巳條："制以河陽節度丁會依前檢校司徒，兼潞州大都督府長史、昭義節度等使，代孟遷；以遷檢校司徒，爲河陽節度。全忠奏也。"《輯本舊史》卷二六天復元年四月條："武皇令李嗣昭將三千騎赴澤州援李存璋而歸，賀德倫、氏叔琮軍至潞州，孟遷開門迎……是時，偏將李審建先統兵三千在潞州，亦與孟遷降於汴。"同年五月條："氏叔琮既旋軍，過潞州，攜孟遷以歸。汴帥以

丁會爲潞州節度使。"《新五代史》卷四二《孟方立傳》:"天復元年,梁遣氏叔琮攻晉,出天井關。遷開門降,爲梁兵鄉道,以攻太原,不克。叔琮軍還,過潞,以遷歸於梁。"

[6]梁太祖惡其反覆,殺之:《新五代史》卷四二。

孟遷,方立從弟也。[1]

[1]孟遷,方立從弟也:《輯本舊史》卷六二《孟方立傳》,録自《通鑑考異》引《薛史》。《輯本舊史》卷二五《唐武帝紀上》引原輯者案語:"《舊唐書·昭宗紀》、《歐陽史·莊宗紀》,皆以孟遷爲方立之弟,《新唐書·孟方立傳》作方立之子,《薛史·武皇紀》又作方立之姪,未詳孰是。"

遷素得士心,方立卒,衆乃推爲留後,求援于汴。時梁祖方攻時溥,援兵不出。大順元年,遷執王虔裕等乞降,武皇令安金俊代之。[1]

[1]"遷素得士心"至"武皇令安金俊代之":《輯本舊史》卷六二《孟方立傳》。"方立卒",據同卷補。

全忠方攻時溥,不即至,命王虔裕以精甲數百赴之,假道羅弘信,不許,乃趨間入邢州。[1]大順元年,存孝復攻邢,遷挈邢、洺、磁三州降,執王虔裕三百人獻之,遂遷太原,[2]表安金俊爲邢、洺、磁團練使,以遷爲汾州刺史。[3]

[1]羅弘信:人名。魏州貴鄉(今河北大名縣)人。唐末、五

代軍閥。傳見《舊唐書》卷一八一、《新唐書》卷二一〇。

[2]太原：府名。治所在今山西太原市。

[3]“全忠方攻時溥”至“以遷爲汾州刺史”：《新唐書》卷一八七《孟方立傳》。

天復元年，梁遣氏叔琮攻晉，出天井關，遷開門降，爲梁兵鄉道以攻太原，不克，叔琮軍還過潞，以遷歸于梁，梁太祖惡其反覆，殺之。[1]

[1]“天復元年”至“殺之”：《新五代史》卷四二《孟方立傳》。

張文禮

張文禮，燕人也。初爲劉仁恭裨將，性兇險，多奸謀，辭氣庸下，與人交言，癖於不遜，自少及長，專蓄異謀。及從劉守文之滄州，委將偏師。守文省父燕薊，據城爲亂，及敗，奔於王鎔。察鎔不親政事，遂曲事當權者，以求衒達。每對鎔自言有將才，孫、吳、韓、白，莫己若也。鎔賞其言，給遺甚厚，因録爲義男，賜姓，名德明，由是每令將兵。[1]自柏鄉戰勝之後，常從莊宗行營。[2]素不知書，亦無方略，惟於懦兵之中萋菲上將，言甲不知進退、乙不識軍機，以此軍人推爲良將。[3]

[1]燕：地名。約相當於今河北北部。　劉仁恭：人名。深州

（今河北深州市）人。唐末、五代軍閥。傳見《新唐書》卷二一二。　裨將：指副將。　劉守文：人名。深州（今河北深州市）人。唐末盧龍節度使劉仁恭長子。唐末軍閥。後梁開平三年（909），被其弟劉守光殺死。事見本書卷二、卷四、卷九八及《新五代史》卷五六、卷七二。　滄州：州名。治所在今河北滄縣舊州鎮。　燕薊：地區名。即今河北北部、北京市、天津市一帶。　王鎔：人名。回鶻人。唐末、五代軍閥，朱溫後封趙王。傳見本書卷五四、《新五代史》卷三九。　孫：孫武。　吳：吳起。　韓：韓信。　白：白起。以上四人皆爲著名軍事家，多謀善算的傑出將領。　"張文禮"至"由是每令將兵"：明本《册府》卷九三八《總録部·姦佞門二》："張文禮，初鎮州大將也。自燕歸於王鎔，察鎔不親政事，遂曲事當權者，以求衒達。每對鎔自言有將才，孫、吳、韓、白，莫己匹也。鎔賞其言，大悦，爲小校，給遺甚厚，與姓，爲義男，改名德明。自是調發兵馬，每將軍令。"

[2]柏鄉：縣名。治所在今河北柏鄉縣。　莊宗：即後唐莊宗李存勗。沙陀部人。五代後唐王朝的建立者。紀見本書卷二七至卷三四、《新五代史》卷五。　自柏鄉戰勝之後，常從莊宗行營：《輯本舊史》之影庫本粘籤："柏鄉，原本作'桓鄉'，今從《通鑑》改正。"柏鄉之戰見《通鑑》卷二六七開平四年（910）十一月。五代無"桓鄉"。

[3]"素不知書"至"以此軍人推爲良將"：《宋本册府》卷九五四《總録部·虛名門》："後唐張文禮，初爲鎮州大將，從莊宗行營，素不知書，亦無兵家方略。唯於懦卒中蔞菲上將，自言甲不知進退、乙不識兵機，以此軍人推爲良將。"《通鑑》卷二六七乾化元年（911）二月庚午條："趙王鎔自來謁晉王於趙州，大犒將士，自是遣其養子德明將三十七都常從晉王征討。德明本姓張名文禮，燕人也。"

初，梁將楊師厚在魏州，文禮領趙兵三萬夜掠經、宗，因侵貝郡。[1]師厚先率步騎數千人，[2]設伏於唐店。[3]文禮大掠而旋，士皆卷甲束兵，夜凱歌，行至唐店，師厚伏兵四面圍合，殺戮殆盡，文禮單騎僅免，自爾猶對諸將大言。或讓之曰：“唐店之功，不須多伐。”文禮大慚。在鎮州既久，見其政荒人僻，常蓄異圖，酒酣之後，對左右每泄惡言，聞者莫不寒心。惟王鎔略無猜間，漸爲腹心，乃以符習代其行營，以文禮爲防城使，自此專伺間隙。及鎔殺李弘規，委政於其子昭祚。昭祚性偪戾，未識人間情僞，素養名持重，坐作貴人，既事權在手，朝夕欲代其父，向來附勢之徒，無不族滅。[4]

[1]楊師厚：人名。潁州斤溝（今安徽太和縣阮橋鎮斤溝村）人。唐末、五代後梁將領。傳見本書卷二二、《新五代史》卷二三。魏州：州名。治所在今河北大名縣。　趙：封國名。此處代指唐末河北方鎮成德軍。時王鎔爲成德軍節度使、趙王。　經：縣名。即經城縣。治所在今河北威縣北經鎮。　宗：縣名。即宗城縣。治所在今河北威縣東南。　貝郡：州名。即貝州。治所在今河北清河縣。

[2]師厚先率步騎數千人：中華書局本有校勘記：“‘步騎’，孔本作‘部騎’。”

[3]唐店：地名。位於今河北廣宗縣南。

[4]鎮州：州名。治所在今河北正定縣。　符習：人名。趙州昭慶（今河北隆堯縣）人。五代後唐將領。傳見本書卷五九、《新五代史》卷二六。　防城使：官名。掌城防事宜。　李弘規：人名。籍貫不詳。唐末、五代宦官。事見《新五代史》卷五七。　昭

祚：人名。即王昭祚。回鶻部人。王鎔之子，梁太祖朱温之婿。傳見本書卷五四。　　"在鎮州既久"至"委政於其子昭祚"："委政於其子昭祚"，《輯本舊史》之影庫本粘籤："昭祚，原本作'昭福'，今從《歐陽史》改正。"見《新五代史》卷三九《王鎔傳》。"昭祚性偪戾"，中華書局本有校勘記："'昭祚'二字原闕，據《册府》卷九四三補。《通鑑》卷二七一敘其事作'昭祚性矯愎'。""既事權在手"，中華書局本有校勘記："'手'原作'于'，據劉本、《册府》卷九四三改。"明本《册府》卷九四三《總録部·不誼門》："文禮見鎔之政荒僻，嘗蓄異圖，酒酣之後，對左右每惡言，聞者莫不寒心。唯鎔待之如初，畧無猜間。及獻言者漸爲腹心，乃以符習代其行營，以文禮爲防城使，自此專其間隙。及鎔殺李宏規，委政於其子昭祚。"　　既事權在手：中華書局本有校勘記："'手'原作'于'，據劉本、《册府》卷九四三改。"

初，李弘規、李藹持權用事，樹立親舊，分董要職，故奸宄之心不能摇動，文禮頗深畏憚。及弘規見殺，其部下五百人懼罪，將欲奔竄，聚泣偶語，未有所之。文禮因其離心，密以奸辭激之曰："令公命我盡坑爾曹，我念爾曹十餘年荷戈隨我，爲家爲國，我若不即殺汝，則得罪於令公；我若不言，又負爾輩。"衆軍皆泣。是夜作亂，殺王鎔父子，舉族灰滅，惟留王昭祚妻朱氏，以通梁人，尋間道告於梁曰："王氏喪於亂軍，普寧公主無恙。"文禮徇賊帥張友順所請，因爲留後，於潭城視事。以事上聞，兼要節旄，尋亦奉牋勸進，莊宗姑示含容，乃可其請。[1]

[1]李藹：人名。籍貫不詳。趙王鎔藩鎮僚佐。持權用事。事

見本書本卷、《通鑑》卷二七一。　　朱氏：即後梁太祖朱溫之女普
寧公主。　　張友順：人名。籍貫不詳。唐末、五代將領。事見《通
鑑》卷二七一。　　潭城：地名。五代時鎮州牙城偏北，位於今河北
正定縣。　　"初，李弘規、李藹持權用事"至"乃可其請"："我念
爾曹十餘年荷戈隨我"，中華書局本有校勘記："'曹'字原闕，據
《册府》卷九四三補。《通鑑》卷二七一敘其事作'吾念爾曹無罪
併命'。""衆軍皆泣"，中華書局本有校勘記："'皆'，《册府》卷
九四三、《通鑑》卷二七一作'感'。""以通梁人"，中華書局本有
校勘記："'以'字原闕，據《册府》卷一八七、卷九四三補。"
《輯本舊史》卷二九《唐莊宗紀三》天祐十八年（921）二月條：
"是月，鎮州大將張文禮殺其帥王鎔……時張文禮遣使請旄節於帝，
帝曰：'文禮之罪，期於無赦，敢邀予旄節！'左右曰：'方今事繁，
不欲與人生事。'帝不得已而從之，乃承制授文禮鎮州兵馬留後。"
《舊五代史考異》："《歐陽史》作正月，趙將張文禮弑其君鎔。《五
代春秋》作三月，趙人張文禮弑其君鎔。與《薛史》繫一月前後
互異。"《新五代史》卷五《唐本紀》："（天祐）十八年正月……趙
將張文禮弑其君鎔，文禮來請命。二月，以文禮爲鎮州兵馬留後。"
《宋本册府》卷一七八《帝王部・姑息門三》："後唐莊宗天祐十八
年，鎮州大將張文禮殺其帥王鎔。文禮請旄節於帝。帝曰：'文禮
之罪，期於不赦，適當斬首，以謝冤魂，詎敢邀于旄節？'賓友曰：
'王氏之冤，實文禮禮（明本此四字作"實縣文禮"，較優），方事
之殷，且須含垢，不欲與人生事。但假之以吾命，徐爲後圖。'帝
不得已，從之。四月，乃遣上介盧質承制，授文禮鎮州兵馬留後。"
《册府》此句有注："文禮既殺王鎔父子，舉族灰滅，鎔子及其妻朱
氏，以通梁人，尋問道告於梁曰：'王氏喪於亂軍，普寧公主無
恙。'文禮狗賊張友順所請，因爲留後，於潭城視事，以俟上疏，
兼要節旄，尋亦奉牋勸進。莊宗姑示含容，而可其請。"明本《册
府》卷四三九《將帥部・要君門》："張文禮爲鎮州大將，既殺王
鎔，請旄節于朝廷。莊宗曰：'文禮之罪，期於不赦，適當斬首，

以謝冤魂，輒敢邀予旄節？'賓友賀曰：'王氏之冤，實在文禮。方事之殷，且須含垢，不欲與人生事，但假之以告命，徐爲後圖。'帝不得已而從之。"卷九四三《總錄部·不誼門》："初，李弘規、李藹持權使事，樹立兄弟子姪及諸親舊，分董要職，故奸宄之心，不能搖動。文禮頗深畏憚。及弘規見殺，其部下五百人懼罪，將欲奔竄，聚泣偶語，未有所之。文禮因其離心，密以奸詞激之，曰：'令公命我盡坑爾曹。我念爾曹十餘年荷戈隨我，爲國爲家，不忍一朝併膏鋒刃。我若不即殺汝，則得罪於令公。我若不言，又負爾輩。事既如斯，其將奈何？'衆軍感泣，是夜作亂，殺王鎔父子，舉族灰滅，唯留王昭祚妻朱氏以通汴人，尋間道告曰：'王氏喪於亂軍，普寧公主無恙。'文禮狥賊帥張友順所請，因爲留後，於潭城視事，以事上聞，兼要旄節，亦奉牋勸進。上含容之，可其請。"《通鑑》卷二七一貞明六年（920）條："初，劉仁恭使牙將張文禮從其子守文鎮滄州，守文詣幽州省其父，文禮於後據城作亂，滄人討之，奔鎮州。文禮好誇誕，自言知兵，趙王鎔奇之，養以爲子，更名德明，悉以軍事委之。德明將行營兵從晉王，鎔欲寄以腹心，使都指揮使符習代還，以爲防城使。鎔晚年好事佛及求仙，專講佛經，受符籙，廣齋醮，合煉仙丹，盛飾館宇於西山，每往遊之，登山臨水，數月方歸，將佐士卒陪從者常不下萬人，往來供頓，軍民皆苦之。是月，自西山還，宿鶻營莊，石希蒙勸王復之他所；李弘規言于王曰：'晉王夾河血戰，櫛風沐雨，親冒矢石，而王專以供軍之資奉不急之費，且時方艱難，人心難測，王久虛府第，遠出遊從，萬一有奸人爲變，閉關相距，將若之何？'王將歸，希蒙密言於王曰：'弘規妄生猜間，出不遜語以劫脅王，專欲誇大於外，長威福耳。'王遂留，信宿無歸志。弘規乃教内牙都將蘇漢衡帥親軍，擐甲拔刃，詣帳前白王曰：'士卒暴露已久，願從王歸！'弘規因進言曰：'石希蒙勸王遊從不已，且聞欲陰謀弑逆，請誅之以謝衆。'王不聽，牙兵遂大噪，斬希蒙首，訴於前。王怒且懼，亟歸府。是夕，遣其長子副大使昭祚與王德明將兵圍弘規及李藹之第，族誅之，連坐者數十家。又殺蘇漢衡，收其黨與，窮治反狀，親軍大恐。”同卷龍德元年（921）二月條：“趙王既殺李弘規、李靄，委政於其子昭祚。昭祚性驕愎，既得大權，凡時附弘規者皆族之。弘規部兵五百人欲逃，聚泣偶語，未知所之。會諸軍有給賜，趙王忿親軍之殺石希蒙，獨不時與，衆益懼。王德明素蓄異志，因其懼而激之曰：‘王命我盡阬爾曹。吾念爾曹無罪併命，欲從王命則不忍，不然又獲罪於王，奈何？’衆皆感泣。是夕，親軍有宿於潭城西門者，相與飲酒而謀之。酒酣，其中驍健者曰：‘吾曹識王太保意，今夕富貴決矣！’即逾城入。趙王方焚香受籙，二人斷其首而出，因焚府第。軍校張友順帥衆詣德明第，請爲留後，德明復姓名曰張文禮，盡滅王氏之族，獨置昭祚之妻普寧公主以自託於梁。”同年三月條：“張文禮遣使告亂于晉王，且奉牋勸進，因求節鉞。晉王方置酒作樂，聞之，投盃悲泣，欲討之。僚佐以爲文禮罪誠大，然吾方與梁爭，不可更立敵於肘腋，宜且從其請以安之。工不得已，夏，四月，遣節度判官盧質承制授文禮成德留後。”

文禮比厮役小人，驟居人上，行步動息，皆不自安。出則千餘人露刃相隨，日殺不辜，道路以目，常慮我師問罪，奸心百端。南通朱氏，北結契丹，往往擒獲其使，莊宗遣人送還，文禮由是愈恐。是歲八月，莊宗遣閻寶、史建瑭及趙將符習等率王鎔本軍進討。師興，文禮病疽腹，及聞史建瑭攻下趙州，驚悸而卒。其子處瑾、處球秘不發喪，軍府内外，皆不知之，每日於寢宮問安。處瑾與其腹心韓正時參決大事，同謀奸惡。[1]初，文禮疽未發時，舉家咸見鬼物，昏暝之後或歌或哭，又野河色變如血，[2]游魚多死，浮于水上，識者知其必敗。

　　[1]契丹：古部族、政權名。公元 4 世紀中葉宇文部爲前燕攻破，始分離而成單獨的部落，自號契丹。唐貞觀中，置松漠都督府，以其首領爲都督。唐末强盛，916 年迭剌部耶律阿保機建立契丹國（遼）。先後與五代、北宋並立，保大五年（1125）爲金所滅。參見張正明《契丹史略》，中華書局 1979 年版。　　閻寶：人名。鄆州（今山東東平縣）人。五代後梁、後唐將領。傳見本書卷五九、《新五代史》卷四四。　　史建瑭：人名。雁門（今山西代縣）人。唐九府都督史敬思之子。五代後唐將領。傳見本書卷五五、《新五代史》卷二五。　　趙州：州名。治所在今河北趙縣。處瑾：人名。即張處瑾。燕（今河北北部）人。五代後唐將領。事見本書本卷、《新五代史》卷三九。　　處球：人名。即張處球。燕（今河北北部）人。事見本書本卷、《新五代史》卷三九。　　韓正時：人名。籍貫不詳。五代後唐官員。事見本書卷二九。　　“是歲八月”至“同謀奸惡”：《輯本舊史》之原輯者案語：“《遼史·太祖紀》：天贊元年四月癸亥，張文禮求援。五月丁未，張文禮卒，其子處瑾遣人奉表來謝。所紀月日與《薛史》異。”見《遼史》卷二《太祖紀下》：“每日於寢宮問安”，中華書局本有校勘記：“‘寢宮’，《册府》卷九四三作‘寢室前’。”《輯本舊史》卷二九《唐莊宗紀三》天祐十八年（921）八月庚申條：“令天平節度使閻寶、成德兵馬留後符習率兵討張文禮于鎮州。初，王鎔令偏將符習以本部兵從帝屯於德勝。文禮既行弑逆，忌鎔故將，多被誅戮，因遣使聞於帝，欲以佗兵代習歸鎮，習等懼，請留。帝令傳旨於習及別將趙仁貞、烏震等，明正文禮弑逆之罪，且言：‘爾等荷載從征，蓋君父之故，銜冤報恩，誰人無心。吾當給爾資糧，助爾兵甲，當試思之！’於是習等率諸將三十餘人，慟哭於牙門，請討文禮。帝因授習成德軍兵馬留後，以部下鎮冀兵致討於文禮，又遣閻寶以助之，以史建瑭爲前鋒。甲子，攻趙州，刺史王鋌送符印以迎，閻寶遂引軍至鎮州城下，營於西北隅。是月，張文禮病疽而卒，其子處瑾代掌軍事。”明本《册府》卷九四三《總録部·不誼門》：“文禮

比厮役小人，偶居重任，行步動息，皆不自安，出則千餘人露刃相隨，賊殺不辜，莫可勝載。自度罪逆難容，尚慮王師問罪。奸心百變，或陳情梁汴，託援契丹，多脩絹書，藏於蠟彈。塞上烽鋪，黃河渡口，往往擒獲其使。莊宗遣人送還，繇是愈切慙恐。先是腹上患疽，醫藥無効，聞史建瑭下趙州，驚悸而卒。其子處瑾秘喪，軍府內外皆不之知，每日於寢室前問安如生。處瑾與其腹心韓正時參決大事，同謀姦惡。"《通鑑》卷二七一龍德元年（921）七月條："晉王既許藩鎮之請，求唐舊臣，欲以備百官。朱友謙遣前禮部尚書蘇循詣行臺，循至魏州，入牙城，望府廨即拜，謂之拜殿。見王呼萬歲舞蹈，泣而稱臣。翌日，又獻大筆三十枚，謂之'畫日筆'。王大喜，即命循以本官爲河東節度副使，張承業深惡之。張文禮雖受晉命，內不自安，復遣間使因盧文進求援於契丹；又遣間使來告曰：'王氏爲亂兵所屠，公主無恙。今臣已北召契丹，乞朝廷發精甲萬人相助，自德、棣渡河，則晉人遁逃不暇矣。'帝疑未決。敬翔曰：'陛下不乘此釁以復河北，則晉人不可復破矣。宜徇其請，不可失也。'趙、張輩皆曰：'今強寇近在河上，盡吾兵力以拒之，猶懼不支，何暇分萬人以救張文禮乎！且文禮坐持兩端，欲以自固，於我何利焉！'帝乃止。晉人屢於塞上及河津獲文禮蠟丸絹書，晉王皆遣使歸之，文禮慚懼。文禮忌趙故將，多所誅滅。符習將趙兵萬人從晉王在德勝，文禮請召歸，以他將代之，且以習子蒙爲都督府參軍，遣人齎錢帛勞行營將士以悅之。習見晉王，泣涕請留，晉王曰：'吾與趙王同盟討賊，義猶骨肉，不意一旦禍生肘腋，吾誠痛之。汝苟不忘舊君，能爲之復讎乎？吾以兵糧助汝。'習與部將三十餘人舉身投地慟哭曰：'故使授習等劍，使之攘除寇敵。自聞變故以來，冤憤無訴，欲引劍自剄，顧無益於死者。今大王念故使輔佐之勤，許之復冤，習等不敢煩霸府之兵，願以所部徑前搏取凶豎，以報王氏累世之恩，死不恨矣！'"同年八月諸條："庚申，晉王以習爲成德留後，又命天平節度使閻寶、相州刺史史建瑭將兵助之，自邢洺而北。文禮先病腹疽；甲子，晉兵拔趙州，刺史王鋌降，晋王復以爲刺史，文禮聞之，驚懼而卒。其子處瑾祕不發喪，與其黨韓正時謀悉力拒晋。"

[2]野河：水名。又稱槐水。上游即今河北贊皇縣槐河，唐時下游流經今趙縣南東入洨水，五代下游改經高邑縣東南、柏鄉縣北，東入洨河。

十九年三月，閻寶爲處瑾所敗，莊宗以李嗣昭代之。四月，嗣昭爲流矢所中，尋卒於師，命李存進繼之。[1]存進亦以戰殁，乃以符存審爲北面招討使，攻鎮州。是時，處瑾危蹙日甚。昭義軍節度判官任圜馳至城下，諭以禍福，處瑾登陴以誠告，乃遣牙將張彭送款于行臺。俄而李存審師至城下。是夜，趙將李再豐之子沖投縋以接王師，故諸軍登城，遲明畢入，獲處瑾、處球、處琪，并其母及同惡人等，皆折足送行臺，鎮人請醢而食之。又發文禮之尸，磔之於市。[2]《永樂大典》卷六千三百五十。[3]

[1]李嗣昭：人名。汾州（今山西汾陽市）人。唐末、五代李克用義子、部將。傳見本書卷五二、《新五代史》卷三六。 李存進：人名。振武（今山西朔州市）人。本姓孫，名重進，李克用以之爲義兒軍使，賜姓名。五代後唐將領。傳見本書卷五三、《新五代史》卷三六。 "十九年三月"至"命李存進繼之"：《輯本舊史》卷二九《唐莊宗紀三》天祐十九年（922）三月丙午條："王師敗於鎮州城下，閻寶退保趙州。時鎮州累月受圍，城中艱食，王師築壘環之，又決滹沱水以絶城中出路。是日，城中軍出，攻其長圍，皆奮力死戰，王師不能拒，引師而退。鎮人壞其營壘，取其芻糧者累日。帝聞失律，即以昭義節度使李嗣昭爲北面招討使，進攻

鎮州。"同年四月諸條："嗣昭爲流矢所中，卒於師。己卯，天平節度使閻寶卒。以振武節度使李存進爲北面招討使。"

[2]符存審：人名。陳州宛丘（今河南淮陽縣）人。後唐將領。傳見本書卷五六、《新五代史》卷二五。 北面招討使：官名。不常置，爲一路或數路地區統兵官。掌招撫、討伐等事。兵罷則省。 節度判官：官名。唐、五代方鎮僚屬，位在行軍司馬下。分掌使衙內各曹事，並協助節度使通判衙事。 任圜：人名。京兆三原（今陝西三原縣）人。五代後唐將領、大臣。傳見本書卷六七、《新五代史》卷二八。 牙將：官名。低級武職。 張彭：人名。籍貫不詳。五代後唐官員。事見本書本卷、卷七六。 送款：投誠、投降。 行臺：官署名。尚書省在京城稱中臺、內臺，在外稱行臺。自魏晉至唐初，天子、大臣在外征討，或置行臺隨軍。 李存審：人名。即上文之符存審。原姓符，名存。五代後唐將領。李克用賜姓名李存審。傳見本書卷五六、《新五代史》卷二五。 李再豐：人名。籍貫不詳。五代將領。事見本書本卷、卷五六。《輯本舊史》之影庫本粘籤："李再豐，原本作'稱豐'，今從《通鑑》改正。" 沖：人名。即李沖。籍貫不詳。李再豐之子。事見本書卷二九。 處琪：人名。即張處琪。燕（今河北北部）人。事見《新五代史》卷三九。 磔：分裂肢體以殺人示衆。 "存進亦以戰歿"至"磔之於市"：《輯本舊史》卷二九天祐十九年九月諸條："戊寅朔，張處球悉城中兵奄至東垣渡，急攻我之壘門。時騎軍已臨賊城，不覺其出，李存進惶駭，引十餘人鬭於橋上，賊退，我之騎軍前後夾擊之，賊衆大敗，步兵數千，殆無還者。是役也，李存進戰歿於師，以蕃漢馬步總管李存審爲北面招討使，以攻鎮州。丙午夜，趙將李再豐之子沖投縋以接王師，諸軍登城，遲明畢入，鎮州平。獲處球、處瑾、處琪并其母及同惡高濛、李嚋、齊儉等，皆折足送行臺，鎮人請醢而食之，發張文禮尸，磔於市。"《通鑑》卷二七一龍德二年（922）九月諸條："戊寅朔，張處瑾使其弟處球乘李存進無備，將兵七千人奄至東垣渡。時晉之騎兵亦向鎮州城，

兩不相遇。鎮兵及存進營門，存進狼狽引十餘人鬭于橋上，鎮兵退，晉騎兵斷其後，夾擊之，鎮兵殆盡，存進亦戰没。晉王以蕃漢馬步總管李存審爲北面招討使。鎮州食竭力盡，處瑾遣使詣行臺請降，未報，存審兵至城下。丙午夜，城中將李再豐爲内應，密投縋以納晉兵，比明畢登，執處瑾兄弟家人及其黨高濛、李壽、齊儉送行臺，趙人皆請而食之，磔張文禮尸於市。趙王故侍者得趙王遺骸於灰爐中，晉王命祭而葬之。"亦見明本《册府》卷九四二《總録部·禍敗門》。

［3］《大典》卷六三五〇 "張" 字韻 "姓氏" 事目。

董璋

董璋，本梁之驍將也。幼與高季興、孔循俱事豪士李七郎爲童僕。李初名讓，嘗以厚賄奉梁祖，梁祖寵之，因畜爲假子，賜姓朱，名友讓。[1] 璋既壯，得隸於梁祖帳下，後以軍功遷爲列校。[2]

［1］高季興：人名。原名高季昌。陝州硤石（今河南三門峽市陝州區硤石鄉）人。五代十國南平（即荆南）開國君主。傳見本書卷一三三、《新五代史》卷六九。　孔循：人名。籍貫不詳。五代後唐大臣。傳見《新五代史》卷四三。　李七郎：原名李讓。朱温養子。更名朱友讓。事見本書本卷、卷一三三，《新五代史》卷五一、卷六九。　"幼與高季興" 至 "名友讓"：《新五代史》卷五一《董璋傳》："少與高季興、孔循俱爲汴州富人李讓家僮。梁太祖鎮宣武，養讓爲子，是爲朱友讓。"卷四三《孔循傳》："（循）少孤，流落於汴州，富人李讓闌得之，養以爲子。"卷六九《高季興傳》："季興少爲汴州富人李讓家僮。梁太祖初鎮宣武，讓以入貲得幸，養爲子，易其姓名曰朱友讓。"

[2]列校：泛指統兵將領。　"璋既壯"至"後以軍功遷爲列校"：《新五代史》卷五一《董璋傳》："其僮奴以友讓故，皆得事梁太祖，璋以軍功爲指揮使。"

梁龍德末，潞州李繼韜送款於梁。時潞將裴約方領兵戍澤州，不徇繼韜之命，據城以自固。梁末帝遣璋攻陷澤州，遂授澤州刺史。[1]是歲，莊宗入汴，璋來朝，莊宗素聞其名，優以待之。尋令却赴舊任，歲餘代歸。時郭崇韜當國，[2]待璋尤厚。同光二年夏，命爲邠州留後，三年秋，正授旄鉞。[3]九月，大舉伐蜀，以璋爲行營右厢馬步都虞候。時郭崇韜爲招討使，凡有軍機，皆召璋參決。[4]是冬，蜀平，以璋爲劍南東川節度副大使、知節度事。天成初，加檢校太傅。[5]二年，加同平章事。[6]

[1]龍德：後梁末帝朱友貞年號（921—923）。　李繼韜：人名。李嗣昭之子。後唐將領。傳見本書卷五二、《新五代史》卷三六。　裴約：人名。籍貫不詳。初爲潞州牙將，五代後唐將領。傳見本書卷五二、《新五代史》卷三二。　梁末帝：人名。即後梁末帝朱友貞，913年至923年在位。紀見本書卷八至卷一〇、《新五代史》卷三。　"梁龍德末"至"遂授澤州刺史"：《輯本舊史》之影庫本粘籤："裴約，原本作'裴維'，今從《歐陽史》改正。"《新五代史》卷五《唐本紀》同光元年（923）八月條："梁人克澤州，守將裴約死之。"《輯本舊史》卷二九《唐莊宗紀三》同光元年閏四月甲午條："帝召李嗣源謀曰：'昭義阻命，梁將董璋攻迫澤州，梁志在澤潞，不慮别有事生，汶陽無備，不可失也。'"卷五二《裴約傳》："既而梁以董璋爲澤州刺史，率衆攻城，約拒久之，

告急於莊宗。"《宋本册府》卷三六九《將帥部・攻取門二》:"董璋,初仕梁,爲列校。龍德末,潞州李繼韜送款於梁,時潞將裴約方領兵戍澤州,不徇繼韜之命,據城以自固。梁末帝遣璋率師攻陷之,即以璋爲澤州刺史。"《通鑑》卷二七二同光元年三月條:"安義舊將裴約戍澤州,泣諭其衆曰:'余事故使踰二紀,見其分財享士,志滅仇讎。不幸捐館,柩猶未葬,而郎君遽背君親,吾寧死不能從也!'遂據州自守。梁主以其驍將董璋爲澤州刺史,將兵攻之。"

[2]郭崇韜:人名。代州雁門(今山西代縣)人。五代後唐大臣。傳見本書卷五七、《新五代史》卷二四。

[3]同光:後唐莊宗李存勗年號(923—926)。 邠州:州名。治所在今陝西彬縣。 "同光二年夏"至"正授旄鉞":"同光二年夏",中華書局本有校勘記:"'二年',原作'三年',據本書卷三二《唐莊宗紀八》改。"《通鑑》卷二七三同光二年正月條:"契丹出塞。召李嗣源旋師,命泰寧節度使李紹欽、澤州刺史董璋戍瓦橋。"《輯本舊史》卷三二《唐莊宗紀六》同光二年七月辛亥條:"以前澤州刺史董璋爲邠州留後。"但七月爲秋季,不當言夏。卷三三《唐莊宗紀七》同光三年八月己丑條:"以邠州留後董璋爲邠州節度使。"

[4]蜀:五代十國之前蜀。 行營右厢馬步都虞候:官名。五代時期出征軍隊高級統兵官。 "九月"至"皆召璋參決":"以璋爲行營右厢馬步都虞候",《輯本舊史》之影庫本粘籤:"馬步,原本作'馬部',今從《通鑑》改正。"見《通鑑》卷二七三同光三年九月庚子條。《輯本舊史》卷三三《唐莊宗紀七》同光三年九月庚子條:"是日,命大舉伐蜀。詔曰:'邠州節度使董璋充行營右厢馬步都虞候。'"《新五代史》卷五一《董璋傳》:"崇韜伐蜀,以璋爲行營右厢馬步軍都虞候。軍事大小,皆與璋參決。"

[5]劍南東川:方鎮名。治所在梓州(今四川三臺縣)。 節度副大使:官名。方鎮中僅次於節度使之使職,如持節,則位同於

節度使。　天成：五代後唐明宗李嗣源年號（926—930）。　檢校
太傅：官名。爲散官或加官，以示恩寵，無實際執掌。　"是冬"
至"加檢校太傅"：《輯本舊史》卷三三《唐莊宗紀七》同光三年
十二月壬戌條："以邠州節度使、檢校太保董璋爲劍南東川節度副
大使、知節度事。"卷三四《唐莊宗紀八》同光四年二月壬子條：
"東川董璋奏，準詔誅遂州節度使李令德於本州，夷其族。"卷三六

《唐明宗紀二》天成元年（926）六月戊申條："劍南東川節度副大
使、知節度事董璋加檢校太傅。"卷三八《唐明宗紀四》天成二年
二月壬寅條："以東川節度使董璋充東南面招討使。"同年七月壬戌
條："東川董璋加爵邑。"《通鑑》卷二七四同光三年十二月條："平
蜀之功，李紹琛爲多，位在董璋上。而璋素與郭崇韜善，崇韜數召
璋與議軍事。紹琛心不平，謂璋曰：'吾有平蜀之功，公等樸樕相
從，反咕囁於郭公之門，謀相傾害。吾爲都將，獨不能以軍法斬公
邪！'璋訴於崇韜。十二月，崇韜表璋爲東川節度使，解其軍職。

紹琛愈怒，曰：'吾冒白刃，陵險阻，定兩川，璋乃坐有之邪！'乃
見崇韜言：'東川重地，任尚書有文武才。宜表爲帥。'崇韜怒曰：
'紹琛反邪，何敢違吾節度！'紹琛懼而退。"同卷天成元年二月丁
酉條："郭崇韜之死也，李紹琛謂董璋曰：'公復欲咕囁誰門乎？'
璋懼，謝罪。魏王繼岌軍還至武連，遇敕使，諭以朱友謙已伏誅，
令董璋將兵之遂州誅朱令德。時紹琛將後軍在魏城，聞之，以帝不
委己殺令德而委璋，大驚。俄而璋過紹琛軍，不謁。"同月甲寅條：
"董璋將兵二萬屯綿州，會任圜討李紹琛。"又："是日，任圜軍追
及紹琛於漢州，紹琛出兵逆戰；招討掌書記張礪請伏精兵於後，以
羸兵誘之，圜從之，使董璋以東川羸兵先戰而却。紹琛輕圜書生，
又見其兵羸，極力追之，伏兵發，大破之，斬首數千級。"同年三
月乙丑條："孟知祥自至漢州犒軍，與任圜、董璋置酒高會，引李
紹琛檻車至座中，知祥自酌大卮飲之。"

　　[6]同平章事：官名。"同中書門下平章事"之簡稱。唐高宗
以後，凡實際任宰相之職者，常在其本官後加同平章事的職銜。後

成爲宰相專稱。後晋天福五年（940），升中書門下平章事爲正二品。

是時安重誨當國，採人邪謀，言孟知祥必不爲國家使，唯董璋性忠義，可特寵任，令圖知祥。又璋之子光業爲宫苑使，在朝結託勢援，争言璋之善、知祥之惡。恩寵既優，故璋益恣其暴戾。[1]初，奉使東川者，皆言璋不恭於朝廷。四年夏，時明宗將議郊天，遣客省使李仁矩齎詔示諭兩川，又遣安重誨馳書於璋，以徵貢奉，約以五十萬爲數。既而璋訴以地狹民貧，許貢十萬而已。翌日，璋於衙署設宴以召仁矩，日既中而不至，璋使人偵之，仁矩方擁倡婦與賓友酣飲於驛亭。璋大怒，遽領數百人，執持戈戟，驟入驛中，令洞開其門。仁矩惶駭，走入閣中，良久引出。璋坐，立仁矩於階下，戟手罵曰："當我作魏博都監，爾爲通引小將，其時去就，已有等威。今日我爲藩侯，爾銜君命，宿張筵席，比爲使臣，何敢至午不來，自共風塵躭酣，豈於王事如此不恭。袛如西川解斬客省使李嚴，謂我不能斬公耶！"因目肘腋，欲令執拽仁矩，仁矩涕淚拜告，僅而獲免。璋乃馳騎入衙，竟徹饌而不召。洎仁矩復命，益言璋不法。未幾，重誨奏以仁矩爲閬州團練使，尋升爲節鎮。[2]

[1]安重誨：人名。應州（今山西應縣）人。五代後唐大臣。傳見本書卷六六、《新五代史》卷二四。 孟知祥：人名。邢州龍岡（今河北邢臺市）人。李克用女婿。五代十國後蜀開國君主。傳

見本書卷一三六、《新五代史》卷六四。　光業：人名。即董光業。籍貫不詳。五代後唐東川節度使董璋之子。事見本書本卷、《新五代史》卷二六。　宮苑使：官名。唐始置，以宦官充，五代改用士人。掌管京師地區宮苑和宮苑所屬的莊田管理事務。　"是時安重誨當國"至"故璋益恣其暴戾"：《新五代史》卷五一《董璋傳》："孟知祥鎮西川，其後，二人有異志，安重誨居中用事，議者多言知祥必不爲唐用，而能制知祥者璋也，往往稱璋忠義，重誨以爲然，頗優寵之。以故璋益橫。"《通鑑》卷二七六天成三年（928）三月條："孟知祥屢與董璋爭鹽利，璋誘商旅販東川鹽入西川，知祥患之，乃於漢州置三場重征之，歲得錢七萬緡，商旅不復之東川。"

[2]明宗：即五代後唐明宗李嗣源。沙陀部人。原名邈佶烈，李克用養子。926年至933年在位。紀見本書卷三五至卷四四、《新五代史》卷六。　客省使：官名。客省長官。唐代宗時始置，五代沿置，掌接待四方奏計及外族使者。　李仁矩：人名。籍貫不詳。五代後唐將領，唐明宗舊將。傳見本書卷七〇、《新五代史》卷二六。　魏博：方鎮名。治所在魏州貴鄉縣（今河北大名縣）。　都監：官名。唐代中葉命將出征，常以宦官爲監軍、都監。後爲臨時委任的統兵官，稱都監、兵馬都監。掌屯戍、邊防、訓練之政令。通引小將：低級軍官。　西川：方鎮名。治所在成都府（今四川成都市）。　李嚴：人名。幽州（今北京）人。五代後唐官員。後爲孟知祥所殺。傳見本書卷七〇、《新五代史》卷二六。　閬州：州名。治所在今四川閬中市。　團練使：官名。唐代中期以後，於不設節度使的地區設團練使，掌本區各州軍事。　節鎮：指節度使。　"初，奉使東川者"至"尋升爲節鎮"："遣客省使李仁矩齎詔示諭兩川"，中華書局本有校勘記："'示'字原闕，據殿本、孔本補。""璋於衙署設宴以召仁矩"，《輯本舊史》之影庫本粘籤："'設宴'，原本作'敝宴'，今從《歐陽史》改正。"《新五代史》卷五一《董璋傳》："天成四年，明宗祀天南郊，詔兩川貢助南郊物

五十萬，使李仁矩齎安重誨書往諭璋。璋訴不肯出，秖十萬而已。又因事欲殺仁矩，仁矩涕泣而免。歸言璋必反。其後使者至東川，璋益倨慢，使者還，多言璋欲反狀。重誨患之，乃稍擇將吏爲兩川刺史，以精兵爲其牙衛，分布其諸州。又分閬州置保寧軍，以仁矩爲節度使，遣姚洪將兵千人從仁矩戍閬州。"《通鑑》卷二七六天成三年五月條："帝將祀南郊，遣客省使李仁矩以詔諭兩川，令西川獻錢一百萬緡，東川五十萬緡；皆辭以軍用不足，西川獻五十萬緡，東川獻十萬緡。仁矩，帝在藩鎮時客將也，爲安重誨所厚，恃恩驕慢。至梓州，董璋置宴召之，日中不往，方擁妓酣飲。璋怒，從卒徒執兵入驛，立仁矩於階下而詬之曰：'公但聞西川斬李客省，謂我獨不能邪！' 仁矩流涕拜請，僅而得免；既而厚賂仁矩以謝之。仁矩還，言璋不法。未幾，帝復遣通事舍人李彥珣詣東川，入境，失小禮，璋拘其從者，彥珣奔還。"同年九月條："鄜州兵戍東川者歸本道，董璋擅留其壯者，選羸老歸之，仍收其甲兵。"同年十二月條："安重誨既以李仁矩鎮閬州，使與綿州刺史武虔裕皆將兵赴治。虔裕，帝之故吏，重誨之外兄也。重誨使仁矩詗董璋反狀，仁矩增飾而奏之。朝廷又使武信節度使夏魯奇治遂州城隍，繕甲兵，益兵戍之。璋大懼。時道路傳言，又將割綿、龍爲節鎮，孟知祥亦懼。璋素與知祥有隙，未嘗通問，至是，璋遣使詣成都，請爲其子娶知祥女；知祥許之，謀併力以拒朝廷。"

長興元年夏，明宗以郊禋禮畢，加璋檢校太尉。時兩川刺史嘗以兵爲牙軍，小郡不下五百人，璋已疑間，及聞除仁矩鎮閬州，璋由是謀反乃決。仍先與其子光業書曰："朝廷割吾支郡爲節制，屯兵三千，是殺我必矣。爾見樞要道吾言，如朝廷更發一騎入斜谷，則吾必反，與汝訣矣。"光業以書呈樞密承旨李虔徽。會朝廷再發中使荀咸乂將兵赴閬州，光業謂虔徽曰："咸乂未至，吾父必反。吾身不足惜，慮勞朝廷徵發。請停咸乂之行，吾父必保常日。"[1]重誨不從，咸乂未至，璋已擅追綿州刺史武虔裕，囚於衙署。虔裕，安重誨之心腹也，故先囚之。[2]五月，璋傳檄於利、閬、遂等州，責以間諜朝廷。尋率其兵陷閬州，擒節度使李仁矩、軍校姚洪等害之。[3]先是，璋欲謀叛，先遣使持厚幣於孟知祥，求爲婚家。且言爲朝廷猜忌，將有替移，去則喪家，住亦致討，地狹兵少，獨力不任，願以小兒結婚愛女。時知祥亦貳於朝廷，因許以爲援。既而知祥出師以圍遂州，故璋攻閬州得恣其毒焉。[4]

[1]長興：五代後唐明宗李嗣源年號（930—933）。 檢校太尉：官名。爲散官或加官，以示恩寵，無實際執掌。太尉，與司徒、司空並爲三公。 斜谷：地名。即褒斜道之東口。位於今陝西眉縣西南。 樞密承旨：官名。五代設樞密院承旨和樞密院副承旨，以各衛將軍擔任。主管樞密院承旨司之事。 李虔徽：人名。籍貫不詳。五代後唐官員。事見《新五代史》卷二四。 中使：皇宮中派出的使臣。多由宦官擔任。 荀咸乂：人名。籍貫不詳。五代後唐官員。事見《新五代史》卷二六。 "長興元年夏"至"吾父必保常日"：《輯本舊史》卷四一《唐明宗紀七》長興元年（930）九月癸未條："利、閬、遂三州奏，東川節度使董璋謀叛，結連西川孟知祥。"《通鑑》卷二七七長興元年正月條："董璋遣兵築七寨於劍門。"同年二月壬子條："孟知祥、董璋同上表，言'兩川聞朝廷於閬中建節，綿、遂益兵，無不憂恐。'上以詔書慰諭之。"同年四月甲午條："董璋恐綿州刺史武虔裕窺其所爲，夏，四月，甲午朔，表兼行軍司馬，囚之府廷。"同年五月丙寅條："董璋閱集民兵，皆剪髮黥面，復於劍門北置永定關，布列烽火。"同年

七月戊辰條："董璋遣兵掠遂、閬鎮戍，秋，七月，戊辰，兩川以朝廷繼遣兵屯遂、閬，復有論奏，自是東北商旅少敢入蜀。"同年八月條："董璋之子光業爲宮苑使，在洛陽，璋與書曰：'朝廷割吾支郡爲節鎮，屯兵三千，是殺我必矣。汝見樞要爲吾言：如朝廷更發一騎入斜谷，吾必反！與汝訣矣。'光業以書示樞密承旨李虔徽。未幾，朝廷又遣別將荀咸義將兵戍閬州，光業謂虔徽曰：'此兵未至，吾父必反。吾不敢自愛，恐煩朝廷調發，願止此兵，吾父保無他。'虔徽以告安重誨，重誨不從。璋聞之，遂反。利、閬、遂三鎮以聞，且言已聚兵將攻三鎮。重誨曰：'臣久知其如此，陛下含容不討耳。'帝曰：'我不負人，人負我則討之。'"

[2]綿州：州名。治所在今四川綿陽市。 武虔裕：人名。籍貫不詳。五代後唐將領。事見本書本卷、卷六六，《新五代史》卷六四。 "重誨不從"至"故先囚之"：《輯本舊史》之影庫本粘籤："武虔裕，原本作'虛裕'，今從《歐陽史》改止。"《輯本舊史》卷六六《安重誨傳》："時以東川帥董璋恃險難制，乃以武虔裕爲綿州刺史，董璋益懷疑忌，遂繫虔裕以叛。"

[3]利：州名。治所在今四川廣元市利州區。 遂：州名。治所在今四川遂寧市。 姚洪：人名。籍貫不詳。五代後唐將領。傳見本書卷七〇、《新五代史》卷三三。 "五月"至"擒節度使李仁矩、軍校姚洪等害之"：《輯本舊史》卷四一《唐明宗紀七》長興元年九月條："癸未，利、閬、遂三州奏，東川節度使董璋謀叛，結連西川孟知祥。"同年十月乙巳條："供奉官張仁暉自利州迴，奏董璋攻陷閬州，節度使李仁矩舉家遇害。"《新五代史》卷五一《董璋傳》："璋及知祥覺唐疑己，且削其地，遂連謀以反。璋因爲其子娶知祥女以相結。又遣其將李彥釗扼劍門關爲七砦，於關北增置關，號'永定'。凡唐戍兵東歸者，皆遮留之，獲其逃者，覆以鐵籠，火炙之，或刲肉釘面，割心而啖。長興元年九月，知祥攻陷遂州，璋攻陷閬州，執李仁矩、姚洪，皆殺之。"《通鑑》卷二七七長興元年九月癸亥條："（孟知祥）遣使約董璋同舉兵。璋移檄

利、閬、遂二鎮，數其離間朝廷，引兵擊閬州。"同月庚辰條："東川兵至閬州，諸將皆曰：'董璋久蓄反謀，以金帛啗其士卒，銳氣不可當，宜深溝高壘以挫之，不過旬日，大軍至，賊自走矣。'李仁矩曰：'蜀兵懦弱，安能當我精卒！'遂出戰，兵未交而潰歸。董璋晝夜攻之，庚辰，城陷，殺仁矩，滅其族。初，璋爲梁將，指揮使姚洪嘗隸麾下，至是，將兵千人戍閬州；璋密以書誘之，洪投諸厠。城陷，璋執洪而讓之曰：'吾自行間獎拔汝，今日何相負?'洪曰：'老賊！汝昔爲李氏奴，掃馬糞，得臠炙，感恩無窮。今天子用汝爲節度使，何負於汝而反邪？汝猶負天子，吾受汝何恩，而云相負哉！汝奴材，固無耻；吾義士，豈忍爲汝所爲乎！吾寧爲天子死，不能與人奴並生！'璋怒，然鑊於前，令壯士十人刲其肉自啗之，洪至死罵不絶聲。帝置洪二子於近衛，厚給其家。"

　　[4]"先是"至"故璋攻閬州得恣其毒焉"：參見《輯本舊史》卷一三六《孟知祥傳》。明本《册府》卷二二七《僭偽部·謀略門》後蜀孟知祥條："其後朝廷每除劍南牧守，皆令提兵而往，或千或百，分守郡城。時董璋作鎮東川已數年矣，亦有雄據之意。會唐朝以夏魯奇鎮遂州，李仁矩鎮閬州，皆領兵數千人赴鎮，復授以密旨，令制禦兩川。董璋覺之，乃與知祥通好，結爲婚家，以固輔車之勢。知祥慮唐軍驟至，與遂、閬兵合，則勢不可支吾，遂與璋協謀，令璋以本部軍先取閬州，知祥遣大將軍李行罕、趙廷隱等率軍圍遂州。"

　　其年秋，詔削奪璋在身官爵，命天雄軍節度使石敬瑭爲東川行營招討使，率師以討之。[1]璋之子宮苑使光業并其族，並斬於洛陽。[2]及石敬瑭率師進討，以糧運不接班師。明宗方務懷柔，乃放西川進奏官蘇愿、東川軍將劉澄各歸本道，別無詔旨，祇云兩務求安。[3]時孟知祥其骨肉在京師者俱無恙焉，因遣使報璋，欲連表稱謝。璋怒曰："西川存得弟姪，遂欲再通朝廷，璋之兒孫已入黃泉，何謝之有！"自是璋疑知祥背己，始搆隙矣。三年四月，璋率所部兵萬餘人以襲知祥。知祥與諸將率師拒之，戰於漢州之彌牟鎮。璋軍大敗，得數十騎，復奔於東川。[4] 先是，前陵州刺史王暉爲璋所邀，[5] 寓於東川，至是因璋之敗，率衆以害之，傳其首於西川。《永樂大典》卷一萬八千一百三十。[6]

[1]天雄軍：方鎮名。治所在魏州（今河北大名縣）。　石敬瑭：人名。沙陀部人，晉陽（今山西太原市）人。五代後晉開國君主。在位期間割華北北部幽、雲諸州予契丹。紀見本書卷七五至卷八〇、《新五代史》卷八。　行營招討使：官名。唐始置。戰時任命，兵罷則省。常以大臣、將帥或地方軍政長官兼任。掌招撫、討伐等事務。　"其年秋"至"率師以討之"：《輯本舊史》卷四一《唐明宗紀七》長興元年（930）九月丙戌條："詔東川節度使董璋可削奪在身官爵，仍徵兵進討。"同月丁亥條："以西川節度使孟知祥兼西南面供饋使，天雄軍節度使石敬瑭兼東川行營都招討使，以遂州節度使夏魯奇兼東川行營招討副使。"同年十月乙巳條："供奉官張仁暉自利州迴，奏董璋攻陷閬州。"同年十一月壬申條："黔南節度使楊漢章棄城奔忠州，爲董璋所攻也。"同月乙亥條："制西川節度使孟知祥削奪官爵，以其同董璋叛也。"同月辛巳條："西面軍前奏，今月十三日，階州刺史王弘贄、瀘州刺史馮暉，自利州取山路出劍門關外倒下，殺敗董璋守關兵士三千人，收復劍州。"《通鑑》卷二七七長興元年十月戊戌條："董璋引兵趣利州，遇雨，糧運不繼，還閬州。知祥聞之，驚曰：'比破閬中，正欲徑取利州，其帥不武，必望風遁去。吾獲其倉廩，據漫天之險，北軍終不能西救武信。今董公僻處閬州，遠棄劍閣，非計也。'欲遣兵三千助守劍門；璋固辭曰：'此已有備。'"同年十一月乙卯條："董璋遣使

至成都告急。知祥聞劍門失守，大懼，曰：‘董公果誤我！’”同月庚辰條：“董璋自閬州將兩川兵屯木馬寨。”同月甲申條：“董璋遣前陵州刺史王暉將兵三千會李肇等分屯劍州南山。”

[2]洛陽：地名。即今河南洛陽市。　璋子光業，見本傳正文。《輯本舊史》卷四一《唐明宗紀七》長興元年十月丁未條：“宮苑使董光業并妻子並斬於都市，璋之子也。”

[3]進奏官：官名。爲進奏院長官。唐、五代藩鎮皆置邸於京師，爲駐京城的辦事機構。唐肅宗、代宗時稱上都留後院，大曆十二年（777）改稱上都進奏院。五代時，州郡不隸藩鎮者，亦置邸京師。以進奏官主其事，掌傳送文書、情報，主持本鎮、州郡進奉。　蘇愿：人名。籍貫不詳。五代後唐官員，孟知祥屬官。事見《新五代史》卷五一、卷六四。　劉澄：人名。籍貫不詳。五代後唐將領，董璋屬官。事見本書本卷。

[4]京師：即後唐都城汴州（今河南洛陽市）。　漢州：州名。治所在今四川廣漢市。　彌牟鎮：地名。位於今四川成都市東北彌牟鎮。　“時孟知祥其骨肉在京帥者俱無恙焉”至“復奔於東川”：《輯本舊史》之原輯者案語：“《九國志·趙季良傳》：季良嘗與知祥從容語曰：‘璋性狼戾，若堅守一城，攻之難克。’及聞璋起兵，知祥憂形於色。季良曰：‘璋不守巢穴，此天以授公也。’既而璋果敗。”此句中華書局本有校勘記：“‘趙季良傳’，原作‘李良傳’，據殿本、《九國志》卷七改。下文‘季良嘗與知祥從容語曰’‘季良曰’句中‘季’字原均闕，據殿本、《九國志》卷七補。影庫本批校：‘李良傳’應作‘趙季良傳’，下文‘良曰’應作‘季良曰’。”又《輯本舊史》之原輯者案語：“《九國志·趙廷隱傳》：董璋襲廣漢，將攻成都，時東川廩藏充實，部下多敢死之士，其來也，衆皆畏之。知祥親督諸將，與璋戰雞縱橋前，頗爲所挫。廷隱偽遁，璋逐之，知祥與張公鐸繼進，璋軍亂不成列，廷隱整陣，與知祥合擊之，璋軍大敗。”《通鑑》卷二七七長興二年二月丙午條：“董璋亦還東川，留兵三千戍果、閬。”同年十一月癸巳條：“蘇愿

至成都，孟知祥聞甥姪在朝廷者皆無恙，遣使告董璋，欲與之俱上表謝罪。璋怒曰：'孟公親戚皆完，固宜歸附；璋已族滅，尚何謝爲！詔書皆在蘇願腹中，劉澄安得豫聞，璋豈不知邪！'由是復爲怨敵。"同卷長興三年三月條："孟知祥三遣使説董璋，以主上加禮於兩川，苟不奉表謝罪，恐復致討；璋不從。三月，辛丑，遣李昊詣梓州，極論利害，璋見昊，詬怒，不許。昊還，言於知祥曰：'璋不通謀議，且有窺西川之志，公宜備之。'"同年四月乙丑條："東川節度使董璋會諸將謀襲成都，皆曰必克；前陵州刺史王暉曰：'劍南萬里，成都爲大，時方盛夏，師出無名，必無成功。'璋不從。"同年五月壬午條："董璋檄書至。璋兵至漢州，潘仁嗣與戰于赤水，大敗，爲璋所擒，璋遂克漢州。"同月甲申條："璋望西川兵盛，退陳於武侯廟下，璋帳下驍卒大譟曰：'日中曝我輩何爲！何不速戰！'璋乃上馬。前鋒始交，東川右廂馬步都指揮使張守進降於知祥，言'璋兵盡此，無復後繼，當急擊之'。知祥登高冢督戰，左明義指揮使毛重威、左衝山指揮使李塘守雞蹤橋，皆爲東川兵所殺。趙廷隱三戰不利，牙內都指揮副使侯弘實兵亦却，知祥懼，以馬箠指後陳。張公鐸帥衆大呼而進，東川兵大敗，死者數千人，擒東川中都指揮使元瓌、牙內副指揮使董光演等八十餘人。璋拊膺曰：'親兵皆盡，吾何依乎！'與數騎遁去，餘衆七千人降，復得潘仁嗣。知祥引兵追璋至五侯津，東川馬步都指揮使元瑰降。西川兵入漢州府第，求璋不得，士卒爭璋軍資，故璋走得免。趙廷隱追至赤水，又降其卒三千人。"同月乙酉條："璋至梓州，肩輿而入，王暉迎問曰：'太尉全軍出征，今還者無十人，何也？'璋涕泣不能對。至府第，方食。暉與璋從子牙內都虞侯延浩帥兵三百大譟而入。璋引妻子登城，子光嗣自殺。璋至北門樓，呼指揮使潘稠使討亂兵，稠引十卒登城，斬璋首，乃取光嗣首以授王暉，暉舉城迎降。"同月丁亥條："趙廷隱獻董璋首。"《輯本舊史》卷四三《唐明宗紀九》長興三年六月戊午條："荆南奏：'東川董璋領兵至漢州，西川孟知祥出兵逆戰，璋大敗，得部下人二十餘，走入東川城，尋爲前陵州刺史王暉所殺，孟知祥已入梓州。’”同卷九月條：
“（李瓌）又奏五月三日，大破東川董璋之衆於漢州，收下東川。”
明本《册府》卷二二七《僭僞部·謀略門》後蜀孟知祥條：“長興
元年冬，唐軍伐蜀，至劍門。二年二月，以遂、閬既陷，又糧運不
接，乃班師。三年，知祥又破董璋，乃自領東、西兩川節度使。”

〔5〕陵州：州名。治所在今四川仁壽縣。　王暉：人名。籍貫
不詳。五代後唐官員。事見本書卷四三。

〔6〕《大典》卷一八一三〇“將”字韻“後唐將”事目。

舊五代史　卷六三

唐書三十九

列傳第十五

張全義

張全義，字國維，濮州臨濮人。[1]初名居言，[2]賜名全義，梁祖改爲宗奭，[3]莊宗定河南，[4]復名全義。祖璉，父誠，[5]世爲田農。全義爲縣嗇夫，嘗爲令所辱。[6]

[1]濮州：州名。治所在今山東鄄城縣。　臨濮：縣名。治所在今山東鄄城縣。

[2]初名居言：《輯本舊史》之原輯者案語：“新、舊《唐書》作張言，《薛史·李罕之傳》亦作張言，與此傳異。”見《舊唐書》卷一八二《諸葛爽傳》、卷二〇〇下《黃巢傳》，《新唐書》卷一八七《諸葛爽傳》《李罕之傳》。《宋本册府》卷八二五《總録部·名字門二》作“初名言”。

[3]梁祖：即後梁太祖朱温。宋州碭山（今安徽碭山縣）人。五代後梁開國皇帝。紀見本書卷一至卷七、《新五代史》卷一至

卷二。

　　[4]莊宗：即後唐莊宗李存勗。沙陀部人。五代後唐王朝的建立者。紀見本書卷二七至卷三四、《新五代史》卷五。　河南：方鎮名。治所在汴州（今河南開封市）。

　　[5]璉：人名。即張璉。事迹不詳。　誠：人名。即張誠。事迹不詳。

　　[6]嗇夫：吏或鄉官。　令：官名。即縣令。唐代之縣，分赤（京）、次赤、畿、次畿、望、緊、上、中、中下、下十等。縣令分六等，正五品上至從七品下。

　　乾符末，黃巢起冤句，[1]全義亡命入巢軍。巢入長安，以全義爲吏部尚書，充水運使。[2]巢敗，依諸葛爽於河陽，累遷至裨校，屢有戰功，爽表爲澤州刺史。[3]

　　[1]乾符：唐僖宗李儇年號（874—879）。　黃巢：人名。曹州冤句（今山東菏澤市）人。唐末農民起義領袖。傳見《舊唐書》卷二〇〇下、《新唐書》卷二二五下。　冤句：縣名。治所在今山東菏澤市。

　　[2]長安：地名。位於今陝西西安市。　吏部尚書：官名。尚書省吏部最高長官，與二侍郎分掌六品以下文官選授、勳封、考課之政令。正三品。　水運使：官名。此爲黃巢特署職官。負責軍需的水路轉運、供給。

　　[3]諸葛爽：人名。青州博昌（今山東博興縣）人。唐末軍閥，時爲河陽軍節度使。傳見《舊唐書》卷一八二、《新唐書》卷一八七。　河陽：方鎮名。治所在孟州（今河南孟州市）。　裨校：低職武官。　澤州：州名。治所在今山西晉城市。　刺史：官名。州一級行政長官。漢武帝時始置，總掌考核官吏、勸課農桑、地方教化等事。唐中期以後，節度使、觀察使轄州而設，刺史爲其屬

官，職任漸輕。從三品至正四品下。　　"巢敗"至"爽表爲澤州刺史"：《輯本舊史》之原輯者案語："《洛陽搢紳舊聞記‧齊王張令公外傳》云：王在巢軍中，知其必敗，遂翻身歸國，唐授王澤州刺史。考是書則全義因巢敗始歸諸葛爽，乃表爲澤州刺史也。《舊聞記》殊失事實。"

　　光啓初，爽卒，其子仲方爲留後。部將劉經與李罕之爭據洛陽，罕之敗經於聖善寺，乘勝欲攻河陽，營於洛口。[1]經遣全義拒之，全義乃與罕之同盟結義，返攻經於河陽，爲經所敗，收合餘衆，與罕之據懷州，乞師於武皇。武皇遣澤州刺史安金俊助之，進攻河陽，劉經、仲方委城奔汴，罕之遂自領河陽，表全義爲河南尹。[2]

　　[1]光啓：唐僖宗李儇年號（885—888）。　　仲方：人名。即諸葛仲方。青州博昌（今山東博興縣）人。唐末軍閥。事見《通鑑》卷二五六。　　留後：官名。唐、五代節度使多以子弟或親信爲留後，以代行節度使職務，亦有軍士、叛將自立爲留後者。掌一州或數州軍政。　　劉經：人名。籍貫不詳。諸葛爽部將。事見本書卷一五、《通鑑》卷二五六。　　李罕之：人名。陳州項城（今河南沈丘縣）人。唐末、五代軍閥。傳見《新唐書》卷一八七、本書卷一五、《新五代史》卷四二。　　洛陽：地名。治所在今河南洛陽市。　　聖善寺：寺院名。位於今河南洛陽市。本書卷一五《李罕之傳》言李罕之"以聖善寺爲府"。　　洛口：地名。位於今河南鞏義市東北伊洛河入黃河之口。　　"光啓初"至"營於洛口"："聖善寺"，《輯本舊史》之影庫本粘籤："聖善寺，原本作'聖喜'，今從《新唐書》改正。"《舊唐書》卷七《中宗紀》、《新唐書》卷三四《五

行志一》皆作“聖善寺”。《新唐書》卷一八七《李罕之傳》：“俄而爽死，其將劉經、張言共立爽子仲方，欲去罕之。而罕之故與郭璆有隙，擅殺璆，軍中不悦。經間衆怒，襲其壁，罕之退保乾壕，經追擊，反爲所敗，乘勝入屯洛陽苑中。”

[2] 懷州：州名。治所在今河南沁陽市。　武皇：即李克用。沙陀部人，生於神武川新城（一説今山西朔州市朔城區之梵王寺村，一説今山西應縣縣城，一説今山西懷仁縣之日中城）。唐末軍閥，受封晋王。五代後唐太祖。紀見本書卷二五至卷二六、《新五代史》卷四。　安金俊：人名。籍貫不詳。唐末李克用部將。事見《舊唐書》卷二〇上、卷一八七及本書卷二五。　汴：州名。治所在今河南開封市。　河南尹：官名。唐開元元年（713）改洛州爲河南府，治所在今河南洛陽市，河南府尹總其政務。從三品。“經遣全義拒之”至“表全義爲河南尹”：《舊五代史考異》：“案張齊賢撰《齊王張令公外傳》云：初過三城，謁節度使諸葛爽。爽有人倫之鑒，覿王之狀貌，待之殊厚，謂王曰：‘他時名位在某之上，勉之！’爽既没，王漸貴，追思疇昔見知之恩未嘗報，乃圖其形像於其私第，日焚香供養之，至於終身。案：諸葛爽死，全義親逐其子而據其地，乃復懸像事之，以明其不背本，此劇賊欺人之術耳。”《新唐書》卷一八七《李罕之傳》：“經戰不勝，還河陽。罕之屯鞏，將度汜，經遣張言拒河上，反與罕之合，攻經不克，屯懷州。孫儒逐仲方，取河陽，自稱節度使。俄而宗權敗，棄河陽走，罕之、言進收其衆，丐援河東，克用遣安金俊率兵助之，得河陽。克用表罕之爲節度使、同中書門下平章事。有詔與屬籍。又表言爲河南尹、東都留守。”

全義性勤儉，善撫軍民，雖賊寇充斥，而勸耕務農，由是倉儲殷積。[1] 罕之貪暴不法，軍中乏食，每取給於全義。二人初相得甚歡，而至是求取無厭，動加凌轢，全義苦之。[2] 文德元年四月，罕之出軍寇晋、絳，全義乘其無備，潛兵襲取河陽，全義乃兼領河陽節度。罕之求援於武皇，武皇復遣兵助攻河陽，會汴人救至而退。梁祖以丁會守河陽，全義復爲河南尹、檢校司空。全義感梁祖援助之恩，自是依附，皆從其制。[3]

[1]“全義性勤儉”至“由是倉儲殷積”：《舊五代史考異》：“《洛陽搢紳舊聞記》：王每喜民力耕織者，某家今年蠶麥善，去都城一舍之内，必馬足及之。悉召其家老幼，親慰勞之，賜以酒食茶綵，丈夫遺之布袴，婦人裙衫，時民間尚衣青，婦人皆青絹爲之。取其新麥新繭，對之喜動顏色，民間有竊言者曰：‘大王見好聲妓，等閒不笑，惟見好蠶麥即笑爾。’其真朴皆此類。每觀秋稼，見田中無草者，必下馬命賓客觀之，召田主慰勞之，賜之衣物。若見禾中有草，地耕不熟，立召田主集衆決責之。若苗荒地生，詰之，民訴以牛疲或闕人耕鋤，則出邊下馬，立召其鄰伍責之曰：‘此少人牛，何不衆助之。’鄰伍皆伏罪，即赦之。自是洛陽之民無遠近，民之少牛者相率助之，少人者亦然。田夫田婦，相勸以耕桑爲務，是以家有蓄積，水旱無飢民。王誠信，每水旱祈祭，必具湯沐，素食别寢，至祠祭所，儼然若對至尊，容如不足。遇旱，祈禱未雨，左右必曰：‘王可開塔’，即無畏師塔也，在龍門廣化寺。王即依言而開塔，未嘗不澍雨，故當時俚諺云：‘王禱雨，買雨具。’”

[2]“罕之貪暴不法”至“全義苦之”：《舊五代史考異》：“《新唐書·李罕之傳》云：張言善積聚，罕之食乏，士仰以給，求之無涯，言不能厭，罕之拘河南官吏笞督之。又東方貢輸行在者，多爲罕之所邀。與《薛史》互有異同。”中華書局本有校勘記：“‘吏’字原闕，據《新唐書》卷一八七《李罕之傳》補。”又《舊五代史考異》：“《齊王外傳》云：罕之鎮三城，知王專以教民耕織爲務，常宣言于衆曰：‘田舍翁何足憚。’王聞之，蔑如也。每飛

尺書于王，求軍食及縑帛，王曰：'李太傅所要，不得不奉之。'左右及賓席咸以爲不可與，王曰：'第與之。'似若畏之者，左右不之曉。罕之謂王畏己，不設備。因罕之舉兵收懷、澤，王乃密召屯兵，潛師夜發，遲明入三城。罕之乃逃遁投河東，朝廷即授王兼鎮三城。"見《新唐書》卷一八七《李罕之傳》。中華書局本有校勘記："'飛'，原作'非'，據《洛陽搢紳舊聞記》卷二改。"又："'因罕之舉兵……鎮三城'以上四十字原闕，據殿本補。"

[3]文德：唐僖宗李儇年號（888）。　晋：州名。治所在今山西臨汾市。　絳：州名。治所在今山西新絳縣。　節度：官名。即節度使。唐時在重要地區所設掌握一州或數州軍事、民事、財政的長官。　丁會：人名。壽州壽春（今安徽壽縣）人。唐末將領。傳見本書卷五九、《新五代史》卷四四。　檢校司空：官名。爲散官或加官，以示恩寵加此官，無實際執掌。司空，與太尉、司徒並爲三公。　"文德元年四月"至"皆從其制"：《宋本册府》卷一八七《閏位部·勳業門五》："河南尹張全義襲李罕之於河陽，克之。罕之單騎出奔，因乞師於太原，李克用爲發萬騎以援之，罕之遂收其餘衆，與晋軍合勢，急攻河陽。全義危急，遣使求救於汴，帝遣丁會、牛存節、葛從周領兵赴之，大戰於温縣，晋人與罕之俱敗。於是河橋解圍，全義歸於洛陽，因以丁會爲河陽留後。"

　　初，蔡賊孫儒、諸葛爽争據洛陽，迭相攻伐，七八年間，都城灰燼，滿目荆榛。全義初至，唯與部下聚居故市，井邑窮民，不滿百户。全義善於撫納，課部人披榛種蓺，且耕且戰，以粟易牛，歲滋墾闢，招復流散，待之如子。每農祥勸耕之始，全義必自立畎畝，餉以酒食，政寬事簡，吏不敢欺。數年之間，京畿無閑田，編户五六萬，乃築壘於故市，建置府署，以防外寇。[1]

　　[1]蔡：州名。治所在今河南汝南縣。　　孫儒：人名。河南府（今河南洛陽市）人。唐末軍閥。傳見《新唐書》卷一八八。

"初，蔡賊孫儒、諸葛爽爭據洛陽"至"以防外寇"："蔡賊孫儒、諸葛爽爭據洛陽"，中華書局本有校勘記："諸葛爽，原作'諸葛奭'，據殿本、劉本、孔本、邵本校改。按：《舊唐書》卷一八二、《新唐書》卷一八七有《諸葛爽傳》。"又《輯本舊史》之影庫本粘籤："披榛，原本作'被蓁'，今據《歐陽史》改正。"《新五代史》卷四五《張全義傳》未見。《舊五代史考異》："《齊王外傳》云：王始至洛，於麾下百人中，選可使者一十八人，命之曰屯將。每人給旗一口，榜一道，於舊十八縣中，令招農户，令自耕種，流民漸歸。王於百人中，又選可使者十八人，命之曰屯副，民之來者撫綏之，除殺人者死，餘但加杖而已，無重刑，無租税，流民之歸漸衆。王又麾下選書計一十八人，命之曰屯判官。不一二年，十八屯申每屯户至數千。王命農隙，每選丁夫教以弓矢槍劍，爲起坐進退之法。行之一二年，每屯增户，大者六七千，次者四千，下之二二千，共得丁夫閑弓矢者、槍劍者二萬餘人。有賊盜即時擒捕之，關市人賦幾于無籍。刑寬事簡，遠近歸之如市，五年之内，號爲富庶，於是奏每縣除令簿主之。""十八屯申每屯户至數千"，中華書局本有校勘記："'申每屯'三字原闕，據殿本、《洛陽搢紳舊聞記》卷二補。"明本《册府》卷二五《帝王部·符瑞門四》天祐二年（905）八月條："河南府奏洛苑谷水屯百姓馬，會穀地内有嘉禾合穗，謹隨表進者。詔曰：'多稼如雲，已稱大稔，異畝同穎，益表殊祥。張全義尹正邦畿，從容廊廟，動必垂於惠化，静每著於爕調。佐時之略彌章，阜俗之風益顯。爰昭玄貺，可卜豐年。訓農遐掩於衛文，獻瑞迥同於唐叔，載觀禎異，尤切歡嘉。仍付史館。'"卷一四《帝王部·都邑門二》天祐二年十月條："勑：'洛城坊曲内，舊有朝臣及諸司宅舍，經亂荒榛。張全義葺理以來，皆以耕墾，既供軍賦，即係公田。或恐妄有披論，認爲世業，須煩按驗，遂啓幸門。其都内坊曲及畿内已耕殖田土，諸色人並不得論認。如要田業，一任買置。凡論認者，不在給還之限。如有本主元自差人勾當，不在此限。如荒田無主，即許識認，付河南府。"《宋本册府》卷六七八《牧守部‧勸課門》張全義條："洛都自黃巢大亂之後，繼之以蔡賊，十餘年間，寇盜往來，都城灰燼，無寸椽尺桷，滿目荊榛。李罕之尹正也，唯部下聚居坊市。窮民不滿百户，加以罕之貪殘，治民無術，流人來者，尋復散去。及全義爲尹，鉏萊披榛，招復流庸，待之如子。每歲農務勸耕之始，全義必自立畎畝間，諭其耕者，賞以酒食，政寬事簡，吏不敢犯。繇是數年之間，京畿無閑田，民户數十萬。"據此段所引《册府》，"李罕之尹正也，唯部下聚居坊市"與《輯本舊史》本傳所言"全義初至，唯與部下聚居故市"不同。《新五代史》卷四五《張全義傳》："是時，河南遭巢、儒兵火之後，城邑殘破，户不滿百，全義披荊棘，勸耕殖，躬載酒食，勞民畎畝之間，築南、北二城以居之。數年，人物完盛，民甚賴之。"

梁祖迫昭宗東遷，命全義繕治洛陽宮城，累年方集。昭宗至洛陽，梁祖將圖禪代，慮全義心有異同，乃以判官韋震爲河南尹，移全義爲天平軍節度使、守中書令、東平王。[1]其年八月，昭宗遇弒，輝王即位。[2]十月，復以全義爲河南尹，兼忠武軍節度使、判六軍諸衛事。[3]梁祖建號，以全義兼河陽節度使，封魏王。[4]開平二年，册拜太保、兼陝虢節度使、河南尹。[5]四年，册拜太傅、河南尹、判六軍、兼鄭滑等州節度使。[6]乾化元年，册拜太師。[7]二年，朱友珪篡逆，以全義爲守太尉、河南尹、宋亳節度使、兼國計使。[8]梁末帝嗣位於汴，以全義爲洛京留守，[9]兼鎮河陽。未幾，授天下兵馬副元帥。[10]

[1]昭宗：即唐昭宗李曄，888 年至 904 年在位。紀見《舊唐書》卷二〇上、《新唐書》卷一〇。　判官：官名。爲長官的佐吏，協理政事，或備差遣。　韋震：人名。雍州萬年（今陝西西安市長安區）人。後梁將領。傳見本書附録、《新五代史》卷四三。

天平軍：方鎮名。治所在鄆州（今山東東平縣）。　中書令：官名。漢代始置，隋、唐前期爲中書省長官，屬宰相之職；唐後期多爲授予元勳大臣的虛銜。正二品。　“梁祖迫昭宗東遷”至“東平王”：《舊五代史考異》：“案《齊王外傳》云：梁祖兼四鎮，王累表讓兼鎮，蓋潛識梁祖姦雄，避其權位，欲圖自全之計爾。”《輯本舊史》之原輯者案語：“《洛陽搢紳舊聞記》：齊王與梁祖互爲中書令、尚書令，及梁祖兼四鎮，齊王累表讓兼鎮，蓋潛識梁祖姦雄，避其權位，欲圖自全之計。梁祖經營霸業，外則干戈屢動，内則帑庾俱虛，齊王悉心盡力，傾竭財資助之。”見《洛陽搢紳舊聞記》卷二。

[2]輝王：即唐哀帝李柷，904 年至 907 年在位。

[3]忠武軍：方鎮名。治所在許州（今河南許昌市）。

[4]“梁祖建號”至“封魏王”：《宋本册府》卷一九六《閏位部·封建門五》開平元年五月條：“進封河南尹兼河陽節度使張全義爲魏王。”

[5]開平：後梁太祖朱温年號（907—911）。　太保：官名。與太師、太傅並爲三師。唐後期、五代多爲大臣、勳貴加官。正一品。　陝虢：方鎮名。即保義軍。唐龍紀元年（889）以陝虢節度使爲保義軍節度使，治所在陝州（今河南三門峽市陝州區）。“開平二年”至“河南尹”：“河南尹”，中華書局本有校勘記：“‘河南尹’，原作‘河陽尹’，據劉本改。按時河陽未置府，故不設尹。”

[6]太傅：官名。與太師、太保並爲三師。始設於周代。掌佐天子、理陰陽、經邦弘化。唐後期、五代多爲大臣、勳貴加官。正一品。　鄭：州名。治所在今河南鄭州市。　滑：州名。治所在今

河南滑縣。

[7]乾化：五代後梁太祖朱温年號（911—912）。末帝朱友貞沿用（913—915）。　太師：官名。與太傅、太保合稱三師。唐後期、五代多爲大臣、勳貴加官。正一品。

[8]朱友珪：人名。後梁太祖朱温次子，殺朱温自立。後被追廢爲庶人。傳見本書卷一二、《新五代史》卷一三。　太尉：官名。與司徒、司空並爲三公。唐後期、五代多爲大臣、勳貴加官。正一品。　宋亳：方鎮名。即宣武軍。唐建中二年（781）以宋亳節度爲宣武軍。後梁宣武軍治所在汴州（今河南開封市）。　國計使：官名。五代始置，後梁、後唐及閩國皆有設置，掌財賦税收、錢穀用度。　“二年”至“兼國計使”：“兼國計使”，《輯本舊史》之影庫本粘籤：“國計使，原本作‘圖計使’，考《五代會要》云：梁以建昌宮使治財賦，後改爲國計使。今改正。”見《會要》卷二四建昌宮使條。

[9]梁末帝：即後梁末帝朱友貞，朱温第四子，殺其兄朱友珪而自立。爲李存勗大軍包圍後自殺身死，後梁由是滅亡。913年至923年在位。紀見本書卷八至卷一〇、《新五代史》卷三。　洛京：即洛陽。　留守：官名。古代皇帝出巡或親征時指定親王或大臣留守京城，綜理國家軍事、行政、民事、財政等事務，稱京城留守。在陪都或軍事重鎮也常設留守，以地方長官兼任。

[10]天下兵馬副元帥：唐代朝廷有重大軍事行動，則置元帥，統率天下軍隊。副元帥爲元帥之副。

　　梁帝季年，趙、張用事，段凝爲北面招討使，驟居諸將之右。全義知其不可，遣使啓梁末帝曰：“老臣受先朝重顧，蒙陛下委以副元帥之名。臣雖遲暮，尚可董軍，請付北面兵柄，庶分宵旰。段凝晚進，德未服人，恐人情不和，敗亂國政。”不聽。[1]全義託附朱氏垂三十年，梁祖末年，猜忌宿將，欲害全義者數四，全義卑身曲事，悉以家財貢奉。洎梁祖河朔喪師之後，月獻鎧馬，以補其軍；又以服勤盡瘁，無以加諸，故竟免於禍。[2]全義妻儲氏，明敏有才略。梁祖自柏鄉失律後，連年親征河朔，心疑全義，或左右讒間，儲氏每入宮，委曲伸理。有時怒不可測，急召全義，儲氏謁見梁祖，厲聲言曰：“宗奭種田叟耳，三十餘年，洛城四面，開荒斸棘，招聚軍賦，資陛下創業。今年齒衰朽，指景待盡，而大家疑之，何也？”梁祖遽笑而謂曰：“我無惡心，嫗勿多言。”[3]

[1]趙：人名。即趙巖。陳州宛丘（今河南淮陽縣）人。朱溫女婿，忠武軍節度使趙犨次子。事見本書卷三〇、《新五代史》卷四二。　張：人名。即張漢倫。清河（今河北清河縣）人。張漢傑之兄。後梁大臣。傳見本書附錄。　段凝：人名。開封（今河南開封市）人。五代後梁將領，其妹爲朱溫美人，因其妹而爲朱溫親信。後投後唐。傳見本書卷七三、《新五代史》卷四五。　北面招討使：官名。不常置，爲一路或數路地區統兵官。掌招撫、討伐等事。兵罷則省。　“梁帝季年”至“不聽”：亦見《宋本册府》卷三八九《將帥部·請行門》。

[2]河朔：泛指黃河以北地區。　“全義託附朱氏垂三十年”至“故竟免於禍”：“全義託附朱氏垂三十年”，“附”字據《宋本册府》卷七九〇《總錄部·知幾門二》補。中華書局本有校勘記：“卑身曲事，‘卑’原作‘單’，據《册府》卷七九〇改。”

[3]柏鄉：縣名。治所在今河北柏鄉縣。　“全義妻儲氏”至“嫗勿多言”：《舊五代史考異》：“《齊王外傳》云：梁祖猜忌王，慮爲後患，前後欲殺之者數四，夫人儲氏面請梁祖得免，梁祖遂以

其子福王納齊王之女。"《新輯會證》引《五代史輯本證補》:"光啓間,全義據洛陽,至梁祖乾化末,不滿三十年,傳云'三十餘年',誤。"

　　莊宗平梁,全義自洛赴覲,泥首待罪。莊宗撫慰久之,以其年老,令人掖而昇殿,宴賜盡歡,詔皇子繼岌、皇弟存紀等皆兄事之。[1]先是,天祐十五年,梁末帝自汴趨洛,[2]將祀於圓丘。時王師攻下楊劉,徇地曹、濮,[3]梁末帝懼,急歸於汴,其禮不遂,然其法物咸在。至是,全義乃奏曰:"請陛下便幸洛陽,臣已有郊禮之備。"翌日,制以全義復爲尚書令、魏王、河南尹。[4]明年二月,郊禋禮畢,以全義爲守太尉、中書令、河南尹,改封齊王,兼領河陽。[5]先是,朱梁時供御所費,皆出河南府,其後孔謙侵削其權,[6]中官各領內司使務,或豪奪其田園居第,全義乃悉録進納。四年,落河南尹,授忠武軍節度使、檢校太師、尚書令。[7]會趙在禮據魏州,[8]諸軍進討無功。[9]時明宗已爲羣小間言,[10]端居私第。全義以臥疾聞變,憂懼不食,[11]薨於洛陽私第,時年七十五。天成初,册贈太師,謚曰忠肅。[12]

　　[1]繼岌:人名。即李繼岌。五代後唐莊宗長子。傳見本書卷五一、《新五代史》卷一四。　存紀:人名。李克用之子,莊宗李存勗之弟。傳見本書卷五一、《新五代史》卷一四。　"莊宗平梁"至"皇弟存紀等皆兄事之":《舊五代史考異》:"《齊王外傳》云:再上表敘述,屢爲朱梁窺圖,偶脱虎口,逼爲親,且非素志。《乞雪表》數句云:'伏念臣曾棲惡木,曾飲盜泉,實有瑕疵,未蒙

昭雪。'復下昭雪之令。亦見《洛陽搢紳舊聞記》。"《乞雪表》，中華書局本有校勘記："'表'字原闕，據《洛陽搢紳舊聞記》卷二補。"又據《洛陽搢紳舊聞記》卷二，"未蒙昭雪"下有"鴻辭也"三字。又《輯本舊史》之原輯者案語："《通鑑》：全義獻幣馬千計，帝命皇子繼岌、皇弟存紀等兄事之。是全義之得幸於莊宗，由幣馬也。《洛陽搢紳舊聞記》：'齊王上表待罪，莊宗降詔釋之。及召見，大喜，開懷慰納，若見平生故人，盡魚水之契焉。'此蓋黨于全義者虛譽之辭。""盡魚水之契焉"，《舊聞記》作"盡魚水之情焉"。亦見明本《册府》卷七六《帝王部·禮大臣門》。

[2]天祐：唐昭宗李曄開始使用的年號（904—907）。唐哀帝李柷沿用。唐亡後，河東李克用、李存勗仍稱天祐，沿用至天祐二十年（923）。五代十國其他政權亦有行此年號者，如南吳、吳越等。

[3]楊劉：地名。在今山東東阿縣東北姚寨鎮楊柳村。唐、五代時有城臨河津，爲黄河下游重鎮，今城已堙廢不可考。　曹：州名。治所在今山東曹縣西北。　濮：州名。治所在今山東鄄城縣。

[4]尚書令：官名。秦始置。隋、唐前期爲尚書省長官，與中書令、侍中並爲宰相。唐後期多爲大臣加銜，不參與政務。正二品。

[5]"明年二月"至"兼領河陽"："郊禋禮畢"，《輯本舊史》之原輯者案語："《歐陽史》作全義再朝京師，吳縝纂誤嘗辨證之。""改封齊王"，中華書局本有校勘記："'齊王'原作'濟王'，據殿本、劉本、本書卷三一《唐莊宗紀五》，《册府》卷九九、卷一二九改。"見明本《册府》卷九九《帝王部·推誠門》、《宋本册府》卷一二九《帝王部·封建門》。

[6]孔謙：人名。魏州（今河北大名縣）人。後唐大臣，善聚斂錢財，爲李存勗籌劃軍需。傳見本書卷七三、《新五代史》卷二六。

[7]檢校太師：官名。爲散官或加官，以示恩寵，無實際執掌。

太師，與太傅、太保並爲三師。　"四年"至"尚書令"：《輯本舊史》卷三〇《唐莊宗紀四》同光元年（923）十一月己未條："以洛京留守、判六軍諸衛事、守太尉、兼中書令、河南尹、魏王張全義爲檢校太師、守尚書令，餘如故。"卷三一《唐莊宗紀五》同光二年二月辛巳條："以檢校太師、守尚書令、河南尹、判六軍諸衛事、魏王張全義爲守太尉、兼中書令、河陽節度使、河南尹，改封齊王。"卷三四《唐莊宗紀八》同光四年二月壬子條："以守太尉、中書令、河南尹兼河陽節度使、齊王張全義爲檢校太師兼尚書令，充許州節度使。"忠武軍治所在許州（今河南許昌市）。

［8］趙在禮：人名。涿州（今河北涿州市）人。五代後唐、後晉將領。傳見本書卷九〇、《新五代史》卷四六。　魏州：州名。治所在今河北大名縣。

［9］諸軍進討無功："諸軍"，中華書局本有校勘記："'諸'原作'都'，據《册府》卷九〇九改。"見《宋本册府》卷九〇九《總録部·憂懼門》。

［10］明宗：即五代後唐明宗李嗣源。沙陀部人。原名邈佶烈，李克用養子。926年至933年在位。紀見本書卷三五至卷四四、《新五代史》卷六。　時明宗已爲羣小間言："言"，原作"諜"，據《册府》卷九〇九改。

［11］憂懼不食：《輯本舊史》之原輯者案語："《通鑑》：'全義力請明宗出師，及聞明宗兵變，故憂懼。'與此微異。"見《通鑑》卷二七四天成元年（926）三月辛未條。

［12］天成：後唐明宗李嗣源年號（926—930）。　"天成初"至"謚曰忠肅"：《輯本舊史》卷三六《唐明宗紀二》天成元年六月己丑條："故忠武軍節度使、檢校太師兼尚書令，齊王張全義贈太師。"

全義歷守太師、太傅、太尉、中書令，封王，邑萬三千户。凡領方鎮洛、鄆、陝、滑、宋，三蒞河陽，再領許州，内外官歷二十九任，尹正河洛，凡四十年。位極人臣，善保終吉者，蓋一人而已。全義朴厚大度，敦本務實，起戰士而忘功名，尊儒業而樂善道。家非士族，而獎愛衣冠，開幕府辟士，必求望實；屬邑補奏，不任吏人；位極王公，不衣羅綺；心奉釋、老，而不溺左道。如是數者，人以爲難。[1]自莊宗至洛陽，趨向者皆由徑以希恩寵，全義不改素履，盡誠而已。言事者以梁祖爲我世讎，宜斲棺燔柩，全義獨上章申理，議者嘉之。劉皇后嘗從莊宗幸其第，奏云：“妾孩幼遇亂，失父母，欲拜全義爲義父。”許之。全義稽首奏曰：“皇后萬國之母儀，古今未有此事，臣無地自處。”莊宗敦逼再三，不獲已，乃受劉后之拜。既非所願，君子不以爲非。[2]然全義少長軍中，[3]立性朴滯，凡百姓有詞訟，以先訴者爲得理，以是人多枉濫，爲時所非。又嘗怒河南縣令羅貫，[4]因憑劉后譖於莊宗，俾貫非罪而死，露屍於府門，冤枉之聲，聞於遠近，斯亦良玉之微瑕也。《永樂大典》卷六千三百五十。[5]

[1]鄆：州名。治所在今山東東平縣。　陝：州名。治所在今河南三門峽市陝州區。　宋：州名。治所在今河南商丘市睢陽區。　許州：州名。治所在今河南許昌市。　釋：佛教。　老：道教。
“全義歷守太師”至“人以爲難”：亦見《宋本册府》卷七八二《總録部·榮遇門》。“尊儒業而樂善道”，中華書局本有校勘記：“‘尊’，《册府》卷三一〇作‘不’。”“心奉釋、老，而不溺左道”，中華書局本有校勘記：“不溺左道，‘左’原作‘枉’，據殿

本、劉本、《册府》卷三一〇改。影庫本批校：‘枉道’之‘枉’，原本作‘在’字，誤。按文義，似作‘左’字理較長，刊本改。”“如是數者”，中華書局本有校勘記：“‘是’字原闕，據《册府》卷三一〇補。”見明本《册府》卷三一〇《宰輔部·德行門》。

［2］劉皇后：指後唐莊宗劉皇后。魏州成安（今河北成安縣）人。傳見本書卷四九、《新五代史》卷一四。　“劉皇后嘗從莊宗幸其第”至“君子不以爲非”：《輯本舊史》卷三二《唐莊宗紀六》同光二年（924）十二月庚午條：“帝與皇后劉氏幸張全義第，酒酣，帝命皇后拜全義爲養父，全義惶恐致謝，復出珍貨貢獻。翌日，皇后傳制，命學士草謝全義書，學士趙鳳密疏陳國后無拜人臣爲父之禮，帝雖嘉之，竟不能已其事。”同月庚寅條：“詔河南尹張全義爲洛京留守，判在京諸軍事。”與本傳互有異同。明本《册府》卷一一四《帝王部·巡幸門三》：“後唐莊宗同光元年十一月，詔將自汴歸洛，有事於南郊。河南尹張全義進迎駕法物儀仗。甲子，帝發汴州。”

［3］然全義少長軍中：中華書局本有校勘記：“句下《册府》卷六九九有‘不明刑法’四字。”見《宋本册府》卷六九九《牧守部·枉濫門》。

［4］河南縣：縣名。治所在今河南洛陽市。　羅貫：人名。籍貫不詳。後唐官員，進士及第。傳見本書卷七一。

［5］《大典》卷六三五〇“張”字韻“姓氏”事目。《輯本舊史》於此後録《五代史闕文》：“梁乾化元年七月辛丑，梁祖幸全義私第。甲辰，歸大内。《梁史》稱：‘上不豫，厭秋暑，幸宗奭私第數日，宰臣視事於仁政亭，崇政諸司並止於河南府廨署。’世傳梁祖亂全義之家，婦女悉皆進御，其子繼祚不勝憤恥，欲剚刃於梁祖。全義止之曰：‘吾頃在河陽，遭李罕之之難，引太原軍圍閉經年，啗木屑以度朝夕，死在頃刻，得他救援，以至今日，此恩不可負也。’其子迺止。《梁史》云云者，諱國惡也。臣謹案，《春秋》莊二年，《經》曰：‘十有二月，夫人姜氏會齊侯于禚。’《傳》曰：

'書姦也。'夫《經》言會者，諱惡，禮也。《傳》書姦者，暴其罪以垂誡也。又莊二十二年，《傳》書：陳完飲桓公酒，公曰：'以火繼之。'辭曰：'臣卜其晝，未卜其夜。'豈有天子幸人臣之家，留止數日，姦亂萌矣。況全義本出巢賊，敗依河陽節度使諸葛爽，爽用爲澤州刺史。及爽死，全義事爽子仲方，即與李罕之同逐仲方，罕之帥河陽，全義爲河南尹，未幾，又逐罕之，自據河陽，其翻覆也如此。自是托迹朱梁，斵喪唐室，惟勤課勸，其實斂民附賊，以固恩寵。梁時，月進鎧馬，以補軍實。及梁祖爲友珪所弒，首進錢一百萬，以助山陵。莊宗平中原，全義合與敬翔、李振等族誅，又通賂於劉皇后，乘莊宗幸洛，言臣已有郊天費用。夫全義匹夫也，豈能自殖財賦？其剝下奉上也又如此。晚年保證明宗，欲爲子孫之福，師方渡河，鄴都兵亂，全義憂恨不食，終以餓死。未死前，其子繼業訟弟汝州防禦使繼孫，莊宗貶房州司户，賜自盡。其制略曰：'侵奪父權，惑亂家事，縱鳥獸之行，畜梟獍之心。'其御家無法也又如此。河南令羅貫，方正文章之士，事全義稍慢，全義怒告劉皇后，斃貫於枯木之下，朝野冤之。洛陽監軍使嘗收得李太尉平泉莊醒酒石，全義求之，監軍不與，全義立殺之，其附勢作威也又如此。蓋亂世賊臣耳，得保首領，爲幸已多。晉天福中，其子繼祚謀反伏誅，識者知餘殃在其子孫也。臣讀《莊宗實録》，見史官敍《全義傳》，虛美尤甚，至今負俗無識之士，尚以全義爲名臣，故因補闕文，粗論事迹云。"此《五代史闕文》中"縱鳥獸之行"，中華書局本有校勘記："'縱'原作'繼'，據《五代史闕文》改。"

朱友謙

朱友謙，字德光，許州人，本名簡。祖巖，父琮，世爲陳許小校。廣明之亂，簡去鄉里，事澠池鎮將柏虔爲部隸。嘗爲盜於石壕、三鄉之間，剽劫行旅。[1]後事陝州節度使王珙，積勞至軍校。[2]珙性嚴急，御下無恩，牙將李璠者，[3]珙深所倚愛，小有違忤，暴加箠擊，璠陰銜之。光化元年，珙與弟河中節度使珂相持，[4]干戈日尋，珙兵屢敗，部伍離心。二年六月，璠殺珙，歸附汴人，梁祖表璠爲陝州節度使。[5]璠亦苛慘，軍情不叶，簡復攻璠，璠冒刃獲免，逃歸於汴。[6]

[1]巖：人名。即朱巖。事迹不詳。　琮：人名。即朱琮。事迹不詳。　陳許：方鎮名。治所在許州（今河南許昌市）。　小校：官名。五代時期軍隊中下級軍官的別稱，可越級提拔爲副指揮使或指揮使。　廣明：唐僖宗李儇年號（880—881）。　澠池：地名。位於今河南澠池縣。　鎮將：官名。鎮的長官。五代時，節度使自補親隨爲鎮將，與縣令分庭抗禮，公事得以專達於州。　柏夔：人名。籍貫、事迹不詳。本書僅此一見。　石壕：地名。亦作“石濠”，位於今河南三門峽市。　三鄉：地名。位於今河南宜陽縣。

“朱友謙”至“剽劫行旅”：《輯本舊史》之影庫本粘籤：“石壕，原本作‘古壕’，今從《通鑑》改正。”《新五代史》卷四五《朱友謙傳》：“朱友謙，字德光，許州人也，初名簡。以卒隸澠池鎮，有罪亡去，爲盜石濠、三鄉之間，商旅行路皆苦之。”

[2]王珙：人名。河中（今山西永濟市）人。唐河中節度使王重盈之子。傳見《新唐書》卷一八七。　軍校：即牙校，爲低級武職。

[3]牙將：官名。爲唐朝節度使的親兵，爲藩鎮軍隊中的精銳部隊。　李璠：人名。籍貫不詳。唐末、五代將領。事見本書卷一、《新五代史》卷一。

[4]光化：唐昭宗李曄年號（898—901）。　河中：府名。治所在今山西永濟市。　珂：人名。即王珂。河中（今山西永濟市）人。王重榮兄重簡之子，出繼重榮。唐末軍閥。傳見《舊唐書》卷

一八二、《新唐書》卷一八七、本書卷一四、《新五代史》卷四二。

[5]“二年六月”至“梁祖表瑶爲陝州節度使”：《新五代史》卷四五《朱友謙傳》：“陝州節度使王珙，爲人嚴酷，與其弟珂争河中，戰敗，其牙將李瑶與友謙謀，共殺珙，附于梁，梁太祖表瑶代珙。”

[6]“瑶亦苛慘”至“逃歸於汴”：《輯本舊史》之原輯者案語：“《新唐書·王重榮傳》：李瑶爲節度使凡五月，爲部將朱簡所殺。據《薛史》則瑶逃歸於汴，未嘗見殺也。通鑑從《薛史》。”《新五代史》卷四五《朱友謙傳》亦從《輯本舊史》。但《宋本册府》卷一八七《閏位部·勳業門五》光化二年（899）十一月條：“陝州都將朱簡殺留後李瑶，自稱留後，送款於帝。”《通鑑》卷二六一光化二年十一月條亦作：“陝州都將朱簡殺李瑶，自稱留後，附朱全忠，仍請更名友謙，預於子姪。”

三年，梁祖表簡爲陝州留後。[1]九月，天子授以旄鉞。車駕在鳳翔，[2]梁祖往來，簡事之益謹，奏授平章事。[3]天復末，[4]昭宗遷都洛陽，駐蹕於陝。時朝士經亂，簪裳不備，簡獻上百副，請給百官，朝容稍備。以迎奉功，遷檢校侍中。[5]簡與梁祖同宗，乃陳情於梁祖曰：“僕位崇將相，比無勳勞，皆元帥令公生成之造也。願以微生灰粉爲効，乞以姓名，肩隨宗室。”梁祖深賞其心，乃名之爲友謙，編入屬籍，待遇同於己子。[6]友謙亦盡心叶贊，功烈居多。梁祖建號，移授河中節度使、檢校太尉，累拜中書令，封冀王。[7]

[1]三年，梁祖表簡爲陝州留後：《新五代史》卷四五《朱友謙傳》：“梁太祖又表友謙代瑶。”

[2]鳳翔：方鎮名。治所在鳳翔府（今陝西鳳翔縣）。

[3]平章事：官名。唐高宗以後，凡實際任宰相之職者，常在其本官後加同平章事的職銜。後成爲宰相專稱。

[4]天復：唐昭宗李曄年號（901—904）。

[5]檢校侍中：官名。爲散官或加官，以示恩寵，無實際執掌。

[6]待遇同於己子：《舊五代史考異》：“《歐陽史》作録以爲子。”見《新五代史》卷四五。

[7]檢校太尉：官名。爲散官或加官，以示恩寵，無實際執掌。

“梁祖建號”至“封冀王”：《輯本舊史》之影庫本粘籤：“冀王，原本作‘翼王’，今從《通鑑》改正。”《輯本舊史》之原輯者案語：“案《太平廣記》：路德延，天祐中爲左拾遺，會河中節度使領鎮，辟掌書記。友謙初頗禮待之，然德延性浮薄驕慢，動多忤物，友謙稍解體，德延乃作《孩兒詩》五十韻以刺友謙。友謙聞而大怒，有以掇禍，乃因醉沈之黄河。”見《太平廣記》卷一七五、卷二六四。

及朱友珪弑逆，友謙意不懌，雖勉奉僞命，中懷怏怏。友珪徵之，友謙辭以北面侵軼，謂賓友曰：“友珪是先帝假子，敢行大逆，余位列維城，恩踰父子，論功校德，何讓伊人，詎以平生附托之恩，屈身於逆豎之手！”遂不奉命。其年八月，友珪遣大將牛存節、康懷英、韓勍攻之，友謙乞師於莊宗。莊宗親總軍赴援，與汴軍遇於平陽，大破之。因與友謙會於猗氏，友謙盛陳感慨，願敦盟約，莊宗歡甚。友謙乘醉齁寢於帳中，莊宗熟視之，謂左右曰：“冀王真貴人也，但恨其臂短耳。”[1]及梁末帝嗣位，以恩禮結其心，友謙亦遜辭稱藩，行其正朔。

[1]牛存節：人名。青州博昌（今山東博興縣）人。唐末將領。傳見本書卷二二、《新五代史》卷二二。 康懷英：人名。本名懷貞，避後梁末帝朱友貞諱改懷英。兗州（今山東濟寧市兗州區）人。唐末、五代將領。傳見本書卷二三、《新五代史》卷二二。 韓勍（qíng）：人名。籍貫不詳。五代後梁將領。事見本書卷七、《新五代史》卷四五。 平陽：地名。位於今山西臨汾市。

猗氏：縣名。治所在今山西臨猗縣。 "及朱友珪弒逆"至"但恨其臂短耳"：《舊五代史考異》："《歐陽史》作友珪立，加友謙侍中。吳縝已辨其誤。"《輯本舊史》之原輯者案語："《歐陽史》：友珪遣招討使韓勍將康懷英等擊友謙。《通鑑》作九月丁未，以感化節度使康懷貞爲都招討使，更以韓勍副之。懷貞等與忠武節度使牛存節合兵五萬屯河中。三書所載，俱有異同。"《册府》所載與本傳同。"康懷貞爲都招討使"，中華書局本有校勘記："'都'原作'副'，據《通鑑》卷二六八改。"見《通鑑》卷二六八乾化二年（912）九月丁未條。《舊五代史考異》："《歐陽史》：晉王出澤潞以救之，追懷英于解州，大敗之。追至白逕嶺，夜秉炬擊之，懷英又敗。"見《新五代史》卷四五《朱友謙傳》。其中，"追懷英于解州"，《新五代史》作"遇懷英於解縣"。《宋本册府》卷八《帝王部·創業門四》天祐九年（912）："六月，梁祖爲其子友珪所弒。八月，友珪遣其將韓勍、康懷英、牛存節率兵五萬急攻河中，朱友謙遣使求援，帝令李存審率師救之。十月，帝自澤、潞赴河中，遇梁將康懷英於平陽，破之，斬首千餘級，追至白逕嶺，友謙會帝於猗氏，梁軍解圍而去。"《宋本册府》卷一四八《帝王部·知臣門》："後唐莊宗初爲晉王，梁冀王朱友謙爲友珪所伐，乞師於帝，帝親總軍赴援，與汴軍遇於平陽，大破之，因與友謙會於猗氏。友謙盛陳感慨，願敦盟約。帝歡甚。友謙乘醉鼾於帳中。帝熟視之，謂左右曰：'冀王真貴人也，但恨其臂短耳。'"參見《通鑑》卷二六八乾化二年十月條。

天祐十七年，友謙襲取同州，以其子令德爲帥，請節鉞於梁，不獲。[1]友謙即請之於莊宗，莊宗令幕客王正言以節旄賜之，梁將劉鄩、尹皓攻同州，友謙來告急，莊宗遣李嗣昭、李存審將兵赴之，敗汴軍於滑北，解圍而還。[2]初，劉鄩兵至，蒲中倉儲匱乏，[3]人心離貳，軍民將校，咸欲歸梁。友謙諸子令錫等亦説其父曰："晉王雖推心於我，[4]然懸兵赴援，急難相應，寧我負人，擇福宜重。請納款於梁，候劉鄩兵退後，與晉王修好。"友謙曰："晉王親赴予急，夜半秉燭戰賊，面爲盟誓，不負初心。昨聞吾告難，命將星行，助我資糧，分我衣屨，而欲翻覆背惠，所謂鄧祁侯云'人將不食吾餘'也。"[5]及破梁軍，加守太尉、西平王。[6]

[1]同州：州名。治所在今陝西大荔縣。 令德：人名。即朱令德。事見本書卷一〇、卷二九，《新五代史》卷四五。 "天祐十七年"至"不獲"：《舊五代史考異》："《歐陽史》：末帝初不許，已而許之，制命未至，友謙復叛。《通鑑》從《歐陽史》。"見《新五代史》卷四五《朱友謙傳》及《通鑑》卷二七一貞明六年（920）四月己酉條。《輯本舊史》卷一〇《梁末帝紀下》貞明六年六月條："先是，河中朱友謙襲陷同州，節度使程全暉單騎奔京師。友謙以其子令德爲同州留後，表求節旄，不允；既而帝慮友謙怨望，遂命兼鎮同州，制命將下而友謙已叛，遣使求援於晉，故命將討之。"

[2]幕客：幕賓。 王正言：人名。鄆州（今山東東平縣）人。後唐官員。傳見本書卷六九。 劉鄩：人名。密州安丘（今山東安丘市）人。唐末、五代將領。傳見本書卷二三、《新五代史》卷二二。 尹皓：人名。籍貫不詳。後梁將領。傳見本書附録。

李嗣昭：人名。汾州（今山西汾陽市）人。唐末、五代李克用義子、部將。傳見本書卷五二、《新五代史》卷三六。　李存審：人名。原姓符，名存。陳州宛丘（今河南淮陽縣）人。五代後唐將領。傳見本書卷五六、《新五代史》卷二五。　　“友謙即請之於莊宗”至“解圍而還”：“莊宗令幕客王正言以節旄賜之”，中華書局本有校勘記：“‘莊宗’二字原闕，據《册府》卷四四六補。《通鑑》卷二七一《考異》引《莊宗列傳》作‘上’。”《輯本舊史》之影庫本粘籤：“尹皓，原本作‘伊皓’，今從《通鑑》改正。”見《通鑑》卷二七一龍德元年（921）五月條。亦見《新五代史》卷二二《劉鄩傳》。

　　[3]蒲中：此處指河中府。唐開元八年（720）改蒲州爲河中府，因地處黄河中游而得名，其後名稱屢有改易。治所在今山西永濟市。

　　[4]令錫：人名。即朱令錫。許州（今河南許昌市）人。五代將領。朱友謙之子。事見本書本卷。　晉王：即後唐莊宗李存勗。

　　[5]鄧祁侯：人名。春秋鄧國君。助楚文王熊貲借道鄧境伐申後被滅。

　　[6]及破梁軍，加守太尉、西平王：《宋本册府》卷一三三《帝王部·褒功門二》：“朱友謙自梁歸順。破梁軍，加守太尉、西平王。”

　　同光元年，莊宗滅梁，友謙覲於洛陽。莊宗置宴饗勞，寵錫無算，親酌觴，屬友謙曰：“成吾大業者，公之力也。”[1]既歸藩，請割慈、隰二郡，依舊隸河中，不許，詔以絳州隸之。又請安邑、解縣兩池榷鹽，每額輸省課，許之。[2]及郊禮畢，以友謙爲守太師、尚書令，進食邑至萬八千户。三年，賜姓，名繼麟，編入屬籍，賜之鐵券，恕死罪。[3]以其子令德爲遂州節度使，[4]令錫爲許州節度使。一門三鎮，諸子爲刺史者六七人，將校剖竹者又五六人，[5]恩寵之盛，時無與比。

[1]同光：後唐莊宗李存勗年號（923—926）。　"同光元年"至"公之力也"：《宋本册府》卷一三三《帝王部·襃功門二》："同光初，莊宗滅梁，友謙覲於洛陽。莊宗置宴饗勞，寵錫無算，親酌觴，屬友謙曰：'成吾大業者，公之力也。'"

[2]慈：州名。治所在今山西吉縣。　隰：州名。治所在今山西隰縣。　絳州：州名。治所在今山西新絳縣。　安邑：縣名。治所在今山西運城市。中華書局本有校勘記："'安邑'二字原闕，據《册府》卷一六六、《通鑑》卷二七三補。"　解縣：縣名。治所在今山西運城市解州鎮。　"既歸藩"至"許之"："每額輸省課"，中華書局本有校勘記："《通鑑》卷二七三敘其事作'每季輸省課'。按《舊唐書》卷一八二《王重榮傳》：'舊事，河中節度兼榷使，每年額輸省課。'"《輯本舊史》卷一四六《食貨志》："唐同光二年二月，詔曰：'會計之重，鹹鹺居先，矧彼兩池，實有豐利。……宜令河中節度使冀王李繼麟兼充制置度支、安邑、解縣兩池榷鹽使。'"《宋本册府》卷一六六《帝王部·招懷門四》："（同光元年）十一月，梁河中節度使、西平王朱友謙自河中至，見于玄德殿，進金鞍、名馬，帝慰勞加等，友謙乞割磁、隰依舊爲蒲之屬郡，乃以絳州隸之。又求爲安邑、解縣兩池榷鹽使，亦許之。"《宋本册府》卷四九四《邦計部·山澤門二》："後唐莊宗同光二年二月勑：'會計之重，鹹鹺是先。矧彼兩池，實有豐利。……宜令李繼麟兼充制置度支、安邑、解縣兩池榷鹽使，便可制置，一一條貫，所有合置官吏等，亦委自便選差。'"《通鑑》卷二七三同光二年（924）二月己卯條："河中節度使李繼麟請榷安邑、解縣鹽，每季輸省課。己卯，以繼麟充制置兩池榷鹽使。"

[3]"及郊禮畢"至"恕死罪"："三年"，中華書局本有校勘

記："本書卷三〇《唐莊宗紀四》、《通鑑》卷二七二繫其事於同光元年。"見該年十一月條。《册府》卷一六六《帝王部·招懷門四》："尋加守太師、尚書令，進邑至一萬八千戶，西平王如故，又賜姓，名繼麟，兼賜鐵券，恕死罪。"

[4]遂州：州名。治所在今四川遂寧市。

[5]剖竹：即剖符。古代授官封爵，以竹符爲信，剖分爲二，一給本人，一留朝廷。泛指任命外官。

莊宗季年，稍怠庶政，巷伯伶官，干預國事。時方面諸侯皆行賂遺，或求賂於繼麟，雖僶俛應奉，不滿其請。且曰："河中土薄民貧，厚賦難辦。"由是羣小咸怨，遂加誣搆。郭崇韜討巴、蜀，徵師於河中，繼麟令其子令德率師赴之。伶官景進與其黨搆曰："昨王師初起，繼麟以爲討己，頗有拒命之意，若不除移，如國家有急，必爲後患。"郭崇韜既誅，宦官愈盛，遂搆成其罪，謂莊宗曰："崇韜强項於蜀，蓋與河中響應。"繼麟聞之懼，將赴京師，面訴其事。其部將曰："王有大功於國，密邇京城，羣小流言，何足介意。端居奉職，讒邪自銷，不可輕行。"繼麟曰："郭公功倍於我，尚爲人搆陷，吾若得面天顏，自陳肝膈，則流言者獲罪矣。"四年正月，繼麟入覲。景進謂莊宗曰："河中人有告變者，言繼麟與崇韜謀叛，聞崇韜死，又與李存乂搆逆，當斷不斷，禍不旋踵。"羣閹異口同辭，莊宗駭惑不能決。是月二十三日，授繼麟滑州節度使。是夜，令朱守殷以兵圍其第，擒之，誅於徽安門外。詔繼岌誅令德於遂州，王思同誅令錫於許州，命夏魯奇誅其族於河中。

初，魯奇至，友謙妻張氏率其家屬二百餘口見魯奇曰：
“請疏骨肉名字，無致他人橫死。”將刑，張氏持先賜鐵
券授魯奇曰：“皇帝所賜也。”是時，百口塗地，冤酷之
聲，行路流涕。[1]

　　[1]巷伯：宦官、太監。因居宮巷，故名。　　伶官：古代樂人。
後唐莊宗朝用伶人爲官，故稱伶官。事見《新五代史》卷三七。
郭崇韜：人名。代州雁門（今山西代縣）人。五代後唐大臣。傳見
本書卷五七、《新五代史》卷二四。　　巴：州名。治所位於今四川
巴中市巴州區。　　蜀：地區名。今四川地區。　　景進：人名。籍貫
不詳。五代後唐莊宗朝伶官。傳見《新五代史》卷三七。　　李存
乂：人名。李克用子，李存勖弟。同光三年（925）封睦王。後以
郭崇韜之婿故爲莊宗李存勖所殺。傳見本書卷五一、《新五代史》
卷一四。　　滑州：州名。治所在今河南滑縣。　　朱守殷：人名。籍
貫不詳。五代後唐將領。傳見本書卷七四、《新五代史》卷五一。
　　徽安門：洛陽城北面以西之門。位於今河南洛陽市。　　王思同：
人名。幽州（今北京市）人。五代後唐將領。傳見本書卷六五、
《新五代史》卷三三。　　夏魯奇：人名。青州（今山東青州市）
人。五代後唐將領。傳見本書卷七〇、《新五代史》卷三三。
“莊宗季年”至“行路流涕”：《輯本舊史》之影庫本粘籤：“河中，
原本作‘荷平’，今從《歐陽史》改正。”“郭崇韜既誅”，中華書
局本有校勘記：“‘既’原作‘即’，據殿本、邵本校改。”《輯本舊
史》之影庫本粘籤：“遂州，原本作‘還州’，今從《歐陽史》改
正。”見《新五代史》卷四五《朱友謙傳》。《舊五代史考異》：“案
吳縝《纂誤》云：《史彥瓊傳》，友謙有子建徽被殺。《傳》止述二
子，亦闕文也。”《册府》亦止述二子。又校勘記：“許州，‘州’
字原闕，據殿本、劉本、邵本、《新五代史》卷四五《朱友謙傳》、
《通鑑》卷二七四補。”《宋本册府》卷九三三《總錄部·誣構門

二》：“又詔繼岌殺令德於遂州，令王思同殺令錫於許州，令李紹奇赤其族於河中。紹奇至，友謙妻張氏盡率其族二百口，謂紹奇曰：‘予骨肉不多，婢僕無罪，請疏其名籍，無致冤負。’因閱婢僕百餘人，以骨肉百餘口歸法。將就戮，張氏復入，持鐵券而出示紹奇曰：‘此是皇帝去年所賜之物，婦人不知書，此上有何言語？’詔使慚而無對。良久，就戮，百口塗地，血流盈庭，怨酷之聲，聞於行路，人士至今冤之。”“夏魯奇”，《册府》作“李紹奇”，蓋因其在莊宗時曾賜名爲李紹奇。

先是，河中衙城閽者夜見婦人數十，袨服靚粧，[1]僕馬炫耀，自外馳騁，笑語趨衙城。閽者不知其故，不敢詰，至門排騎而入，既而扃鎖如故，復無人迹，乃知妖鬼也。又繼麟夜登逍遥樓，聞哭聲四合，詰旦訊之，[2]巷無喪者，隔歲乃族誅。及明宗即位，始下詔昭雪焉。《永樂大典》卷二千三十一。[3]

[1]袨服靚粧：中華書局本有校勘記：“‘袨’原作‘祇’，據殿本、劉本、《册府》卷九五一改。”見《宋本册府》卷九五一《總録部·咎徵門》朱繼麟條。

[2]逍遥樓：樓名。位於河中府（今山西永濟市）。 又繼麟夜登逍遥樓，聞哭聲四合，詰旦訊之：中華書局本有校勘記：“‘夜’字原闕，據《册府》卷九五一補。”“旦”原作“日”，據《册府》卷九五一《總録部·咎徵門二》改。

[3]《大典》卷二〇三一“朱”字韻“姓氏”事目。《新輯會證》本傳後有注：“《唐文續拾》卷七收許九言《故鳳翔節度使秦王贈尚書令李公楚國夫人高平朱氏墓誌銘並序》，朱氏爲友謙長女，因嫁秦王李茂貞子從曮而免於難。朱氏始號高平縣主，改封楚國夫人，乾祐二年卒，年五十一。”

令德，朱友謙之子也。[1]

[1]令德，朱友謙之子也：《輯本舊史》卷九《梁末帝紀中》貞明四年（918）六月甲辰條："以金紫光禄大夫、檢校司徒、歙州刺史令德爲忠武軍節度觀察留後。"卷二九《唐莊宗紀三》天祐十八年（921）三月條："同州節度使朱令德遣使勸進，請帝紹唐帝位，帝報書不允。"卷三三《唐莊宗紀七》同光三年（925）十二月壬戌條："以同州節度使、檢校太保、同平章事李令德爲遂州節度使。"因其父賜姓李，故令德亦隨之姓李。卷三四《唐莊宗紀八》同光四年二月壬子條："東川董璋奏，準詔誅遂州節度使李令德於本州，夷其族。"《通鑑》卷二七三同光三年九月庚子條："同州節度使李令德充行營副招討使。"卷二七四天成元年（926）正月庚申條："大軍之征蜀也，繼麟閱兵，遣其子令德將之以從。"同月庚辰條："詔魏王繼岌誅令德於遂州。"《故鳳翔節度使秦王贈尚書令李公楚國夫人高平朱氏墓誌銘並序》記友謙長女遠嫁鳳翔，幸免此難。

史臣曰：全義一逢亂世，十領名藩，而能免梁祖之雄猜，受莊宗之厚遇，雖由恭順，亦繫貨財。傳所謂"貨以藩身"者，全義得之矣。友謙嚮背爲謀，二三其德，考其行事，亦匪純臣。然全族之誅，禍斯酷矣，得非鬼神害盈，而天道惡滿乎！《永樂大典》卷二千三十一。[1]

[1]《大典》卷二〇三一"朱"字韻"姓氏"事目。

舊五代史　卷六四

唐書四十

列傳第十六

霍彥威

　　霍彥威，字子重，洺州曲周人也。[1]梁將霍存得之於村落間。[2]年十四，從征討。[3]存憐其爽邁，養爲己子。[4]存，《梁史》有傳。彥威未弱冠，爲梁祖所知，[5]擢在左右，漸升戎秩，亟立戰功。嘗中流矢，眇其一目。開平二年，自開封府押衙、右親從指揮使、檢校司空授右龍驤軍使，[6]三年，自右監門衛將軍授左天武軍使，[7]遷右監門上將軍。[8]乾化三年，與袁象先同誅朱友珪，梁末帝授洺州刺史，轉河陽留後。[9]乾化末，邠州留後李保衡背李茂貞以城歸梁，梁以彥威爲邠州節度使。[10]其年五月，茂貞遣將劉知俊率大軍攻之，彥威固守踰年，竟不能下。或得其俘，悉令放之，秦人懷其惠，遂無侵擾。[11]轉滑州節度使，移鎮鄆州，[12]兼北面行營招討，[13]總大軍於河上。師徒屢敗，降授陝州留後。[14]

[1]洺州：州名。治所在今河北邯鄲市永年區。　曲周：縣名。治所在今河北曲周縣。　洺州曲周人也：《宋本册府》卷八六三《總録部・爲人後門》作“不知何許人”。

[2]霍存：人名。洺州曲周（今河北曲周縣東北）人。後梁將領。傳見本書卷二一、《新五代史》卷二一。

[3]年十四，從征討：《宋本册府》卷八六三《總録部・爲人後門》作：“年十四，初列於厮養，從存征戍。”

[4]養爲己子：《輯本舊史》之案語：“《通鑑注》以彦威爲霍存之子，與《薛史》異。”查未見。《輯本舊史》卷二一《霍存傳》則作“子彦威”。

[5]梁祖：即後梁太祖朱温。宋州碭山（今安徽碭山縣）人。五代後梁開國皇帝。907年至912年在位。紀見本書卷一至卷七、《新五代史》卷一至卷二。

[6]開平：後梁太祖朱温年號（907—911）。　開封府：府名。治所在今河南開封市。　押衙：官名。即“押牙”。唐、五代時期節度使辟署的屬官。掌領方鎮儀仗侍衛。參見劉安志《唐五代押牙（衙）考略》，武漢大學魏晉南北朝隋唐史研究室編《魏晉南北朝隋唐史資料》第16輯，武漢大學出版社1998年版。　右親從指揮使：官名。唐、五代親從部隊指揮官。　檢校司空：官名。爲散官或加官，以示恩寵，無實際執掌。司空，與太尉、司徒並爲三公。　右龍驤軍使：官名。所部統兵將領。龍驤爲部隊番號。

[7]右監門衛將軍：官名。唐置，掌宮禁宿衛。唐代置十六衛，即左右衛、左右驍衛、左右武衛、左右威衛、左右領軍衛、左右金吾衛、左右監門衛、左右千牛衛，各置上將軍，從二品；大將軍，正三品；將軍，從三品。　左天武軍使：官名。所部統兵將領。天

武爲部隊番號。

[8]右監門上將軍：官名。即右監門衛上將軍。唐置十六衛之
一，掌宮禁宿衛。從二品。"衛"字原闕，據《新五代史》卷四六
《霍彥威傳》補。

[9]乾化：五代後梁太祖朱溫年號（911—912）。末帝朱友貞
沿用（913—915）。 袁象先：人名。宋州下邑（今河南夏邑縣）
人。五代後梁將領，後投後唐。傳見本書卷五九、《新五代史》卷
四五。 朱友珪：人名。後梁太祖朱溫次子，殺朱溫自立。後追廢
爲庶人。事見本書卷八、《新五代史》卷三。 梁末帝：即後梁末
帝朱友貞。後梁太祖朱溫之子。913年至923年在位。紀見本書卷
八至卷一〇、《新五代史》卷三。 刺史：官名。漢武帝時始置。
州一級行政長官，總掌考核官吏、勸課農桑、地方教化等事。唐中
期以後，節度使、觀察使轄州而設，刺史爲其屬官，職任漸輕。從
三品至正四品下。 河陽：方鎮名。全稱"河陽三城"。治所在孟
州（今河南孟州市）。 留後：官名。唐、五代節度使多以子弟或
親信爲留後，以代行節度使職務，亦有軍士、叛將自立爲留後者。
掌一州或數州軍政。

[10]邠州：州名。治所在今陝西彬縣。 李保衡：人名。楊崇
本養子。事見本書本卷、卷八、卷一三，《新五代史》卷四〇。
李茂貞：人名。深州博野（今河北蠡縣）人。唐末、五代軍閥。傳
見本書卷一三二、《新五代史》卷四〇。 節度使：官名。唐時在
重要地區所設掌握一州或數州軍、民、財政的長官。 "乾化末"
至"梁以彥威爲邠州節度使"：《輯本舊史》卷八《梁末帝紀上》
貞明元年（915）四月條："以河陽留後霍彥威爲邠州節度使。"《通
鑑》卷二六九貞明元年四月（乾化五年十一月始改元貞明）條：
"李繼徽假子保衡殺李彥魯，自稱靜難留後，舉邠、寧二州來附。
詔以保衡爲感化節度使，以河陽留後霍彥威爲靜難節度使。"靜難
爲軍號，邠州爲治所。

[11]劉知俊：人名。徐州沛縣（今江蘇沛縣）人。唐末、五

代將領。傳見本書卷一三、《新五代史》卷四四。　秦人：此處代指李茂貞軍隊。　"其年五月"至"遂無侵擾"：《輯本舊史》卷八《梁末帝紀上》貞明元年五月條："是月，鳳翔李茂貞遣僞署涇州節度使劉知俊率師攻邠州，以李保衡歸順故也。自是，凡攻圍十四月，節度使霍彥威、諸軍都指揮使黃貴堅守捍寇，會救軍至，岐人乃退。"

　　[12]滑州：州名。治所在今河南滑縣。　鄆州：州名。治所在今山東東平縣。　移鎮鄆州：《輯本舊史》卷九《梁末帝紀中》貞明三年正月己卯條："以宣義軍節度副大使、知節度事、北面行營副招討等使、特進、檢校太傅霍彥威爲天平軍節度副大使、知節度事。"宣義爲滑州節度軍號，天平爲鄆州節度軍號。

　　[13]北面行營招討：武官名。五代自後梁至後周均設行營招討使，負責某一路、某一道或某一方征討、招撫之事。掌管區域較大而且長官資深者，則委以諸道行營都招討使和副都招討使，否則爲行營招討使和副招討使。

　　[14]陝州：州名。治所在今河南三門峽市陝州區。　降授陝州留後：《通鑑》卷二七一龍德元年（921）四月條："陳州刺史惠王友能反，舉兵趣大梁，詔陝州留後霍彥威、宣義節度使王彥章、控鶴指揮使張漢傑將兵討之。友能至陳留，兵敗，走還陳州，諸軍圍之。"

　　莊宗入汴，[1]彥威自陝馳至請罪，詔釋之。一日，莊宗於崇元殿宴諸將，彥威與段凝、袁象先等預會。酒酣，莊宗舉酒屬明宗曰："此席宴客，皆吾前歲之勁敵也，一旦與吾同宴，蓋卿前鋒之効也。"彥威等伏陛謝罪，莊宗曰："與卿話舊，無足畏也。"因賜御衣、器幣，盡歡而罷。[2]尋放歸藩。[3]

［1］莊宗：即後唐莊宗李存勖。沙陀部人。五代後唐王朝的建立者。923 年至 926 年在位。紀見本書卷二七至卷三四、《新五代史》卷五。　　汴：州名。治所在今河南開封市。

［2］崇元殿：五代後梁開平元年（907）改汴京正殿爲崇元殿。位於今河南開封市。　　段凝：人名。開封（今河南開封市）人。五代後梁將領，其妹爲朱温美人，因其妹而爲朱温親信。後投後唐。傳見本書卷七三、《新五代史》卷四五。　　明宗：李嗣源，沙陀部人，應州金城（今山西應縣）人。李克用養子，逼宮李存勖後自立爲後唐皇帝。926 年至 933 年在位。紀見本書卷三五至卷四四、《新五代史》卷六。　　"一日"至"盡歡而罷"：《新五代史》卷四六《霍彦威傳》，"彦威等伏陛謝罪"作"彦威等惶恐伏地請死"，並云："莊宗勞之曰：'吾與總管（指明宗）戲爾，卿無畏也。'賜姓名曰李紹真。"《輯本舊史》卷三〇《唐莊宗紀四》繫賜宴事於同光元年（923）十月己亥條，不記賜姓名事。

［3］尋放歸藩：《輯本舊史》卷三〇《唐莊宗紀四》同光元年十一月辛酉條："以鎮國軍留後、檢校太傅霍彦威爲保義軍節度留後。"鎮國爲梁陝州節度軍號，保義爲唐陝州節度軍號。

　　明年，從明宗平潞州，授徐州節度使。[1]契丹犯塞，莊宗以明宗爲北面招討使，命彦威爲副。[2]彦威善言論，頗能接奉，明宗尤重之。趙太叛於邢州，奉詔討平之。[3]時趙在禮據魏州，與明宗會兵於鄴下，[4]大軍夕亂，明宗爲其所逼，彦威從入魏州。[5]皇甫暉等尤忌彦威，[6]欲殺之，彦威機辯開説，竟免。及出，彦威部下兵士獨全，衛護明宗至魏縣。[7]時明宗欲北趨常山，彦威與安重誨懇請赴闕。[8]從至洛陽，彦威首率卿相勸進於至德宮。[9]旬日之間，內外機事，皆決於彦威。擅收段凝、溫韜下獄，[10]將置於法。安重誨曰："溫、段罪惡，負於梁室，衆所知矣。今主上克平内艱，冀安萬國，豈爲公報仇耶?"至天成初，[11]除鄆州節度使。值青州王公儼拒命，改平盧軍節度，[12]至鎮，擒公儼，斬之。[13]明年冬，肆覲於汴州，明宗接遇甚厚，累官至檢校太尉、兼中書令。[14]三年冬，卒於理所，年五十七。奏至之日，明宗方出近郊。忽聞奏訃，掩泣歸宫，輟朝三日，至月終不舉樂。[15]册贈太師、晋國公，[16]謚曰忠武。子承訓，弟彦珂，[17]累歷刺史。皇朝乾德中，[18]立明宗廟於洛州，[19]詔以彦威配饗廟庭。《永樂大典》卷一萬八千一百二十九。[20]

[1]潞州：州名。治所在今山西長治市。　徐州：州名。治所在今江蘇徐州市。　"明年"至"授徐州節度使"：《輯本舊史》卷三一《唐莊宗紀五》同光二年（924）四月丙申條："潞州小校楊立據城叛，以李嗣源爲招討使，陝州留後李紹真爲副，率師以討之。"同書卷三二《唐莊宗紀六》同光二年五月丙寅條："李嗣源奏收復潞州。"同年六月丙子條："李嗣源遣使部送潞州叛將楊立等到闕，並磔於市。潞州城峻而隍深，至是帝命剗平之，因詔諸方鎮撤防城之備焉。"同月丙戌條："以前保義軍留後李紹真爲徐州節度使。"

[2]契丹：古部族、政權名。公元4世紀中葉宇文部爲前燕攻破，始分離而成單獨的部落，自號契丹。唐貞觀中，置松漠都督府，以其首領爲都督。唐末强盛，916年迭剌部耶律阿保機建立契丹國（遼）。先後與五代、北宋並立，保大五年（1125）爲金所滅。參見張正明《契丹史略》，中華書局1979年版。　北面招討使：官名。不常置，爲一路或數路地區統兵官。掌招撫、討伐等

事。兵罷則省。　"契丹犯塞"至"命彥威爲副"：《輯本舊史》
及《通鑑》皆繫此事於同光二年正月，在平潞州之前。《輯本舊
史》卷三一《唐莊宗紀五》同光二年正月甲辰條："幽州上言，契
丹入寇至瓦橋，以天平軍節度使李嗣源爲北面行營都招討使，陝州
留後霍彥威爲副，率軍援幽州。"同月癸丑條："幽州北面軍前奏，
契丹還塞，詔李嗣源班師。"《通鑑》卷二七三同光二年正月甲辰
條略同。

　　[3]趙太：人名。籍貫不詳。五代後唐將領。事見本書卷三四、
《新五代史》卷四六。　邢州：州名。治所在今河北邢臺市。　趙
太叛於邢州，奉詔討平之：《輯本舊史》卷三一《唐莊宗紀五》同
光二年四月庚辰條："庚辰，賜霍彥威姓，名曰紹真。"《通鑑》卷
二七三同光二年四月庚辰條："庚辰，賜前保義留後霍彥威姓名李
紹真。"又，《輯本舊史》卷三四《唐莊宗紀八》同光四年二月庚
子條："邢州左右步直軍四百人據城叛，推軍校趙太爲留後，詔東
北面副招討使李紹真率兵討之。"同年三月丁未條："李紹真奏，收
復邢州，擒賊首趙太等二十一人，徇於鄴都城下，皆磔於軍門。"
"趙太"，《輯本舊史》之影庫本粘籤："趙太，原本作'趙木'，今
從《歐陽史》改正。"見《新五代史》卷四六《霍彥威傳》。《輯本
舊史》卷三四《唐莊宗紀八》同光四年二月庚子條、三月丁未
（應爲丁巳）條本作"趙太"。同月庚戌（應爲庚申）條："李紹真
自邢州赴鄴都城下。"《通鑑》卷二七四同光四年三月丁巳、庚申
條："三月丁巳朔，李紹真奏克邢州，擒趙太等。庚申，紹真引兵
至鄴都，營於城西北，以太等徇於鄴都城下而殺之。"按，《輯本舊
史》卷三四《唐莊宗紀八》同光四年三月干支有誤，三月丁未應
爲丁巳（初一），同月庚戌應爲庚申（初四）。

　　[4]趙在禮：人名。涿州（今河北涿州市）人。五代後唐、後
晉將領。傳見本書卷九〇、《新五代史》卷四六。　魏州：州名。
治所在今河北大名縣。　鄴：地名。即鄴都。治所在今河北大名
縣。五代後唐同光元年，改魏州爲興唐府，建號東京，三年改東京

爲鄴都。

[5]彥威從入魏州：《舊五代史考異》："案《歐陽史》：明宗擁兵入城，彥威獨不入，與《薛史》異。"《新五代史》卷四六《霍彥威傳》："彥威與安重誨勸明宗許之，乃擁兵入城，與在禮合，彥威獨不入。"明本《册府》卷一一一《帝王部·繼統門三》："時霍彥威所將鎮州兵五千人營西北隅，一軍獨不亂，聞帝得出，又本藩使長也，其將校相率歸帝，繇是牙軍稍集。"亦似彥威未入城。

[6]皇甫暉：人名。魏州（今河北大名縣）人，五代藩鎮將領。傳見本書附録、《新五代史》卷四九。

[7]魏縣：縣名。治所在今河北魏縣。

[8]常山：即鎮州，治所在今河北正定縣。　安重誨：人名。應州（今山西應縣）人。五代後唐大臣。傳見本書卷六六、《新五代史》卷二四。

[9]洛陽：地名。即今河南洛陽市。　至德宫：宫名。五代後唐天成元年（926）築。位於今河南洛陽市。

[10]温韜：人名。京兆華原（今陝西銅川市耀州區）人。唐末李茂貞部將，五代後梁、後唐將領。傳見本書卷七三、《新五代史》卷四〇。

[11]天成：後唐明宗李嗣源年號（926—930）。

[12]青州：州名。治所在今山東青州市。　王公儼：人名。籍貫不詳。五代後唐將領。事見本書卷三七。　平盧軍：方鎮名。治所在青州（今山東青州市）。

[13]擒公儼，斬之：《舊五代史考異》："案《歐陽史》：彥威徙鎮平盧，朱守殷反，伏誅。考朱守殷反，明宗遣范延光馳兵斬之，非由彥威之力，宜以《薛史》所載爲得其實。"《新五代史》卷四六《霍彥威傳》："彥威徙鎮平盧。朱守殷反，伏誅，彥威遣使者馳騎獻兩箭爲賀，明宗賜兩箭以報之。"可知此處《新五代史》所載爲霍彥威在平盧任上以兩箭賀明宗誅朱守殷，而《舊五代史考異》以爲霍彥威本人平朱守殷，誤。又，《輯本舊史》卷三六《唐

明宗紀二》天成元年（926）五月丙辰條："徐州節度使李紹真等上言，'前朝寵賜姓名，今乞還舊。……詔並可之，李紹真復曰霍彥威'。"

［14］檢校太尉：官名。爲散官或加官，以示恩寵加此官，無實際執掌。太尉，與司徒、司空並爲三公。 中書令：官名。漢代始置，隋、唐前期爲中書省長官，屬宰相之職；唐後期多爲授予元勳大臣的虛銜。正二品。

［15］"三年冬"至"至月終不舉樂"：《舊五代史考異》："案《五代會要》：天成四年六月敕：'故平盧軍節度使霍彥威，勛名顯著，宅兆已營，爰遵定謚之規，俾議送終之制，宜以三公禮葬。'"此據《會要》卷一一一功臣條。

［16］太師：官名。與太傅、太保合稱三師，唐後期、五代多爲大臣、勳貴加官。正一品。

［17］承訓：人名。即霍承訓。事迹不詳。 彥珂：人名。即霍彥珂。事迹不詳。

［18］乾德：宋太祖趙匡胤年號（963—968）。

［19］立明宗廟於洛州："洛州"，中華書局本有校勘記："原作'洛川'，據殿本、劉本、邵本改。"

［20］《大典》卷一八一二九"將"字韻"後唐將（二）"事目。

王晏球

王晏球，字瑩之，自言洛都人。[1]少遇亂，爲蔡賊所掠，汴人杜氏畜之爲子，[2]因冒姓杜氏。晏球少沉勇有斷，倜儻不羣。梁祖之鎮汴也，選富家子有材力者置之帳下，號曰"廳子都"。[3]晏球預選，從梁祖征伐，所至立功，累遷廳子都指揮使。[4]梁開平三年，自開封府押衙充直左耀武指揮使，授右千牛衛將軍，[5]軍職如故。朱友珪之篡位也，懷州龍驤守禦軍作亂，欲入京城，已至河陽，[6]友珪命晏球出騎迎戰擊亂軍，獲軍使劉重遇，以功轉左龍驤第一指揮使。[7]

　　[1]洛都：即洛陽。

　　[2]蔡賊：指秦宗權。許州（今河南許昌市）人。唐末軍閥。傳見《舊唐書》卷二〇〇下、《新唐書》卷二二五下。　杜氏：人名。汴州（今河南開封市）人。王晏球養父。

　　[3]號曰"廳子都"：《舊五代史考異》："案《清異録》：宣武廳子都，尤勇悍，其弩張一大機，則十二小機皆發，用連珠大箭，無遠不及，晋人極畏此。"此據《清異録》卷上《武器門》。又，《輯本舊史》之影庫本粘籤："廳子都，原本作'聽于都'，今從《通鑑》注所引《薛史》改正。"《通鑑》卷二六七乾化元年（911）二月庚午條胡注："梁祖選富家子有材力者置帳下，號廳子都。薛居正曰：太祖置廳子都，最爲親軍。"《新五代史》卷四六《王晏球傳》亦作"廳子都"。

　　[4]指揮使：官名。唐末、五代軍隊多置都指揮使、指揮使，爲統兵將領。

　　[5]左耀武指揮使：官名。唐末、五代軍隊統兵將領。耀武爲部隊番號。　右千牛衛將軍：官名。唐置十六衛之一，掌宮禁宿衛。從三品。

　　[6]懷州：州名。治所在今河南沁陽市。

　　[7]軍使：官名。掌領本軍軍務，或兼理地方政務。　劉重遇：人名。籍貫不詳。五代後梁將領。事見本書本卷、卷八，《新五代史》卷四五。

　　梁末帝嗣位，以晏球爲龍驤四軍都指揮使。[1]貞明二年四月十九日夜，汴州捉生都將李霸等作亂，縱火焚剽，攻建國門，[2]梁末帝登樓拒戰。晏球聞亂，先得龍驤馬五百騎屯於鞠場，[3]俄而亂兵以竿豎麻布沃油焚建國樓，[4]勢將危急。晏球隔門窺亂兵，[5]見無甲胄，即出騎擊之，奮力血戰，[6]俄而羣賊散走。梁末帝見騎軍討賊，呼曰：“非吾龍驤之士乎？”晏球奏曰：“亂者惟李霸一都，陛下但守宮城，遲明臣必破之。”[7]既而晏球盡戮亂軍，全營族誅，以功授單州刺史。[8]尋領軍於河上，爲行營馬軍都指揮兼諸軍排陣使。[9]

[1]龍驤四軍都指揮使：官名。龍驤爲五代後晉禁軍名。唐末五代軍隊皆置都指揮使、指揮使，爲領兵將領。

[2]貞明：五代後梁末帝年號（915—921）。 捉生：部隊番號。 都將：即軍將。官名。唐、五代時節度使屬將。 李霸：人名。籍貫不詳。五代後梁將領。事見本書本卷、卷八，《新五代史》卷四六。 建國門：宮城門。爲開封皇城南門。位於今河南開封市。

[3]鞠場：蹴鞠場地。 先得龍驤馬五百騎屯於鞠場：中華書局本有校勘記：“‘騎’字原闕，據《册府》卷三六〇、《新五代史》卷四六《杜晏球傳》、《通鑑》卷二六九補。”此據《宋本册府》卷三六〇《將帥部·立功門一三》、《新五代史》卷四六《王晏球傳》、《通鑑》卷二六九貞明二年（916）四月癸卯條。按，《新五代史》卷四六爲《王晏球傳》，中華書局本訛爲“《杜晏球傳》”，蓋因其嘗冒姓杜氏之故。

[4]建國樓：後梁都城開封宮城正南門樓，位於今河南開封市。《宋本册府》卷三六〇、《新五代史》卷四六《王晏球傳》均作“建國門”。《通鑑》卷二六九貞明二年四月癸卯條：亂兵“攻建國

門，帝登樓拒戰。龍驤四軍都指揮使杜晏球以五百騎屯毬場，賊以油沃幕，長木揭之，欲焚樓"。胡注："建國門，大梁宮城正南門。"帝所登之樓胡注"謂建國門樓也"。可知本傳建國樓即建國門樓之簡稱。

[5]晏球隔門窺亂兵：中華書局本有校勘記："'亂兵'原作'兵亂'，據殿本、孔本、邵本校、彭校、《册府》卷三六〇改。影庫本批校："亂兵"訛"兵亂"。'"《宋本册府》卷三六〇《將帥部·立功門一三》作"亂卒"，與"亂兵"同義。

[6]即出騎擊之，奮力血戰：《宋本册府》卷三六〇《將帥部·立功門一三》："即出騎擊之，亂兵北走，屯國門下，晏球奮力血戰。"

[7]"晏球奏曰"至"遲明臣必破之"：《宋本册府》卷三六〇《將帥部·立功門一三》："晏球曰：'臣已敗賊，請陛下勿憂。'"宮城，《輯本舊史》之影庫本粘籤："原本作'官城'，今從《通鑑》改正。"此據《通鑑》卷二六九貞明二年四月癸卯條，原文曰："陛下但帥控鶴守宮城。"《新五代史》卷四六《王晏球傳》亦作"宮城"。

[8]單州：州名。治所在今山東單縣。 以功授單州刺史："單州"，《宋本册府》卷三六〇《將帥部·立功門一三》、《通鑑》卷二六九貞明二年四月癸卯條俱作"單州"。《新五代史》卷四六《王晏球傳》作"澶州"，但原文注："古本作單。"

[9]行營馬軍都指揮：官名。即行營馬軍都指揮使。行營馬軍長官。五代軍隊編制，五百人爲一指揮，設指揮使、副指揮使；十指揮爲一軍，設都指揮使、副都指揮使。 諸軍排陣使：官名。唐節度使所屬武官中有排陣使，五代後梁時設於諸軍，爲先鋒之職。參見王軼英《中國古代排陣使述論》，《西北大學學報》2010年第6期。

莊宗入汴，晏球率騎軍入援。至封丘，^[1]聞梁末帝殂，即解甲降於莊宗。明年，與霍彥威北捍契丹，授齊州防禦使、北面行營馬軍都指揮使，[2]仍賜姓氏，名紹虔。鄴之亂，明宗入赴內難，晏球時在瓦橋，[3]遣人招之。明宗至汴，晏球率騎從至京師，以平定功授宋州節度使，[4]上章求還本姓名。天成二年，授北面行營副招討使，[5]以兵戍滿城。[6]是歲，[7]王都據定州叛，[8]契丹遣奚首領禿餒率騎千餘來援都，[9]突入定州，晏球引軍保曲陽。[10]王都、禿餒出軍拒戰，晏球督厲軍士，令短兵擊賊，戒之曰："迴首者死。"符彥卿以龍武左軍攻其左，[11]高行周以龍武右軍攻其右，[12]奮劍揮楇，應手首落，賊軍大敗於嘉山之下，[13]追襲至於城門。俄而契丹首領惕隱率勇騎五千至唐河。[14]是時大雨，晏球出師逆戰，惕隱復敗。追至易州，[15]河水暴漲，所在陷沒，俘獲二千騎而還。惕隱以餘衆北走幽州，趙德鈞令牙將武從諫以騎邀擊。[16]德鈞分扼諸要路，旬日之內，盡獲惕隱已下酋長七百餘人，契丹遂弱。[17]晏球圍城既久，帝遣使督攻城，晏球曰："賊壘堅峻，但食三州租稅，撫恤黎民，愛養軍士，彼自當魚潰。"帝然其言。

[1]封丘：縣名。治所在今河南封丘縣。

[2]齊州：州名。治所在今山東濟南市。　防禦使：官名。唐代始置，設有都防禦使、州防禦使兩種。常由刺史或觀察使兼任，實際上爲唐代後期州或方鎮的軍政長官。

[3]瓦橋：即瓦橋關。位於今河北雄縣西南。唐置。五代後晋初地入契丹。後周顯德六年（959）收復，建爲雄州。與益津關、淤口關合稱三關。

[4]宋州：州名。治所在今河南商丘市睢陽區。 以平定功授宋州節度使：明本《册府》卷一二八《帝王部·明賞門二》，天成元年（926）"七月，宋州節度使王晏球與護駕親軍都指揮使張虔釗攻定州，帝令中使押御馬二匹賜晏球、虔釗"。

[5]天成二年，授北面行營副招討使："使"字原闕，據《宋本册府》卷三六〇《將帥部·立功門一三》、《通鑑》卷二七六天成三年四月癸巳條補。明本《册府》卷四一〇《將帥部·壁壘門》："王晏球，爲北面招討副使。天成二年九月，奏准宣差兵士，築城於閻溝店。初，詔城良鄉，復設壁於此，蓋取幽涿之中塗，以備鮮卑之抄掠也。"

[6]滿城：縣名。治所在今河北保定市滿城區。

[7]是歲：中華書局本有校勘記："按本書卷三九《唐明宗紀五》、《新五代史》卷六《唐本紀》、《通鑑》卷二七六繫其事於天成三年。"明本《册府》卷一二三《帝工部·征討門三》，天成"三年四月，北面副招討使王晏球以定州節度使王都反狀聞。……制：北面行營權副招討、歸德軍節度使王晏球，可充北面招討使、權知定州軍州事、北面行營馬軍都指揮"。同書卷一二八《帝王部·明賞門二》："（天成三年）六月，招討王晏球獻曲陽之捷，令殿直陳知隱押銀腰帶鞍轡，賜北面立功將校。"同書卷四三五《將帥部·獻捷門二》，天成三年"七月己丑，北面招討使、定州刺史王晏球獻所獲戎馬一百匹。甲子，晏球使人馳報：'十九日，契丹七十騎來援定州，遂逆戰於唐河北，敗之，襲至蒲城，又掩殺二千級，捉馬千匹。'内外稱賀。己巳，驛騎入報：'二十一日，又於陽州掩殺契丹四十餘里，擒獲殆盡。'"

[8]王都：人名。原名劉雲郎。中山陘邑（今河北定州市）人。妖人李應之送與王處直爲養子，改姓名爲王都。後爲義武軍節度使。傳見本書卷五四、《新五代史》卷三九。 定州：州名。治所在今河北定州市。 王都據定州叛：《舊五代史考異》："案《通鑑》：遣人説北面副招討王晏球，晏球不從，乃以金遺晏球帳下，

使圖之，不克。癸巳，晏球以都反狀聞。壬寅，以王晏球爲北面招
討使，權知定州行州事。"此據《通鑑》卷二七六天成三年四月癸
巳、壬寅條，原文曰："又遣人説北面副招討使、歸德節度使王晏
球，晏球不從；乃以金遺晏球帳下，使圖之，不克。癸巳，晏球以
都反狀聞，詔宣徽使張延朗與北面諸將議討之。……壬寅，以王晏
球爲北面招討使，權知定州行州事。""叛"，中華書局本有校勘
記："'叛'字原闕，據《册府》卷四五、卷三八七、卷四〇五補。
按孔本注：'案：以下疑有闕文。'"此據《宋本册府》卷四五
《帝王部·權略門》、卷三八七《將帥部·褒異門一三》及明本
《册府》卷四〇五《將帥部·識略門》。《宋本册府》卷三六〇《將
帥部·立功門一三》作"王都謀叛，據定州"，下有"乃以晏球爲
招討使攻之時都北連契丹"十六字，疑即闕文。

[9]奚：中古時代居住在今中國東北地區的少數民族。傳見
《舊唐書》卷一九九下、《新唐書》卷二一九。詳見王凱《20世紀
80年代以來奚族研究綜述》，《東北史地》2011年第1期；畢德廣
《唐代奚族居地的變遷》，《中國歷史地理論叢》2014年第1期；畢
德廣《遼代奚境變遷考論》，《中國邊疆史地研究》2014年第3期；
王麗娟《奚族文獻史料探究》，《宋史研究論叢》2015年第2期。

禿餒：人名。奚人。契丹將領。事見《通鑑》卷二七六。　契丹
遣奚首領禿餒率騎千餘來援都：中華書局本有校勘記："'契丹'二
字原闕，據殿本、劉本、孔本、邵本校、彭校、《册府》卷三六〇、
《新五代史》卷三九《王都傳》補。""奚首領"原闕，據《宋本册
府》卷三六〇《將帥部·立功門一三》補。《宋本册府》卷九八七
《外臣部·征討門六》："（天成三年）四月，定州王都作亂，求援於
契丹，耶律德光遂陷平州，遣禿餒以騎五千援都於中山。北面行營
招討使王晏球破之於曲陽，禿餒走保賊城。"

[10]曲陽：縣名。治所在今河北曲陽縣。

[11]符彦卿：人名。陳州宛丘（今河南淮陽縣）人。後周、
宋初將領。周世宗宣懿皇后、宋太宗懿德皇后，皆符彦卿女。傳見

《宋史》卷二五一。　龍武左軍：禁軍番號。唐代所置左、右神武天騎，左、右羽林，左、右龍武等六軍，稱“北衙六軍”。

[12]高行周：人名。嬀州懷戎（今河北懷來縣）人。五代後唐至後周將領。傳見本書卷一二三、《新五代史》卷四八。　高行周以龍武右軍攻其右：《舊五代史考異》：“案：《歐陽史》作高行珪。”此據《新五代史》卷四六《王晏球傳》。《輯本舊史》卷三八《唐明宗紀四》天成二年五月癸亥條：“以前復州刺史高行周爲右龍武統軍。”同年九月己未條：“以前雲州節度使高行珪爲鄧州節度使。”《宋本册府》卷四五《帝王部·權略門二》、卷三六〇《將帥部·立功門一三》亦作“高行周”，可知當作“高行周”爲是。

[13]嘉山：地名。位於今河北曲陽縣東北。

[14]惕隱：官名。出自契丹語。遼朝惕隱主要分爲兩類。中央惕隱掌管皇族教化和皇族户籍；地方惕隱，即遼朝在各部族及屬國屬部設置的惕隱，各部族的惕隱配合部族節度使管埋部族事務，屬國屬部惕隱一般爲該部酋長。參見鞠賀《遼朝惕隱研究》，《西北民族大學學報》2019年第1期。　唐河：水名。源自今河北唐縣北，南流經唐縣東，至今定州市北入滱水。　俄而契丹首領惕隱率勇騎五千至唐河：《舊五代史考異》：“案：《歐陽史》作七千騎。”此據《新五代史》卷四六《王晏球傳》。《宋本册府》卷九八七《外臣部·征討門六》天成三年六月，“詔王晏球攻取定州，詔達怛及諸蕃衆入契丹界以張軍勢”；“七月，契丹遣惕隱率七千騎救定州”。

[15]易州：州名。治所在今河北易縣。

[16]幽州：州名。治所在今北京市。　趙德鈞：人名。幽州（今北京市）人。初爲幽州節度使劉守光部將，後爲後唐將領，後又投降遼國。傳見本書卷九八。　牙將：官名。唐朝節度使的親兵，爲藩鎮軍隊中的精鋭部隊。　武從諫：人名。太原（今山西太原市）人，符存審副將。事見本書卷一二一及《新五代史》卷一九。

[17]盡獲惕隱已下酋長七百餘人，契丹遂弱：《宋本册府》卷九八七《將帥部·獻捷門二》作：“生擒首領惕隱等五十餘人，接

殺皆盡。”同書卷四五《帝王部·權略門》:“明宗天成末,王都據定州叛,契丹王遣原知感等九人將騎三萬援都,嘉山之戰,爲王晏球、符彥卿、高行周追擊敗之,至幽州界,並爲趙德鈞所擒,獻於京師。諸將請誅之,帝曰:‘此八九人,胡之驍將也,彼以死報主,蕃中絶望也。不如留之,以愧其情,必紆邊患。’長興中,乃賜姓名,易蕃號。”同書卷八一《帝王部·慶賜門三》:“王晏球馳報已獲王都首級,生禽契丹禿餒等二千餘人。”明本《册府》卷一二《帝王部·告功門》:“明宗天成四年二月,王晏球平定州王都,獻俘馘。帝御咸安樓受之。刑部侍郎張文寶奏曰:‘逆賊王都首級,請付所司。’大理卿蕭希甫受之以出,獻于郊社畢,於街市號令王都男四人、弟一人,禿餒父子二人並磔於開封橋,文武百官稱賀于樓前。”同書卷四三五《將帥部·獻捷門二》,天成四年“二月乙巳,北面馳報:‘是月三日,收復定州。’帝大悦。……戊申,宴群臣於玉華殿,樂作,王晏球馳報:‘已獲王都首級,生擒契丹禿餒等二千餘人。’宴罷,賜物加等。辛酉,定州獻俘馘”。

晏球能與將士同其甘苦,所得禄賜私財,盡以饗士,日具飲饌,與將校筵宴,待軍士有禮,軍中無不敬伏。其年冬,平賊。自初戰至於城拔,不戮一士,上下歡心,物議以爲有將帥之略,以功授天平軍節度使。[1]未幾,移鎮青州,就加兼中書令。[2]長興三年,卒於鎮,時年六十。[3]贈太尉。[4]

[1]天平軍:方鎮名。治所在鄆州(今山東東平縣)。 以功授天平軍節度使:亦見明本《册府》卷四〇五《將帥部·識略門四》。《輯本舊史》卷四〇《唐明宗紀六》天成四年(929)二月辛亥條:“以北面行營招討使、宋州節度使王晏球爲鄆州節度使,加兼侍中。”天平爲軍號,鄆州爲治所。可知其出鎮時間。明本《册

府》卷一二八《帝王部·明賞門二》，天成“四年二月辛亥，下制曰：‘朕嘗披國史，備閱軍功，裴度之破淮西，無遺廟筭；石雄之攻山北，益展皇威。莫不仰遺烈於祖宗，委全才於將相。而自中山逆命，外域朋姦，奪戎旅以鷹揚，屠賊城而魚爛。夕聞告捷，明賞殊勳，竭忠建策，興復功臣。北面行營招討、歸德軍節度、宋亳單穎等州觀察處置、亳州太清宮等使、權知定州軍州事、特進檢校太傅、同中書門下平章事、使持節宋州諸軍事、宋州刺史、上柱國、瑯琊郡開國侯、食邑一千户王晏球，長劍倚天，洪河帶地，居萬夫之長，擅三傑之名，黃石兵書，運子房之籌略；清淮公族，興仲爽之源流。自統雄師，往收逆壘，摧曲陽之堅陣，厭滱水以驚波。爰築室以反耕，攻圍雉堞；果折骸而易子，傾覆烏巢。招降之士庶數千，撲之兇狂非一，王都授首，禿餒生擒，火焚而惡蔓皆除，雷掃而妖氛併息，諒兹丕績，宜降優恩，廼眷汶陽，實惟巨鎮。據犬牙之内地，當馬頰之要津，是命疇以勳庸，福其黎庶，進公國之品秩，崇藩后之等威。俾濟鳳池，仍加蟬冕，帷幄共推於重席，井田兼別於真封。於戲！解甲休兵，實歸於上將，安民和衆，議伏於賢臣。永保令猷，無替朕命。可依前檢校太傅兼侍中、使持節鄆州諸軍事、守鄆州刺史、充天平軍節度、齊棣等州觀察處置使，仍進封開國公，加食邑一千五百户，食實封一百户。’”

[2]未幾，移鎮青州，就加兼中書令：《輯本舊史》卷四一《唐明宗紀七》長興元年三月丙子條：“鄆州節度使王晏球移鎮青州。”同書卷四三《唐明宗紀九》長興三年（932）七月己丑條：“青州節度使王晏球加兼中書令。”《宋本册府》卷六八九《牧守部·革弊門》：“王晏球，長興中爲青州節度使，奏：‘臣所部州縣，點檢到見役節級所由等四千五百餘人，今留合充役者二千八百人，餘並放歸農訖。’明宗優詔褒之。”

[3]長興：後唐明宗李嗣源年號（930—933）。　長興三年，卒於鎮，時年六十：《輯本舊史》卷四三《唐明宗紀九》長興三年八月辛亥條：“青州節度使王晏球卒，廢朝二日。”《舊五代史考

異》：“案：《歐陽史》作年六十二。”此據《新五代史》卷四六《王晏球傳》。

[4]太尉：官名。與司徒、司空並爲三公，唐後期、五代多爲大臣、勳貴加官。正一品。

子徹，[1]位至懷州刺史。《永樂大典》卷一萬八千一百二十九。[2]

[1]徹：人名。即王徹。曾任隰州刺史。後因犯贓伏法。事見本書卷九三《張仁愿傳》。

[2]《大典》卷一八一二九“將”字韻“後唐將（二）”事目。

戴思遠

戴思遠，本梁之故將也。初事梁祖，以武幹知名。開平元年，自右羽林統軍加檢校司徒，出爲晉州刺史。[1]二年，授右監門上將軍，尋改華州防禦使。[2]三年，自左天武使復授右羽林統軍。[3]郢王友珪篡位，授洺州團練使。[4]貞明中，爲邢州留後，遷本州節度使。屬燕將張萬進殺滄州留後劉繼威，[5]以城歸梁，末帝命思遠鎮之。莊宗平定魏博，以兵臨滄德，[6]思遠棄鎮渡河歸汴，[7]累遷天平軍節度使兼北面招討使，將兵與莊宗對壘。久之，莊宗討張文禮於鎮州，契丹來援，莊宗追襲契丹至幽州。思遠聞之，總兵以襲魏州，至魏店，遇明宗騎軍適至，思遠乃涉洹水，陷成安，復歸楊村砦，盡率其衆，攻德勝北城。城中危急，符存審晝夜乘城以拒之。[8]莊宗自蒞五日馳至魏州，[9]思遠聞之解去。及明宗襲下鄆州，思遠罷軍權，[10]降授宣化軍留後。[11]

[1]右羽林統軍：官名。唐代右羽林軍統兵官。唐置六軍，分左、右羽林，左、右龍武，左、右神武，即"北衙六軍"。興元元年（784），六軍各置統軍，以寵功勳臣。其品秩，《唐會要》卷七一、《舊唐書》卷一二記載爲"從二品"，《通鑑》卷二二九記載爲"從三品"。 檢校司徒：官名。爲散官或加官，以示恩寵，無實際執掌。 晋州：州名。治所在今山西臨汾市。

[2]右監門上將軍：官名。唐置，掌宮禁宿衛。唐代置十六衛之一。從二品。 華州：州名。治所在今陝西渭南市華州區。

[3]左天武使：官名。即左天武指揮使。所部統兵將領。左天武爲部隊番號。

[4]團練使：官名。唐代中期以後，於不設節度使的地區設團練使，掌本區各州軍事。 授洺州團練使：《輯本舊史》之影庫本粘籤："洺州，原本作'洺州'，今從《歐陽史》改正。"此未知所據具體内容。

[5]張萬進：人名。雲州（今山西大同市）人。唐末、五代將領。傳見本書卷一三。明本《册府》卷四五〇《將帥部·失守門》作"張方進"，因《輯本舊史》有《張萬進傳》，故《册府》誤。滄州：州名。治所在今河北滄縣舊州鎮。 劉繼威：人名。深州樂壽（今河北獻縣）人。劉守光之子。五代將領。事見本書卷一三《張萬進傳》，《通鑑》卷二六七、卷二六八。

[6]魏博：方鎮名。治所在魏州（今河北大名縣）。 德：州名。治所在今山東德州市陵城區。

[7]思遠棄鎮渡河歸汴：《輯本舊史》卷二八《唐莊宗紀二》天祐十三年（916）九月條："梁滄州節度使戴思遠棄城遁去。"天

祐十三年九月，即貞明二年（916）九月。

　　[8]張文禮：人名。燕（今河北北部）人。五代將領。傳見本書卷六二。　　魏店：地名。又稱魏縣城、舊縣店。位於今河北大名縣西。　　洹水：水名。即今河南北境安陽河。　　成安：縣名。治所在今河北成安縣。　　楊村砦：地名。又名楊村寨。位於今河南濮陽縣西南。　　德勝北城：德勝城，又名德勝渡，爲黃河重要渡口之一。有南、北二城，皆位於今河南濮陽市。　　符存審：人名。陳州宛丘（今河南淮陽縣）人。原姓符名存。五代後唐將領。傳見本書卷五六、《新五代史》卷二五。　　“久之”至“符存審畫夜乘城以拒之”：明本《册府》卷二一七《閏位部·交侵門》：“龍德元年春正月，戴思遠率師襲魏州。時晋方攻鎮州，故思遠乘虛以襲之，陷城安而還，遂急攻德勝北城，晋將李存審極力拒守。”其中“城安”誤，蓋有成安縣屬魏州。“李存審”即“符存審”，賜姓李也。又“以襲”，《輯本舊史》之影庫本粘籤：“以襲，原本作‘以寵’，今據文改正。”又，《輯本舊史》卷二九《唐莊宗紀二》天祐十八年十月己未條：“梁將戴思遠攻德勝北城。”知其攻德勝北城時間在龍德元年十月。又，《輯本舊史》卷二九《唐莊宗紀三》天祐十九年正月條：“春正月甲午，帝至新城，契丹前鋒三千騎至新樂。是時，梁將戴思遠乘虛以寇魏州，軍至魏店，李嗣源自領兵馳入魏州。梁人知其有備，乃西渡洹水，陷成安而去。……是月，梁將戴思遠寇德勝北城，築壘穿塹，地道雲梯，畫夜攻擊，李存審極力拒守，城中危急。帝自幽州聞之，倍道兼行以赴，梁人聞帝至，燒營而遁。”同年八月條：“梁將戴思遠又陷共城、新鄉等邑，自是澶淵之西、相州之南，皆爲梁人所據。”

　　[9]薊：縣名。治所在今天津市薊州區。

　　[10]思遠罷軍權：《輯本舊史》卷二一《王彦章傳》：“三年四月晦，晋帥陷鄆州，中外大恐。五月，以彦章代戴思遠爲北面招討使。”

　　[11]宣化軍：方鎮名。治所在鄧州（今河南鄧州市）。

　　其年，莊宗入汴，思遠自鄧州入朝，復令歸鎮。[1]明宗即位，移授洋州節度使。[2]及西川俱叛，[3]思遠以董璋故人，[4]避嫌請代，徵入朝宿衞，以年告老，授太子少保致仕。[5]清泰二年八月，[6]卒於家。《永樂大典》卷一萬五千二十二。[7]

　　[1]鄧州：州名。治所在今河南鄧州市。　　"其年"至"復令歸鎮"：明本《册府》卷九九《帝王部·推誠門》："同光元年，帝入雒，宴於崇元殿，明宗及僞庭大將軍預焉。帝酒酣，顧明宗曰：'今辰宴客，皆吾前日之勁敵也，一旦與吾同筵，蓋卿前鋒之功也。'僞將霍彥威、戴思遠伏階叩頭，帝曰：'與卿話舊，無足畏也。'因賜御衣酒器，盡歡而罷。帝營德勝也，彥威、思遠皆爲軍帥，屯楊村寨，日與帝挑戰交兵，故有是言。"此事亦略見於同書卷一三三《帝王部·襃功門二》、《輯本舊史》卷三〇《唐莊宗紀四》同光元年（923）十月己亥條。

　　[2]洋州：州名。治所在今陝西洋縣。

　　[3]西川：方鎮名。治所在成都（今四川成都市）。　　及西川俱叛：中華書局本有校勘記："按孟知祥據西川，董璋據東川，疑'西'爲'兩'之訛。"

　　[4]董璋：人名。籍貫不詳。五代後梁、後唐將領。傳見本書卷六二、《新五代史》卷五一。

　　[5]太子少保：官名。與太子少師、太子少傅統稱太子三少。隋唐以後多作加官或贈官。從二品。　　致仕：官員告老辭官。　　授太子少保致仕：《輯本舊史》卷三九《唐明宗紀五》天成三年（928）八月辛卯條作"太子太保"，同書卷四七《唐末帝紀中》清泰二年（935）八月己丑條又作"太子少保"。《宋本册府》卷八九九《總録部·致政門》："戴思遠以前洋州節度使，除守太子少保致仕。"故當作"太子少保"。

[6]清泰：五代後唐廢帝李從珂年號（934—936）。

[7]《大典》卷一五〇二二“戴”字韻“姓氏（二）”事目。

朱漢賓

　　朱漢賓，字績臣，亳州譙縣人也。[1]父元禮，始爲郡將。[2]梁太祖聞其名，擢爲軍校，[3]從龐師古渡淮，戰没於淮南。[4]漢賓少有膂力，形神壯偉，膽氣過人。梁祖以其父死王事，選置帳下，編入屬籍。梁祖之攻兗、鄆也，朱瑾募驍勇數百人，[5]黥雙雁於其頰，[6]號爲“雁子都”。[7]梁祖聞之，亦選數百人，別爲一軍，號爲“落雁都”。署漢賓爲軍使，當時目爲“朱落雁”。[8]後與諸將破蔡賊有功，天復中，[9]授右羽林統軍。入梁，歷天威軍使、左羽林統軍，[10]出爲磁州刺史、滑宋二州留後、亳曹二州刺史、[11]安州節度使。[12]

　　[1]亳州：州名。治所在今安徽亳州市。　譙縣：縣名。治所在今安徽亳州市。

　　[2]元禮：人名。即朱元禮。唐末、後梁將領。事見本書本卷。

　　[3]軍校：即牙校，爲低級武職。

　　[4]龐師古：人名。曹州（今山東菏澤市）人。唐末將領。事朱温甚謹，未曾離左右，屢有戰功。唐昭宗乾寧四年（897）伐楊行密，死於陣中。傳見本書卷二一、《新五代史》卷二一。

　　[5]兗：州名。治所在今山東濟寧市兗州區。　朱瑾：人名。宋州下邑（今河南夏邑縣）人。朱瑄堂弟，唐末將領。傳見《舊唐書》卷一八二、本書卷一三、《新五代史》卷四二。

　　[6]黥雙雁於其頰：中華書局本有校勘記：“‘頰’，原作

'額'，據殿本、《册府》卷四一三、《新五代史》卷四五《朱漢賓傳》、《近事會元》卷三改。"見《宋本册府》卷四一三《將帥部·召募門》。

[7]號爲"雁子都"：《輯本舊史》之案語："此追敘梁祖攻兗、鄆事。《歐陽史》作'是時，梁方東攻兗、鄆'，則失其事之前後矣。《歐陽史》誤以雁子都爲梁軍名，吴縝嘗辨其誤。"案語中"此追敘梁祖攻兗、鄆事。《歐陽史》作'是時，梁方東攻兗、鄆'，則失其事之前後矣"二十九字原闕，據《舊五代史考異》卷二《梁太祖紀二》補，然《新五代史》卷四五《朱漢賓傳》曰："是時，梁方東攻兗、鄆，鄆州朱瑾募其軍中驍勇者，黥雙雁于其頰，號'雁子都'。太祖聞之，乃更選勇士數百人，號'落雁都'，以漢賓爲指揮使。及漢賓貴，人猶以爲'朱落雁'。"則歐陽脩未嘗以雁子都爲梁軍名。

[8]當時目爲"朱落雁"：《宋本册府》卷八四六《總録部·善射門》："朱漢賓少時善射，嘗因與同輩出獵，指一飛雁，隨矢而落，其鏃正中其臆，臆上貫一金錢，字有篆文，示其郡之碩學，皆無識者。人甚異之，由是人皆號曰'朱落雁'（一云嘗爲落雁軍校）。"

[9]天復：唐昭宗年號（901—904）。　天復中：中華書局本有校勘記："原作'天福'，據《册府》卷三六〇改。"此據《宋本册府》卷三六〇《將帥部·立功門一三》。

[10]天威：部隊番號。　軍使：官名。掌領本軍軍務，或兼理地方政務。《新唐書》卷五〇《兵志》："唐初，兵之戍邊者，大曰軍，小曰守捉，曰城，曰鎮……武德至天寶以前邊防之制，其軍、城、鎮、守捉皆有使。"　左羽林統軍：官名。唐代左羽林軍統兵官。唐置六軍，分左、右羽林，左、右龍武，左、右神武，即"北衙六軍"。興元元年（784），六軍各置統軍，以寵功勳臣。其品秩，《唐會要》卷七一、《舊唐書》卷一二記載爲"從二品"，《通鑑》卷二二九記載爲"從三品"。

[11]磁州：州名。治所在今河北磁縣。　曹：州名。治所在今山東曹縣。

[12]安州：州名。治所在今湖北安陸市。　安州節度使：《輯本舊史》卷一〇《梁末帝紀下》貞明六年（920）正月戊子條："以曹州刺史朱漢賓爲安州宣威軍節度使。"明本《冊府》卷三九三《將帥部‧威名門二》："漢朱漢賓爲安州節度使。至郡期年，敵不敢犯，一境賴之。"朱漢賓未及後漢時，《冊府》誤。

　　莊宗至洛陽，漢賓自鎮入覲，復令還鎮。明年，授左龍武統軍。[1]莊宗嘗幸漢賓之第，漢賓妻進酒上食，奏家樂以娛之，自是漢賓頗蒙寵待。[2]同光四年正月，冀王朱友謙入朝，明宗居洛陽，以友謙故人，置酒於第。莊宗諸弟在席，友謙坐在永王存霸之上。酒酣，漢賓以大觴奉友謙曰："公雖名位高，坐於皇弟之上，非宜也。僕與公俱在梁朝，以宗盟相厚，自公入朝，三發單函候問，略無報復，忽余卑位，不亦甚乎！"元行欽恐其紛然，爲解之，方止。不數日，友謙赤族。[3]趙在禮據魏州，元行欽率軍進討，詔漢賓權知河南府事。[4]明宗以漢賓爲右衛上將軍，[5]時樞密使安重誨方當委重，[6]漢賓密令結托，得爲婚家。天成末，爲潞州節度使，移鎮晉州。重誨既誅，漢賓復爲上將軍。明年秋，漢賓告老，授太子少保致仕。[7]清泰二年六月卒，[8]時年六十四。

　　[1]左龍武統軍：官名。唐代左龍武軍統兵官。唐置六軍，分左、右羽林，左、右龍武，左、右神武，即"北衙六軍"。興元元

年（784），六軍各置統軍，以寵功勳臣。其品秩，《唐會要》卷七一、《舊唐書》卷一二記載爲"從二品"，《通鑑》卷二二九記載爲"從三品"。 授左龍武統軍：《新五代史》卷四五《朱漢賓傳》："罷漢賓爲右龍武統軍。"

［2］"莊宗嘗幸漢賓之第"至"自是漢賓頗蒙寵待"：明本《册府》卷一一四《帝王部·巡幸門三》：同光三年（925）四月，"又幸左龍武統軍朱漢賓之第，夜漏三刻還宮"。又見《輯本舊史》卷三二《唐莊宗紀六》同光三年四月乙亥條。

［3］同光：後唐莊宗李存勗年號（923—926）。 朱友謙：人名。許州（今河南許昌市）人。唐末、五代軍閥。傳見本書卷六三、《新五代史》卷四五。 存霸：人名。即李存霸。沙陀部人。李克用之子，五代軍閥。傳見本書卷五一、《新五代史》卷一四。

元行欽：人名。幽州（今北京市）人。五代後唐將領。傳見本書卷七〇、《新五代史》卷二五。 "同光四年正月"至"友謙赤族"：《宋本册府》卷九二〇《總録部·讎怨門二》："朱漢賓，莊宗時爲左龍武統軍、河中節度使。朱友謙入朝，時西軍未還，閹伶用事，害友謙者不一，而漢賓伺知之。時明宗居洛陽，以友謙故人，置酒於第。莊宗諸弟在席。時，友謙賜姓名繼麟，坐在永王存霸之上。酒酣，漢賓以大觥奉友謙，曰：'公雖名位高，坐於皇弟之上，非宜也。僕與公俱在梁朝，以宗姓相厚。自公入朝，三發單函候問，略無報復。忽予卑位，不易甚乎！'元行欽恐紛然，乃解之曰：'素爲昆仲，今讓兄何也？'明宗曰：'統軍亦須飲大器。'方止。不數日，友謙赤族。"與此稍異。

［4］河南府：府名。治所在今河南洛陽市。

［5］右衛上將軍：官名。唐置，掌宮禁宿衛。唐代十六衛之一。從二品。

［6］樞密使：官名。樞密院長官。唐代宗時始以宦官掌機密，至昭宗時借朱溫之力盡誅宦官，始改以士人任樞密使。備顧問，參謀議，出納詔奏，權侔宰相。參見李全德《唐宋變革期樞密院研

究》，國家圖書館出版社2009年版。　時樞密使安重誨方當委重：中華書局本有校勘記："'時'字原闕，據《册府》卷四四〇、卷八五三補。"此據明本《册府》卷四四〇《將帥部・忌害門》、《宋本册府》卷八五三《總録部・姻好門》。

[7]明年秋，漢賓告老，授太子少保致仕：《輯本舊史》卷四二《唐明宗紀八》長興二年（931）八月己巳條："太傅致仕王建立、太子少保致仕朱漢賓皆上章求歸鄉里。"知所謂"明年秋"爲長興二年八月。

[8]清泰二年六月卒：《宋本册府》卷八九九《總録部・致政門》："及重誨伏誅，乃請致仕，非其志也。高祖即位，起爲潞州平陽節度使。舊有風痺，乃上表求退。朝廷允之，以太子少保致仕。漢賓還洛陽，有第在懷仁里，北限洛水，南枕通衢，層屋連甍，修木交幹，笙歌羅綺，日以自娱。養彼天和，保其餘齒，乃近朝知止之良將也。"據此，則朱漢賓似後晋高祖時殁。然據《輯本舊史》卷四七《唐末帝紀中》清泰二年（935）六月丁卯條："以太子少保致仕朱漢賓卒，廢朝。"又據明本《册府》卷六六四《奉使部・受賂門》有末帝清泰中，史在德弔祭朱漢賓事，則非晋高祖時方殁。且潞州節度使從無平陽之號，疑此條史料得自傳聞之辭。

漢賓少勇健，及晚歲飲啖過人，[1]其狀貌偉如也。凡所履歷，不聞踰法。梁時，嘗領軍屯魏州莘縣，[2]適值連帥去郡，諸軍咸以利見誘，請自爲留後，漢賓則斬其言者，拒而不從，聞者賞焉。在曹州日，[3]飛蝗去境，父老歌之。臨平陽遇旱，親齋潔禱龍子祠，[4]踰日雨足，四封大稔，咸以爲善政之所致也。及致仕，東還亳郡，[5]見鄉舊親戚淪没者，有塋兆未辦，則給以棺斂；有婚嫁未畢，則助以資幣，受其惠者數百家，郡人義之。尋還洛陽，有第在懷仁里，北限洛水，[6]南枕通衢，層屋連甍，修木交幹，笙歌羅綺，日以自娱，養彼天和，保其餘齒，此乃近朝知止之良將也。晋高祖即位，贈太子少傅，[7]謚曰貞惠。[8]

[1]少勇健，及晚歲飲啖過人：《宋本册府》卷八四五《總録部·膂力門》、卷八八三《總録部·形貌門》："少有膂力，形神壯偉，膽氣過人。"

[2]莘縣：縣名。治所在今山東莘縣。《輯本舊史》之影庫本粘籤："莘縣，原本作'華縣'，考《新唐書·地理志》魏州有莘縣，無'華縣'，今改正。"見《新唐書》卷三九《地理志三》。

[3]在曹州日：中華書局本有校勘記："'州'字原闕，據《册府》卷六八一補。"此據《宋本册府》卷六八一《牧守部·感瑞門》。

[4]平陽：地名。位於今山西臨汾市。 龍子祠：祠堂名。位於今山西臨汾市姑射山東平水之源。

[5]亳郡：即亳州。治所在今安徽亳州市。

[6]懷仁里：里名。位於今河南洛陽市。 洛水：即今洛河。

[7]晋高祖：即後晋高祖石敬瑭。 太子少傅：官名。與太子少保、太子少師合稱"三少"，唐後期、五代多爲大臣、勳貴加官。從二品。

[8]謚曰貞惠：《舊五代史考異》："《五代會要》作正慧，引太常博士林弼議曰：'漢賓散己俸以代荒逋，濟疲俗而臻富庶，所蒞之地，綽有政聲，知進退存亡之理，得善始令終之道。謹案謚法，中道不撓、保節揚名曰正；愛民好學、寬裕慈仁曰慧，請謚曰正慧。'從之。《薛史》及《歐陽史》俱作'貞惠'，未知何據。"見《會要》卷一二謚條、《新五代史》卷四五《朱漢賓傳》，《會要》實作"正慧"。《宋本册府》卷五九六《掌禮部·謚法門二》："後

唐朱漢賓，太子少保致仕，卒，贈太子少傅。至晉天福二年，太常博士林鄂議謚曰：'漢賓常恃倜儻，不習廉隅。遏鄴都姦卒之訛言，時銷叛亂；却華帥親隨之浮議，俗致安康。開國承家，忠貞保義。而又散己俸而代逋欠，闢荒榛而種穄鮮。民有袴襦之謠，野無萑蒲之患。安民禁暴，威惠兼行。而又知進退存亡之理，得善始令終之名，亦其爲知機其神也。謚法，忠道不撓、保節揚名曰貞；愛民好學、寬裕慈仁曰惠。請謚貞惠。'可之。"

有子四人，長曰崇勳，官至左武衛將軍。[1]《永樂大典》卷二千三十一。[2]

[1]崇勳：人名。即朱崇勳。事見本書本卷。　左武衛將軍：官名。唐置十六衛之一，掌宮禁宿衛。從三品。　有子四人，長曰崇勳，官至左武衛將軍：明本《册府》卷六六四《奉使部·受賂門》："後唐史在德爲著作郎。末帝清泰中，充太子少保致仕朱漢賓弔祭使，賻絹數百疋，就亳州賜之。在德移文本州，取木輿百餘擎，張皇其事，以邀饋遺。漢賓之子悉力以奉之。"

[2]《大典》卷二〇三一"朱"字韻"姓氏（五）"事目。

孔勍

孔勍，字鼎文，兗州人，後徙家宿州。[1]少便騎射，爲軍中小校，事梁祖漸至郡守，累遷齊州防禦使、唐鄧節度使。[2]梁貞明中，王球據襄州叛，[3]勍討平之，因授山南東道節度使。[4]莊宗至洛陽，勍自鎮來朝，復令歸鎮，尋移昭義節度使。[5]同光季年，監軍楊繼源與都將謀據潞州，[6]事泄，勍誅之。[7]明宗即位之歲，詔還京師，授河陽節度使。未幾，以太子太師致仕。^[8]卒，年七十九，贈太尉。《永樂大典》卷一萬八千一百二十九。^[9]

[1]宿州：州名。治所在今安徽宿州市。

[2]小校：低級軍官。 唐鄧：方鎮名。治所在唐州（今河南唐河縣）。

[3]王球：人名。籍貫不詳。時王班爲故河陽將領，纍以軍功爲郡守，主留事於襄陽，被小將王球所殺。事見本書本卷、卷四、卷二七及《通鑑》卷二六七。中華書局本有校勘記："'王球'，《册府》卷三六〇同，本書卷四《梁太祖紀四》、《通鑑》卷二六七作'王求'。"此據《宋本册府》卷三六〇《將帥部·立功門一三》、《通鑑》卷二六七開平三年（909）七月戊寅條及九月丁酉條。 襄州：州名。治所在今湖北襄陽市。

[4]山南東道：方鎮名。治所在襄州（今湖北襄陽市）。 因授山南東道節度使：《輯本舊史》卷九《梁末帝紀中》貞明五年（919）五月己巳條："山南東道節度使、檢校太傅孔勍加同平章事。"

[5]昭義：方鎮名。治所在潞州（今山西長治市）。 尋移昭義節度使：明本《册府》卷一六九《帝王部·納貢獻門》："安義孔勍進寶裝、酒器。"安義即昭義，後唐莊宗所改，明宗復改昭義。此處姑仍舊。

[6]監軍：官名。爲臨時差遣，代表朝廷協理軍務、督察將帥。唐、五代時常以宦官爲監軍。 楊繼源：人名。籍貫不詳。曾任安義監軍，謀殺節度使孔勍。事見《通鑑》卷二七四。

[7]事泄，勍誅之：《輯本舊史》卷三六《唐明宗紀二》天成元年（926）六月庚子條："澤潞節度使、檢校太傅、同平章事孔勍加兼侍中。"

[8]太子太師：官名。與太子太傅、太子太保統稱太子三師。

隋唐以後多作加官或贈官。從一品。

[9]《大典》卷一八一二九“將”字韻“後唐將（二）”事目。

劉玘

劉玘，汴州雍丘人也。[1]世爲宣武軍牙將。[2]玘少負壯節，梁祖鎮汴州，玘求自試，補隊長。從梁祖征伐，所至有功，遷爲牙將，歷滑、徐、襄三州都指揮使。[3]開平中，襄帥王班爲帳下所害，[4]亂軍推玘爲留後，玘詭從之，翌日受賀，衙庭享士，伏甲幕下，中筵盡斬其亂將以聞。[5]以功歷復、亳二州刺史，[6]徵爲侍衛都將，[7]出爲安州刺史。貞明中，爲晉州留後。[8]莊宗至汴，玘來朝。玘在晉州八年，日與上黨、太原之師交鬭於境上。[9]莊宗見而勞之曰：“劉侯無恙，控我晉陽之南鄙，[10]歲時久矣，不早相見。”玘頓首謝罪。復命歸鎮，正授節旄，移鎮安州。[11]明宗即位，遷鄧州節度使。天成末，以史敬鎔代之。[12]玘還京師，卒。贈侍中。[13]

[1]雍丘：縣名。治所在今河南杞縣。

[2]宣武軍：方鎮名。唐舊鎮，治所在汴州（今河南開封市）。後梁開平元年（907）升汴州爲東京開封府。開平三年置宣武軍於宋州（今河南商丘市睢陽區）。後唐同光元年（923）改宋州宣武軍爲歸德軍；廢東京開封府，重建宣武軍於汴州。後晉天福三年（938），改爲東京開封府。除天福十二年、十三年短暫改爲宣武軍外，汴京均爲東京開封府。

[3]都指揮使：官名。唐末、五代藩鎮皆置都指揮使、指揮使，爲統兵將領。

[4]王班：人名。籍貫不詳。故河陽將領，累以軍功爲郡守，主留事於襄陽，被小將王求所殺。傳見本書附錄。　襄帥王班爲帳下所害：《輯本舊史》之影庫本粘籤：“王班，原本作‘王斌’，今從《册府元龜》改正。”此據明本《册府》卷四二三《將帥部·討逆門》。

[5]“亂軍推玘爲留後”至“中筵盡斬其亂將以聞”：《舊五代史考異》：“案《通鑑考異》引《梁祖實録》：八月丁酉，賜劉玘、王延順物，以其違亂將之命來歸。《編遺録》斬李洪勑云：‘始扶劉玘，既奔竄以歸朝。’若使玘翌日便斬亂將，則襄州何以至九月始收復。蓋玘脱身歸朝，及梁亡入唐，妄云斬亂將以自誇大耳。”此據《通鑑》卷二六七開平三年七月戊寅條《考異》。“中筵”“以聞”，中華書局本有校勘記：“四字原闕，據《通鑑》卷二六七《考異》引《薛史·玘傳》、《册府》卷四二三補。”見《通鑑》卷二六七開平三年七月戊寅條《考異》。

[6]復：州名。治所在今湖北天門市。　以功歷復、亳二州刺史：《通鑑》卷二六七開平三年七月戊寅條《考異》引《薛史·劉玘傳》云：“以功爲復州刺史。”

[7]侍衛都將：官名。唐、五代時節度使屬將。

[8]爲晋州留後：《輯本舊史》卷九《梁末帝紀中》貞明三年（917）四月辛巳條：“以前安州刺史劉玘權知晋州軍州事。”同年六月壬辰條：“以權知晋州建寧軍軍州事、前安州刺史劉玘爲建寧軍節度觀察留後。”

[9]上黨：即潞州。治所在今山西長治市。　太原：府名。治所在今山西太原市。

[10]晋陽：地名。太原故城别稱，爲宋太宗火燒、水淹而毀。城址位於今山西太原市晋源區。

[11]正授節旄，移鎮安州：《輯本舊史》卷一〇《梁末帝紀下》龍德元年（921）二月庚午條：“以晋州建寧軍節度觀察留後劉玘爲晋州節度使、檢校太保。”知其於龍德元年已得正授，不待莊

宗。明本《册府》卷九九《帝王部·推誠門》:"正授旄節,尋有詔授封安遠軍。"《宋本册府》卷一六六《帝王部·招懷門四》:"正授旄節,尋有詔改授安遠軍。"《通鑑》卷二七二同光元年(923)十二月壬申條後:"安州爲安遠軍。"

[12]史敬鎔:人名。太原(今山西太原市)人。五代後唐將領。傳見本書卷五五。

[13]侍中:官名。秦始置。隋、唐前期爲門下省長官。唐後期多爲大臣加銜,不參與政務,實際職務由門下侍郎執行。正二品。

有子師道,仕皇朝,爲右贊善大夫,[1]卒。《永樂大典》卷九千九十八。[2]

[1]師道:人名。即劉師道。事見本書本卷。 右贊善大夫:官名。即太子右贊善大夫。掌規諫太子過失、贊相禮儀等事。正五品。

[2]《大典》卷九〇九八"劉"字韻"姓氏(二六)"事目。

周知裕

周知裕,字好問,幽州人也。少事燕帥劉仁恭爲騎將,表爲嬀州刺史。[1]久之,移刺德州。天祐四年,劉守光既平滄州,[2]乃以其幼子繼威爲留後,大將張萬進與知裕佐之。[3]繼威沖幼,宣淫於萬進之家,萬進殺之。詰旦,召知裕告其故,萬進自稱留後,署知裕爲景州刺史。[4]會萬進納款於梁,知裕先奔於汴,梁主厚待之。特置歸化軍,[5]以知裕爲指揮使。凡軍士自河朔歸梁者,[6]皆隸於部下。梁與莊宗交戰於河上,[7]摧堅挫銳,惟恃歸化一軍,然歲將一紀,位不及郡守。

[1]劉仁恭：人名。深州（今河北深州市）人。唐末、五代軍閥。傳見《新唐書》卷二一二。　騎將：泛指騎兵將領。　媯州：州名。治所在今河北懷來縣。

[2]天祐：唐昭宗李曄開始使用的年號（904），唐哀帝李柷沿用（904—907）。唐亡後，河東李克用、李存勖仍稱天祐，沿用至天祐二十年（923）。五代十國其他政權亦有行此年號者，如南吳、吳越等。　劉守光：人名。深州樂壽（今河北獻縣）人。唐末幽州節度使劉仁恭之子。劉守光囚父自立，後號大燕皇帝，爲晉王李存勖俘殺。傳見本書卷一三五、《新五代史》卷三九。

[3]繼威：人名。即劉繼威。深州樂壽（今河北獻縣）人。劉守光之子。五代將領。事見本書卷一三《張萬進傳》及《通鑑》卷二六七、卷二六八。　張萬進：人名。雲州（今山西大同市）人。唐末、五代將領。傳見本書卷一三。

[4]景州：州名。治所在今河北東光縣。

[5]特置歸化軍：《輯本舊史》之影庫本粘籤：“歸化，原本作‘歸比’，今從《通鑑》改正。”

[6]河朔：古地區名。泛指黃河以北地區。　凡軍士自河朔歸梁者：《新五代史》卷四五《周知裕傳》：“凡與晉戰所得，及兵背晉而歸梁者。”

[7]梁與莊宗交戰於河上：中華書局本有校勘記：“‘上’字原闕，據殿本、劉本補。”

　　同光初，莊宗入汴，知裕隨段凝軍解甲封丘。明宗時爲總管，[1]受降於郊外，見知裕甚喜，遥相謂曰：“周歸化今爲吾人，何樂如之！”因令諸子以兄事之。莊宗撫憐尤異，而諸校心妬之。有壯士唐從益者，[2]因獵射之，知裕遁而獲免。莊宗遂誅從益，出知裕爲房州刺史。[3]魏王繼岌伐蜀，召爲前鋒騎將。[4]明宗即位，移刺絳州，[5]改淄州刺史、宿州團練使。[6]知裕老於軍旅，勤於稼穡，凡爲郡勸課，[7]皆有政聲，朝廷嘉之，[8]遷安州留後。淮上之風惡病者，[9]至於父母有疾，不親省視，甚者避於他室，或時問訊，即以食物揭於長竿之首，委之而去。知裕心惡之，召鄉之頑狠者訶詰教導，俾知父子骨肉之恩，繇是弊風稍革。長興末，入爲右神武統軍。[10]清泰初，卒於官。[11]贈太傅。[12]《永樂大典》卷八千九百九十九。[13]

[1]總管：官名。即蕃漢内外馬步軍總管。五代後唐置，爲蕃漢馬步軍總指揮官。

[2]唐從益：人名。籍貫、事迹不詳。本書僅此一見。

[3]房州：州名。治所在今湖北房縣。

[4]繼岌：人名。即李繼岌。後唐莊宗長子。傳見本書卷五一、《新五代史》卷一四。

[5]絳州：州名。治所在今山西新絳縣。

[6]淄州：州名。治所在今山東淄博市淄川區。　宿州團練使：《宋本冊府》卷六七三《牧守部·褒寵門二》作“宿衛團練使”，卷六七七《牧守部·能政門》、卷六七八《牧守部·勸課門》皆作“宿州團練使”，考宿州、衛州不相接壤，作宿州是。

[7]凡爲郡勸課：《宋本冊府》卷六七七《牧守部·能政門》、卷六七八《牧守部·勸課門》同，卷六七三《牧守部·褒寵門二》作“凡爲郡課”。

[8]朝廷嘉之：中華書局本有校勘記：“‘嘉’原作‘喜’，據《冊府》卷六七三、卷六七七、卷六七八改。”

[9]淮上之風惡病者：“淮上”，《宋本冊府》卷六八九《牧守部·革弊門》作“淮土”。

[10]右神武統軍：官名。唐代右神武軍統兵官。唐置六軍，分左、右羽林，左、右龍武，左、右神武，即"北衙六軍"。興元元年（784），六軍各置統軍，以寵功勳臣。其品秩，《唐會要》卷七一、《舊唐書》卷一二記載爲"從二品"，《通鑑》卷二二九記載爲"從三品"。　長興末，入爲右神武統軍：中華書局本有校勘記："'右'，本書卷四三《唐明宗紀九》作'左'。"此據《輯本舊史》卷四三《唐明宗紀九》長興三年（932）三月庚戌條。又，《輯本舊史》卷四六《唐末帝紀上》清泰元年（934）六月丁酉條亦作"左神武統軍"。

[11]清泰初，卒於官：《舊五代史考異》："案：《歐陽史》作應順中卒。"此據《新五代史》卷四五《周知裕傳》。《輯本舊史》卷四六《唐末帝紀上》清泰元年六月丁酉條："左神武統軍周知裕卒，贈太傅。"應順元年（934）四月，末帝改元清泰，而六月已在清泰，故《新五代史》稍有偏差。

[12]太傅：官名。與太師、太保合稱三師，唐後期、五代多爲大臣、勳貴加官。正一品。

[13]《大典》卷八九九九"周"字韻"姓氏（一〇）"事目。

史臣曰：夫才之良者，在秦亦良也，在虞亦良也。故彦威而下，昔爲梁臣，不虧亮節，洎歸唐祚，亦無醜聲，蓋松貞不變於四時，玉粹寧虞其烈燄故也。況彦威之輔明宗也，有翊戴之績；晏球之伐中山也，[1]著戡定之功。方之數公，尤爲優矣。《永樂大典》卷八千九百九十七。[2]

[1]中山：此處代指唐末河北方鎮義武軍（治所在定州）。

[2]《大典》卷八九九七"周"字韻"姓氏（八）"事目。